Les nouveaux marketings

Les nouveaux marketings

Marketing générationnel
Gay marketing
Marketing ethnique

Jean-Paul Tréguer
Jean-Marc Segati

DUNOD

Jean-Paul Tréguer

est PDG et fondateur de Senioragency, le premier et seul réseau publicitaire international spécialiste des baby-boomers et des plus de 50 ans, implanté à ce jour dans une dizaine de pays. Son agence est à l'origine d'un nouveau style de communication télévisuelle, « l'infomercial TV », consistant à diffuser pendant la journée des spots plus longs que la moyenne, qui développent une argumentation complète pour les marques ou associations humanitaires qui y ont recours et font souvent appel à des personnalités connues comme porte-paroles (Raymond Poulidor, Jean Rochefort, Carlos, Caroline Tresca, Robert Hossein, Anny Duperey, Claude Lelouch, Claude Brasseur...). Il est également un conférencier international réputé sur tout ce qui a trait aux nouveaux marketings et l'auteur de trois livres sur le marché des seniors : *Le Senior marketing*, éditions Dunod, 2002, 3e édition, *Les 18 Règles d'or pour séduire les seniors*, éditions Dunod, 1996, épuisé, et en anglais, *50+ marketing*, éditions Palgrave-MacMillan, 2002.

Contact : treguer@senioragency.com

Jean-Marc Segati

publicitaire depuis plus de 15 ans, a participé au sein de grands réseaux (Saatchi & Saatchi, BDDP, Grey) au développement de nombreuses campagnes internationales pour des clients tels que IBM, Hertz, BP, Mars. Outre ses fonctions de directeur général en charge de la coordination internationale de Senioragency, il est également co-fondateur et directeur général de l'agence Nextage (située à Paris et Bruxelles), la première agence européenne dédiée au marketing générationnel. Il est aussi président de l'association Moving Targets, destinée à promouvoir la connaissance des nouveaux marketings.

Contact : segati@nextage.be

ISBN 2 10 004487 7

Table des matières

Remerciements

Bien difficile exercice qui consiste à n'oublier aucune des personnes grâce auxquelles nous avons pu rassembler les informations et les conseils nécessaires à la rédaction de ce livre (qui nous aura quand même pris quatre ans) ! Chacune d'elles, à sa manière, avec sa spécialisation, nous a permis d'élargir notre champ de connaissance, jusque-là consacré aux seniors. Grâce à elles, nous avons pu nous aventurer sur de nombreuses *terra incognita* du marketing en nous sentant épaulés et bien guidés. Qu'il nous soit possible ici de les en remercier très chaleureusement !

Alors, un grand merci à :

Christian Alexandre, Patrice Angot, Katy Brulant, Marie-Laure Cahier, Thierry Casseville, Pascal Cirotteau, Hans Christensen, Yann Daquay, Claude Delon, Giedo Deldime, Marc Derome, Toby Detter, Yves Dupuis, Anne-Grete Ellingsen, Jean-Luc Excousseau, Barbara Faerber, Mélanie Foucher, Thalia Gysbrechts, Pascale Hebel, Ulf Heuer, Babette Leforestier, Joël Yves Le Bigot, Isabelle Le Du, Didier Leduc, Carola Jacobs, Robert Knieriem, Stéphane Martin, Gérard Mermet, Dominique Mine, Andrew Mitchell, Chris Mitchell, Isabelle Monanimo, Rodolphe Muller, Karine Orcin, Hal Norvell, Bernard Préel, Carole Prieur, Mihanta Rabefitseheno, Stéphanie Renard, Juliette Raynaud, Robert Rochefort, Rodolphe Roux, Peter Schilling, Christian Schroeder, Elke Stegen, Michael Stuber, Bertrand Tiburce, Benjamin Tollet, Patrick Tonnard, Floor Unger, Christophe Urvoy, Ole Werring, Yuko Wada, Hakan Vitestan.

INTRODUCTION

La mort du *mass marketing*

Mais où va le marketing ?

Le marketing a évolué, d'accord, mais a-t-il vraiment passé le cap du siècle ? Sur bien des sujets, il semblerait que non. Il s'est gorgé de nouveaux outils, s'est adjoint un préfixe en « e » pour faire moderne. Pourtant, il semble plus rivé sur les mythes de la science-fiction que sur la réalité quotidienne, dont il est paradoxalement supposé tirer sa substance.

On voudrait nous faire croire qu'il a réalisé sa propre révolution en passant par exemple au CRM[1]. Il ne s'agit pourtant que de l'utilisation des ressources du Net dans la gestion des bases de données clients : la montagne n'a donc accouché que d'une souris. La révolution du marketing pour ce siècle nouveau ne serait donc que sémantique… On préfère désormais « marketing relationnel » à « marketing direct », « marketing opérationnel » à « promotion des ventes ». On parle de « *street* » au lieu d'« événementiel », etc.

Quant aux vrais bouleversements, on les traite comme quantité négligeable. La mondialisation ? On s'en occupe… La preuve : nous produisons la même annonce pour 100 pays différents. Ah bon, c'est

1. *Customer Relationship Management*, soit la gestion de la relation avec le consommateur.

tout ? Mondialisation ne signifierait donc qu'uniformisation culturelle ? Elle devrait cependant s'accompagner d'un retour en force des valeurs locales. Où est l'authentique ? Comment tenir compte du vieillissement des populations et des différences ethniques, sexuelles, religieuses ? On verra plus tard… Ca ne nous regarde pas ! Le consommateur n'a qu'à s'aligner sur le modèle parisiano-conservateur. Bah, ce sera toujours bon pour eux. La décentralisation fait sourire Paris et espérer la province. Décidément, il y a un malaise dans notre métier. Si on n'y prend pas garde, nous serons les prochains mineurs de fond. Neuilly : nouveau Thionville ? Parions que la plupart des élites de notre métier n'ont jamais mis les pieds dans cette partie du monde… Il est plus que temps de mettre les mains dans le cambouis. Car ce monde-là, si diversifié et si réel, a de moins en moins besoin de nous.

Ce livre ne dicte pas de règles pour structurer des plans d'actions. Ni au niveau du stratégique, ni au niveau opérationnel. Surtout pas. Il veut simplement partager une idée simple : notre métier n'a de raison d'être que dans la mesure où il apporte une plus-value aux dirigeants d'entreprises. Si nous ne comprenons pas l'univers impitoyable dans lequel ils se débattent et si nous ne les aidons pas à percer le mystère des consommateurs pour développer leur chiffre d'affaires, ils se passeront de nous. Le monde change. Pas comme à la télé, juste comme dans notre rue. Ce n'est pas Star Trek. C'est bien plus banal, et on oublie de le voir. Ouvrons donc les yeux. Repartons des vrais clients de l'entreprise. Ce sera un petit pas pour l'homme de marketing, mais un bond de géant pour le manager.

Même les « 4 P » ne sont plus ce qu'ils étaient

Ce que le MacIntosh a changé

Vous souvenez-vous de Tandy et du Commodore 64 ? Les PC XT et AT ? Ces horribles écrans verts et ces programmes incompréhensibles. Il y avait toujours un cousin quelconque qui jonglait avec le Basic, le Cobol et le Fortran. Vous vous disiez que vous étiez foutu. L'informatique allait s'imposer partout et vous seriez incapable de l'utiliser. Les machines étaient phénoménales. Le Pac-Man incroyablement mieux que le vieux Pong en noir et blanc. Mais pour le reste… Tout le monde disait d'ailleurs qu'il n'y en aurait bientôt plus que pour les informaticiens, surhommes du lointain XXIe siècle.

Le début des années quatre-vingt, c'était les années des machines. À commencer par les synthétiseurs. La musique devenait électronique et sentait bon le plastique. « Buggles, Depeche Mode, Eurythmics »... La vidéo : on hésitait encore entre VHS, V2000 et Betamax. Le compact-disc aussi. Très cher ! Tout cela nécessitait de volumineux modes d'emploi. Jusqu'au lave-vaisselle de la Mère Denis. Cela nous paraissait normal. Génération « boutons ». Le futur ressemblait à un cockpit de 747.

Il y eut alors la souris, le MacIntosh, MS-Dos et puis le PS/2. Sony inventait le *walkman* (baladeur dans le texte) et Renault, l'Espace. Tout devait devenir plus simple. La simplicité était la clé du succès. Les consommateurs étaient petit à petit éduqués à la paresse. Il fallut encore dix ans pour vaincre la résistance de leurs neurones. Les années quatre-vingt-dix s'en chargèrent avec une redoutable efficacité.

Aujourd'hui, plus de 80 % des jeunes accèdent à l'université. Fini le temps de l'intelligence manuelle et de la filière technique. Tout le monde a son diplôme mais tout le monde s'affale devant *Loft Story* ou *Star Academy*... Dallas est désormais un document d'archives pour l'intelligentsia libérale.

Ce que le GSM a changé

Pourquoi ma banque s'ouvre-t-elle à 11 heures ? Pourquoi ne puis-je pas faire mes courses le dimanche après-midi ?

La livraison à domicile, ça, c'est super. Téléphoner, commander, recevoir, consommer. Tout doit aller à la vitesse de la lumière et à ma façon. Attendre aux caisses ? Merci, mais non-merci. Le produit dont je rêvais depuis des années. Quoi ? Il faut le commander ? Ah, non alors. Je préfère changer de rêve. Le « pire du pire » : appeler quelqu'un qui ne répond pas. Où qu'on soit, quelle que soit l'heure du jour ou de la nuit, même le dimanche, on doit toujours pouvoir joindre la personne que l'on cherche. Si le téléphone ne répond pas, il nous faudrait son e-mail (courriel, d'accord !) et son fax. De l'instantané, quoi. C'est encore un peu utopique. Bien sûr, nous comprenons tous bien qu'un centre d'appels (*call center*) puisse être débordé. Mais il devrait se rapprocher de la perfection, il y a des sociétés à la traîne qui peuvent avoir des excuses, c'est vrai. Mais, tant pis pour elles s'il y a une alternative.

Vae victis ! Ainsi à la question « Qu'est-ce qui pourrait vous faire changer de banque », les seniors répondent « Un meilleur service ». Ah bon ? Ce ne sont plus les taux ? Non parce que finalement, le produit, c'est partout pareil. Si les anciens s'y mettent, que vont faire les jeunes ? Ils n'auront certainement pas la même patience. Ils sont d'autant plus exigeants qu'ils ont été élevés à l'heure du multimédia.

Vous les avez déjà regardés pianoter sur leur portable ? On reconnaît l'évolution générationnelle à la façon d'employer son téléphone : les plus âgés le tiennent à une main. Les plus jeunes, à deux mains et se servent du pouce, d'ailleurs, on commence à appeler cette génération la *thumb generation*[1].

Aujourd'hui, 90 % de la population possède un portable. Et 70 % des utilisateurs échangent des textos. Parmi les moins de 30 ans, les trois quarts « essémessent » au moins une fois par jour et maintenant « emmémessent » (avec les images et sons transmis par le MMS). Pourquoi ? Plus fun ? Oui, mais pas seulement : moins cher et surtout, plus rapide.

Ce qu'Internet a changé

Depuis dix ans, la pyramide des prix s'est effondrée avec l'internationalisation des marchés et l'arrivée d'Internet ! Cet outil d'information a réellement « semé la pagaille ». Chacun peut y proposer ses pages, tout le monde a la possibilité de voir n'importe quoi n'importe où… la comparaison est devenue un jeu d'enfant et la culture du gratuit s'est dangereusement imposée. La qualité, plus qu'un dû, est une évidence. Si une société m'offre la même chose moitié moins cher, pourquoi me priverais-je ? Les prix restent le privilège des marques, de l'émotionnel à l'état pur. Mais même dans le très cher, on finit toujours par comparer. Conséquence immédiate : les stratégies prix ont été revues un peu partout…

Le siècle démarre sur le juste prix. La bonne affaire permanente, le plus bas du plus bas. Impossible pour certains ? Impossible n'existe pas dans la langue des actionnaires. 30 % de personnes se connectent sur le

1. « Pouce » en anglais.

Net, 8 % seulement l'utilisent pour comparer et commander. Dans un an, deux ans ? Les courbes de progression sont vertigineuses. Le monde n'est déjà plus qu'un petit village. Chaque jour, nous recevons deux à trois offres de produits financiers américains ou anglais sur notre courriel. Et vous ?

Ce qu'Internet a changé – aussi

Il n'y a pas que les prix ! Tandis que la modernité patinait et que l'ordre moral prenait sa revanche, les tribus explosaient pour ne pas être digérées par l'ogre de la convergence et de l'homogénéité. Ces tribus veulent exister, avoir leur identité propre et ne pas rester cantonnés dans quelques ghettos !

Relativisons l'impact. Ce ne sont pas quelques centaines de « voyous », encore moins quelques dizaines de « techno-pops » qui font les vrais marchés et la société de demain. Ce sont surtout les racines, les valeurs, les préférences, au-delà de tout phénomène de mode ou de toute rébellion ado. Des racines, toujours des racines. Et des ailes aussi ! La mondialisation a eu au moins le mérite de nous faire comprendre qu'il y avait une vie de l'autre côté des frontières. Internet permet le voyage instantané partout, de chez soi. Les forums et les « *chats* » se généralisent. On « e-rencontre » une personne semblable à l'autre bout du monde.

Voilà qui nous rapproche et, en même temps nous donne envie de partager les goûts des autres. De nouveaux comportements se forgent. La consommation change.

Village global, garant d'anonymat. Je peux être moi, sans concession. Si je fais partie d'une minorité quelconque, le Net m'aidera à m'affirmer. Je me procurerai ce que je veux ; entre pareils, nous nous serrerons les coudes. Les goûts et les mœurs ne peuvent qu'évoluer. Les gens sont appelés à se parler et à se comprendre. Un modèle ? Les communautés gays ! Premiers utilisateurs d'Internet et grands prescripteurs, les homosexuel(le)s n'auront jamais aussi vite progressé dans la société que ces dernières années. Pas forcément en nombre, mais bien en reconnaissance et en affirmation. Cette tribu compte, elle totalise plus de 8 à 10 % de la population mais mène les modes et les marques.

Origines ethniques, orientations sexuelles… À l'heure de la *small planet*, voilà qui est bien plus fondamental que toutes les tribus d'étalages. Les vraies valeurs vont au-delà des préférences musicales, vestimentaires ou cinématographiques. Politiquement, on nous parle surtout des risques et des dérapages. Pour les marques, il faudrait surtout y voir des opportunités et des nouveaux horizons. À bas les préjugés !

Sans clients, point de salut

Comprendre ses clients

➤ Le raz de marée senior

Selon une étude réalisée par Ford UK, présentée en 2001, l'âge moyen d'achat privé d'un véhicule neuf en Europe, toutes marques et toutes gammes de prix confondues, est de 49 ans. En ce qui concerne les véhicules approchant les 30 000 Euros, il est de 61 ans. La retraite a d'ailleurs été identifiée comme la première occasion d'achat. En même temps, les ventes de véhicules d'occasion auprès des jeunes (de moins de 50 ans !) se sont stabilisées autour de 50 % du total des ventes du secteur automobile.

Ces chiffres peuvent étonner, ils sont pourtant évidents au regard du vieillissement de nos populations. En 1965, un tiers des Européens avait moins de 20 ans, un cinquième seulement plus de 50 ans. Aujourd'hui, la proportion s'est inversée... dans vingt ans, lorsque tous les baby-boomers seront devenus seniors, la moitié de la population aura les tempes grises. L'Europe méritera alors plus que jamais son surnom de « vieux continent ».

Inutile de préciser que ce phénomène démographique sans précédent aura des répercussions directes sur l'ensemble des activités de toutes les entreprises. Car il est évident que le comportement des nouveaux seniors, même s'ils sont d'une génération plus dynamique que les précédentes[1], ne sera guère différent de celui des retraités actuels. Ils auront toujours autant de temps pour voyager et se faire plaisir, mais aussi la même sagesse et la même exigence. En outre, ils auront plus d'argent (progrès sociaux, travail des femmes, épargne boursière...) et pourront

1. Rappelons que Mick Jagger, Johnny Halliday et Paul MacCartney ont 60 ans.

se permettre de profiter pleinement de la société de consommation. Ainsi, selon nos propres enquêtes, leur voiture préférée est-elle aujourd'hui… l'Audi TT !

Ces nouveaux seniors qui détiendront les deux tiers du pouvoir d'achat, il va falloir les séduire de toute urgence. Après avoir fait Katmandou en 2 CV, les BoBo's ne se contenteront plus d'un marketing « jeuniste » qui les snobe à longueur d'année. À 60 ans, ils se sentiront en pleine forme et souhaiteront vivre à fond leurs quelques 25 ans de retraite programmée[1]. Vision lointaine et hypothétique ? Le papy-boom a débuté le 1er janvier 1996, le début du siècle a vu les premiers départs en retraite des enfants de l'après-guerre. Chaque année marque une accélération du phénomène. Ainsi, il « naît » en Europe, dans chacun des pays qui la composent, un nouveau retraité toutes les 30 secondes ! Il n'est plus temps de fermer les yeux. Au contraire, il faut regarder la réalité en face pour voir toute l'opportunité commerciale qu'offre une population plus expérimentée, plus riche, libérée du travail et des enfants. Et comprendre que pour assurer un retour sur investissement rapide, le rajeunissement doit d'abord passer par eux.

➤ Les nouveaux kangourous

En 1968, la jeunesse rêvait de liberté, d'un monde fait d'amour et de paix. Le travail était une idée si familière qu'il ne faisait pas partie des grandes ambitions. Ce n'était qu'un dû, une évidence, particulièrement pour ceux qui avaient la chance de passer leur bac et éventuellement d'aller à l'université. Le premier des rêves personnels était la liberté. On se mariait tôt pour quitter ses parents. Le premier enfant arrivait rapidement aussi, dès 23 ans pour les femmes, de même que l'achat d'une première résidence. Car si on gagnait peu, le coût de la vie était encore plus bas.

Une trentaine d'années plus tard, il ne reste plus grand-chose des idéaux et des combats de la jeunesse de mai 1968. Pour la première fois sans doute depuis plus de cent ans, les enfants sont moins bien lotis que les parents. Pour obtenir un salaire quasiment égal à celui de la génération mai 1968, les « adulescents » d'aujourd'hui doivent étudier quatre ans de plus et souvent patienter un à deux ans dans un chômage plus ou moins déguisé en études à rallonge. La liberté ne fait plus partie des

1. L'âge moyen de la cessation d'activité en France est de 57 ans et six mois.

rêves, elle n'est plus qu'un luxe parmi d'autres. À 25 ans, 70 % des jeunes adultes vivent encore chez leurs parents, devenus leurs meilleurs copains[1]. La plupart d'entre eux ne se marieront pas avant 30 ans et comme le mariage est une institution en pleine débâcle, les premiers enfants arriveront généralement plus tôt (dès 28 ans pour les femmes, 29 pour les hommes). Quatre à cinq ans plus tard qu'auparavant, tout de même ! Quant au logement, c'est le temps des petits appartements, des *roommates*, des *friends*, comme dans la série.

Pourtant le confort est bien là. Sur le plan matériel en tout cas. Les dépenses sont faibles, grâce aux parents et aux grands-parents. Le trousseau des jeunes mariés ? N'en parlons plus. Il y a longtemps qu'ils ont tout en double. Les objets sont bien moins rares que l'argent qui les achète et il y a toujours une voiture d'occasion ou de vieux meubles à récupérer. On peut donc se faire plaisir et consommer sans trop de soucis. Parmi les dépenses, il y a les fringues, les sorties... tout ce qui permet de s'intégrer à sa tribu : revival, écolo, techno, rap... De moins en moins *yuppie* en tout cas.

Parmi les dépenses préférées, il y a toujours la voiture. « Pourrie » ou payée par papa-maman. Mais l'essence coûte décidément cher. Alors, on se prend à douter de son intérêt. Il y a de toute façon le bus et le stop. Et un copain qui, lui, a des parents riches. À 23 ans, près d'un quart des jeunes adultes n'a toujours pas le permis. Paresse, négligence ou réalisme ? Pourtant ils aiment voyager. Souvent en avion ou en train, entre copains. C'est la mode du mini-trip. De plus en plus régulier et lointain. Un week-end à Rome ou à Barcelone, juste pour rire, avec Easy Jet ça coûte souvent quelques dizaines d'Euros ! Bah, de toute façon, il n'y a pas d'appartement à payer, alors... Envie d'aller plus loin ? Et si on jouait au routard ! Tiens, voilà un concept qui a décidément la peau dure. Il s'est coupé les cheveux et la barbe, mais arpente toujours les collines de Chiang Maï et les toboggans de San Francisco.

Les voyages formeront encore longtemps la jeunesse. Surtout si elle est frustrée de révoltes et d'interdits. La vraie jeunesse d'aujourd'hui ? On la croise davantage sur les routes que dans les banlieues. Pleine d'insouciance. Elle a déjà compris qu'elle ne gagnerait pas contre son destin. Et qu'il vaut mieux vivre tout, tout de suite.

1. *Tanguy*, film d'Etienne Chatillez.

➤ Une génération désenchantée

Le 4 août 2002, Bison Futé annonçait 725 kilomètres d'embouteillages sur les routes françaises. Un nouveau record ! Avez-vous vu les images de ces pauvres juillettistes et aoûtiens bloqués autour de Lyon ? Il n'y avait pratiquement ni jeunes ni vieux. Que des familles avec enfants. Rien ne devait les arrêter... sauf les files. Ils savaient pourtant qu'il ne fallait absolument pas partir ce week-end maudit. Mais ils l'ont quand même fait, dans la plus totale abnégation. Euphémisme...

Voilà bien le visage des trentenaires et des quadragénaires d'aujourd'hui. Fatalistes, soumis, brimés. Enfants, on leur avait promis la lune. À peine eurent-ils l'occasion de construire leur première maquette de fusée que la pénurie les cloua au sol. *No Future* remplaça bientôt *Peace and Love*. Les années quatre-vingt virent fleurir, le néo-libéralisme et l'individualisme assassin. *American Gigolo*, *Wall Street*, *Working Girl*... Premier mariage, premier divorce. La génération X, comme l'appellent souvent les démographes, parce qu'elle a perdu ses repères, est une victime. Elle n'en a pas forcément conscience, car le bonheur au quotidien est une affaire de personne, pas de société, mais elle se comporte comme telle. Elle s'angoisse, subit, puis s'adapte. Comparée aux générations précédentes, elle gagne moins, travaille plus, vit à crédit et hésite à investir. Les enfants arrivent plus tard, de même que l'achat d'une résidence (5 ans plus tard en moyenne que dans les années soixante-dix). C'est alors une nouvelle période de vaches maigres. On s'habille chez C & A, se nourrit de produits blancs... Tant pis pour les tribus et le statut social. Oh, pas tous bien sûr ! Il y a les *happy few*, ceux qui se sont trouvés un bon job et profitent d'un double revenu pour vivre dernier cri. *Living apart together* (vivons ensemble mais séparément) : le nouveau modèle des villes du XXIe siècle.

Savez-vous que la moitié des couples parisiens divorcent pendant les dix premières années de mariage ? Il y a souvent deux enfants dans le ménage. Parce que le ménage s'est recomposé. Deux enfants de deux couples différents. Ballottés entre deux chambres Ikea et des grands-parents qui prennent le relais. Pas le temps, trop de boulot. Faut assurer sous peine de rester sur le carreau. Le bonheur par le travail ? Non, une simple nécessité. Vivre à tout prix, le moins mal possible, attendre que ça se passe. Faire du yoga, voir son psy. « Quand j'aurai 50 ans, mes enfants voleront de leurs propres ailes et la maison sera payée. Le confort, ce sera donc pour plus tard. On remplacera la cuisine et on fera enfin ce voyage en Australie qu'on s'était promis depuis si longtemps. »

La génération X a toutes les raisons d'être désenchantée. Elle ne l'est pas ? Elle a tort... Les heures d'attente aux péages sont loin d'être terminées.

Bouger avec ses clients

Les pairs ont remplacé les pères. Chaque génération a son calendrier, ses icônes, ses tribus. Il y a bien longtemps que la cible « grand public » n'existe plus. A-t-elle d'ailleurs jamais existé ? Comment peut-on croire que le même produit, le même message séduira de la même façon des gens qui n'ont pas le même corps, les mêmes besoins, les mêmes moyens, les mêmes rêves et qui ne partagent même plus les mêmes médias ? Le *mass marketing* est bien mort. Parce qu'il n'aurait jamais dû exister. Assez de *carpet bombing*[1]. L'heure est aux « frappes chirurgicales »[2], aux marketing segmentés, ciblés.

Le marketing générationnel, combinaison entre facteurs d'âge, de cycles de vie et d'époque, n'est pas la panacée. Mais tout le monde appartient à une génération et se reconnaît à travers elle. Ce n'est pas la panacée, mais c'est sans nul doute une des méthodes de segmentation les plus simples et les plus globales pour créer une interface adaptée aux jeunes (juniors), aux adultes de 25 à 50 ans (majors), aux plus de 50 ans et plus (seniors). Qu'est-ce qu'une interface ? C'est justement une composition entre possible et souhaitable, non pas un rêve créatif au service de l'agence mais bien un outil de travail au service des ventes.

Bien qu'il s'impose finalement comme une évidence, le marketing générationnel est une innovation majeure, de même que ses composantes, comme le senior marketing. Combien de fois n'avons-nous pas entendu des annonceurs (de bonne composition) parler de véritable révolution à propos de ce qui n'est jamais qu'une approche de la population la plus ancienne du marché. C'est sans doute que le bon sens se perd dans nos métiers. Une maxime anglaise dit : « *The problem with*

1. Tapis de bombes, du nom utilisé par les aviateurs lors de la seconde guerre mondiale.
2. Les missiles guidés par laser qui épousent le relief et frappent précisément leur objectif... en général.

common sense is that it's not that common[1]. » Ce livre ne serait-il donc qu'une illustration de ce *common sens* ?

Donc… action !

Depuis que nous avons entrepris de développer notre réseau international publicitaire spécialiste des baby-boomers et seniors sous la bannière Senioragency, nous avons collaboré dans chacun des pays avec des centaines de responsables marketing qui, petit à petit, se sont rendus compte de l'efficacité de l'approche des consommateurs à travers le prisme générationnel. Chemin faisant, nous avons compris que notre philosophie et notre pratique du métier de conseil marketing et publicitaire nous permettaient de mieux segmenter les consommateurs de façon nouvelle et pertinente, à contre-courant souvent de la « pensée unique du marketing », pratiquée par la majorité de nos confrères. Au lieu d'idolâtrer la tristement célèbre « ménagère de moins de cinquante ans », nous avons démontré dans chacun des marchés où nous sommes implantés à quel point les consommateurs pouvaient être « décodés » en fonction de leur âge et appartenance à une cohorte générationnelle. Les actions marketing qui en découlent sont, dès lors, redoutablement efficaces. Pas très surprenant, nous avons toujours affirmé que le marketing générationnel c'est du « bon sens » !

Et tant qu'il est question de bon sens, notons aussi l'existence du gay marketing, du marketing ethnique…

Ces deux derniers marketing sont extrêmement porteurs au niveau des comportements de consommation et incroyablement négligés en Europe, probablement pour cause de « politiquement et socialement incorrect ». Il est impossible de couvrir en un seul livre tous les nouveaux marketing intéressants… Parce qu'ils sont essentiels et à ce point oubliés malgré l'importance des effectifs de consommateurs qu'ils recouvrent, nous avons décidé de présenter dans ce livre nos premières réflexions sur le gay marketing et le marketing ethnique en complément du marketing générationnel, largement développé à travers quatre chapitres de ce livre. En espérant provoquer sinon un changement d'attitudes, du moins une réflexion constructive.

1. Le problème du sens commun est qu'il n'est pas toujours si commun.

CHAPITRE 1

L'incontournable marketing générationnel

Le bon sens nous conduit à nous intéresser de façon privilégiée au marketing et à la publicité générationnels. Il ne fait aucun doute, en effet, que de tous les critères qui vont expliquer le comportement d'un consommateur il faille attribuer une place tout à fait prioritaire à son âge et à sa génération d'appartenance.

Il revient à l'équipe américaine du cabinet d'études dirigé par Dan Yankelovich d'avoir été la première à parler de marketing générationnel à la fin des années soixante. Pour la petite histoire, c'est face à une demande angoissée des dirigeants de Playtex, inquiets de voir leurs ventes de gaines s'effondrer, que l'équipe de Yankelovich commença à identifier le phénomène de comportement générationnel du consommateur. En effet, l'analyse traditionnelle des « 4P » du marketing-mix ne laissait rien apparaître d'anormal. Le Produit était d'excellente qualité, le Prix des gaines parfaitement bien positionné et cohérent avec sa qualité, la Promotion (ou Publicité) tout à fait suffisante avec un ciblage média pertinent tant auprès des jeunes femmes que des plus âgées, le Placement (la distribution) du produit était bien réparti sur tout le territoire national dans des points de vente nombreux et attractifs. Tout était normal et pourtant les ventes de gaines ne cessaient de s'éroder. L'équipe de Yankelovich en déduit qu'il fallait examiner ce problème marketing sous un angle différent : un angle générationnel. Une nouvelle génération d'Américaines (les *baby-boomeuses*) arrivait en masse à l'âge de porter des sous-vêtements plus élaborés et elles n'avaient aucunement l'intention de porter les mêmes que leurs mamans ! Les membres de cette génération avaient des opinions très tranchées sur ce qu'elles estimaient être à la mode et « sexy ». Elles avaient décrété que les gaines n'étaient décidément pas assez confortables pour leur nouveau style de vie ! Lorsque les mères essayaient de convaincre leurs filles d'adopter ce type de sous-vêtements, elles se faisaient traiter de *has been*. Pire, les mères elles-mêmes commençaient à être influencées par leur progéniture et à douter du bien fondé de leurs propres habitudes vestimentaires, tant il est vrai que la génération *baby-boom* commençait déjà à dicter sa loi pour déterminer les codes vestimentaires de tous !

L'équipe de Yankelovich conclut en recommandant à Playtex de s'adapter d'urgence aux besoins et goûts exprimés par cette génération montante qui aspirait à plus de liberté de mouvement. La marque abandonna toutes ses baleines rigides et armatures en caoutchouc pour des soutiens-gorge légers, plus doux et plus souples... Les ventes redécollèrent. Le marketing générationnel venait de naître.

Pour la mise en place d'une stratégie de marketing générationnel, la première notion fondamentale de segmentation des consommateurs passe, bien sûr, par l'analyse de l'âge de ses consommateurs cibles. La vie est une succession d'étapes. D'ailleurs, la sagesse populaire nous le répète sans cesse : « Il y a un temps pour tout. », « Tu n'as pas l'âge. », « Ce n'est plus de mon âge. ».

Avant l'ordre social, avant le style de vie, nous respectons finalement un ordre chronologique. L'homme doit se déplacer dans le temps. Il doit à la fois gérer au mieux son temps de vie personnel et assurer la survie de sa cellule familiale. Le critère de base qui structure la société est incontestablement l'âge. Le cycle de vie est une chose tellement évidente que le marketing avait fini, parfois, par l'oublier !

L'âge, le critère de segmentation à privilégier

Tout produit ou service s'inscrit dans l'emploi du temps des consommateurs, une culture, une connaissance, voire une autorisation de la société. Il s'adresse, en fait, à une cible de consommateurs privilégiés aux caractéristiques d'âge spécifiques.

Il est tout à fait clair, par exemple, que la consommation de produits ou de services de santé est très fortement corrélée à l'âge biologique (des clients ou patients). À l'inverse, la consommation de biens culturels comme le théâtre ou la littérature est plus influencée par l'âge psychologique ou social.

L'âge transforme de façon notable les besoins des consommateurs dans de nombreux domaines. À l'inverse, d'autres marchés sont relativement linéaires tout au long de la vie : par exemple, les produits alimentaires ; on a besoin de manger toute sa vie. Toutefois, même pour un marché qui concerne tout le monde, la segmentation par âge se révèle souvent pertinente parce qu'elle permet une approche marketing et publicitaire plus fine, plus efficace.

« Fine Bouche »

Cette spécialité fromagère allégée du groupe Bongrain-Gérard s'adresse à tous les publics. Quelques années après son lancement en grande distribution, la marque constate qu'elle bénéfice d'une consommation plus forte de la part de la clientèle senior qui trouve en ce produit l'équilibre qu'elle recherche entre gourmandise et légèreté[1]. La marque décide de tirer parti de cette consommation spontanée en créant un « infomercial TV » construit pour répondre parfaitement aux attentes de la cible senior et diffusé exclusivement en *day-time* sur France 2 et France 3, les deux chaînes à forte audience senior. Avec des moyens budgétaires très modestes (de l'ordre de 300 000 euros/an) les volumes de vente du produit ont augmenté de près de 40 % dans les mois qui ont suivi la campagne lancée en 1997 ! En deux ans, cette marque est devenue leader de son segment de marché grâce à ce choix stratégique.

L'automobile

Dès les années vingt, alors que la Ford T (archétype du système « un modèle unique pour tous ») représente 55 % des ventes du marché automobile, General Motors adopte une stratégie radicalement différente et choisi de segmenter sa gamme de marques en fonction de l'âge de sa clientèle. L'idée maîtresse est qu'à chaque période d'une vie correspond une gamme de prix ainsi qu'un certain standard de confort et d'équipement.

1. La préoccupation santé est toujours plus forte chez les seniors que chez n'importe quel autre groupe d'âge.

> Cette stratégie est présentée comme *A car for every purse and purpose.* À chaque marque sa cible d'âge de consommateurs : de la moins chère, la Chevrolet (pour le « jeune et pauvre »), en passant par Pontiac, Oldsmobile, Buick pour atteindre le haut de gamme avec la Cadillac (pour le « vieux et riche »).

Quand on est jeune, une automobile doit à la fois transmettre une certaine image et permettre de transporter les copains. Plus tard, elle doit servir à loger les sièges de ses enfants et le volume des courses de la semaine achetées à l'hypermarché. Après, elle doit signifier que l'on est « arrivé » à un certain statut social pour, enfin, montrer que l'on est toujours « dans le coup » tout en respectant des critères de maniabilité, de confort et d'encombrement. Tout ceci correspond à des comportements largement majoritaires chez les acheteurs de voitures encore en 2003, sans exclure des comportements plus originaux qui commencent à « brouiller les pistes » tels que l'achat par les seniors de petites voitures astucieuses et codées jeunes comme la Twingo, voire la Smart.

Tout responsable de marketing est en permanence à la recherche des critères de segmentation les plus pertinents et les plus opérationnels pour la construction de son ciblage marketing. Il apparaît de façon très nette que l'âge biologique est certainement l'un des, si ce n'est LE critère le plus discriminant du comportement du consommateur. Il a, surtout, l'avantage d'être simple, concret et facile à mettre en œuvre en termes de média-planning. La simplicité est une vertu fondamentale en marketing !

Lorsqu'on utilise l'âge comme critère central de segmentation on se rend compte qu'il est statistiquement l'outil de plus forte probabilité pour dresser le « portrait-type » raisonnablement précis du consommateur visé. Un responsable de marketing pourra extrapoler aisément la situation économique, la disponibilité financière, les besoins principaux en matière d'équipements et de services, les circuits de distribution préférés, les moments privilégiés pour lui adresser son message publicitaire, etc.

Les 3 dimensions de l'âge : biologique, psychologique, sociale

Pour faciliter l'analyse, on peut dire qu'il y a trois dimensions dans l'âge : un âge biologique, un âge psychologique et un âge social.

- *un âge biologique* : l'homme a une horloge biologique. Son développement et son vieillissement sont programmés. Beaucoup de préoccupations profondes qui vont avoir une influence très forte sur la consommation sont liées au vieillissement et vont se succéder dans le temps. Les besoins de l'homme restent encore majoritairement liés au fait qu'il est constitué de chair et de sang. Cette dimension biologique est essentiellement régie par le temps : croissance, reproduction, éducation des enfants, gestion de l'avenir, de la vieillesse dans les meilleures conditions.
- *un âge psychologique* : la maturation biologique ne suffit pas pour parvenir à une maturité psychologique. Si l'homme n'a quasiment pas d'instinct, ses capacités intellectuelles lui permettent de former sa personnalité par un apprentissage de connaissances mais aussi de méthodes d'action. Il ne nous est pas possible de disposer d'un stock de connaissances de manière immédiate (la science infuse)[1]. Le comportement d'une personne est guidé par ce qu'elle apprend, par l'expérience ou la pratique. On peut donc dire qu'il existe un âge psychologique, qui dépend de ce que la personne a pu apprendre et faire, mais aussi bien sûr de ses capacités à « bonifier » son comportement par l'expérience (on dit qu'il y a des gens qui « décidément, ne comprendront jamais rien »). L'âge psychologique est encore celui que l'on se « sent avoir ». Un jeune enfant aspire à être plus grand, quitte à se rajouter aisément une dizaine d'années. À l'inverse, un senior a tendance à retirer de son âge biologique très facilement 10 à 15 ans ! Car on se sent bien plus « jeune d'esprit » que l'âge de ses artères.
- *un âge social* : l'âge, enfin, est fortement influencé par la société. Tout d'abord, la société contrôle le temps. Le passage à l'âge adulte doit être validé par la société. Elle peut refuser la majorité à des personnes pourtant adultes. Il ne suffit donc pas toujours d'être capable de faire telle ou telle chose, il faut aussi obtenir le consentement de la Société, à commencer par celui de ses parents.[2] Rappelons-nous enfin que l'emploi du temps d'une personne est fortement lié à son âge. Par exemple, même si la cible obsessionnelle des programmateurs de télé-

1. L'homme apprenant essentiellement par mimétisme.
2. Les femmes ont longtemps été considérées comme des mineures en Europe et le sont encore dans une grande partie du monde.

vision reste immuablement les « ménagères de moins de 50 ans » et les actifs, il n'empêche que comme ceux-ci travaillent, ils ne sont pas, et de loin, les premiers consommateurs de télévision[1]. Ils sont libres de toutes les contraintes qui organisent et réglementent nos journées.

Le cycle de vie

Une illustration de la prééminence de l'âge sur tout autre critère explicatif de comportement a été apportée par les résultats de l'étude du Credoc de septembre 1998 pour l'International Longevity Center France intitulée : « Les enfants du baby-boom face à leur avenir ». Cette étude est passionnante car elle s'attache à comparer trois groupes d'âges sur un très grand nombre de critères et de valeurs. Un groupe de jeunes seniors (que nous appelons les « libérés ») de 60 à 64 ans face à deux groupes de baby-boomers : les plus âgés entre 50 et 54 ans et les moins âgés entre 45 et 49 ans. Il est tout à fait instructif d'étudier comment la « génération 68 » réputée particulièrement contestataire et moderniste dans ses valeurs se comporte et s'exprime quand elle se rapproche de ce que nous appelons « la senioritude » (c'est-à-dire 50 ans).

Tableau 1.1 – Valeurs des baby-boomers

Âge des interviewés	45-49 ans	50-54 ans	60-64 ans
L'honnêteté	31,3 %	32,7 %	33,7 %
Le travail	22,1 %	22,7 %	21,9 %
La famille	21,1 %	21,3 %	23,9 %
L'éducation	16,4 %	13,3 %	12,1 %
dont la politesse	8,2 %	5,3 %	5,0 %
La solidarité	11,9 %	9,7 %	6,3 %

Source : Credoc, étude réalisée sur un échantillon de 1 001 personnes, juillet 1998 : « Quelles sont les valeurs auxquelles vous êtes les plus attachés et que vous souhaitez transmettre ? »

1. Pour mémoire, les plus de 60 ans regardent en moyenne plus de 4 h 30 par jour la TV, soit 2 heures de plus que la cible des 25-35 ans !

Relevons le commentaire des responsables de l'étude face à la surprenante cohérence des réponses entre ces trois groupes :

> « Les enfants du baby-boom ont d'abord refusé autoritarisme, soumission, intolérance et prôné la liberté, l'autonomie et l'indépendance. Ils ont finalement poursuivi un but identique à celui de leurs parents : la transmission de l'honnêteté, du respect, du sens du travail et de la famille. Les enfants du baby-boom reprochaient à leurs parents une trop grande rigidité et une sévérité excessive dans les rapports parents/enfants ; ils se plaignaient d'un manque de liberté dans de nombreux domaines de leur vie quotidienne. Paradoxalement, ils ont adopté les valeurs qu'ils estiment être celles de leurs parents et désirent les transmettre à leurs enfants ; sans pour autant faire le deuil d'une valeur primordiale pour laquelle certains d'entre eux disent avoir lutté : la liberté. »

Ce comparatif est éloquent sur le « poids de l'âge » et du cycle de vie en matière de comportements et d'attitudes.

Bernard Préel, directeur adjoint au BIPE est le grand spécialiste français des comportements générationnels : il est à l'origine de la remarquable *Étude Génération* du BIPE. Il a affiné cette notion de cycle de vie :

> « Si l'âge garde une valeur explicative, ce n'est pas principalement parce qu'il est le reflet d'un facteur biologique (celui des artères et des neurones), mais bien parce qu'il est associé aux étapes de la vie, à un cycle de vie qui fluctue (les dates d'entrée et de sortie bougent sensiblement) et se déroule autour de deux axes :
>
> – l'axe de la vie privée (familiale) avec ses changements d'état rythmant le cours de la vie : départ de chez les parents, vie en solo, installation en couple, arrivée des enfants, départ des enfants, vie en solo du survivant...
>
> – l'axe de la vie publique (professionnelle) avec ses temps classiques (formation, activité, retraite).
>
> On a figé les principaux âges de la vie et ainsi balisé le cycle de vie, en distinguant des temps de rupture faisant changer d'état et des temps critiques introduisant une période d'instabilité. »

Bernard Préel a, ainsi, créé un « cycle de vie en 6 âges » à travers un schéma qui permet d'avoir une vision synthétique de la vie de tout individu (Figure 1.1).

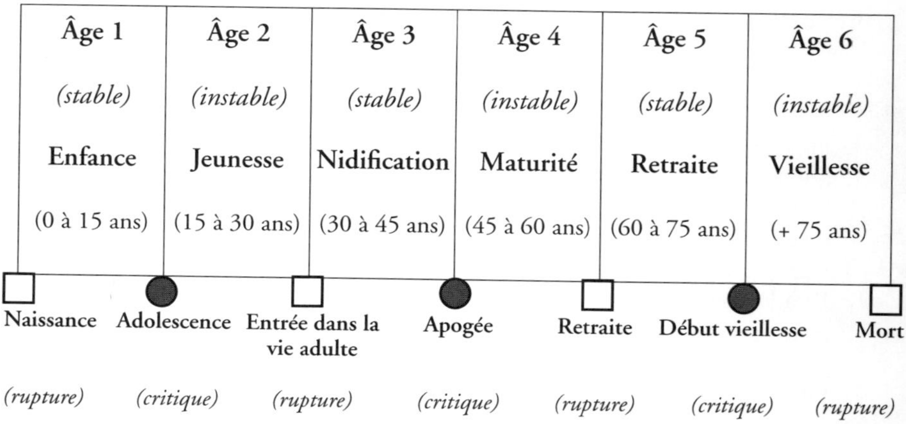

Figure 1.1 – Cycle de vie en 6 âges

Ce schéma met en évidence que le découpage traditionnel de la vie en trois périodes (jeunesse, activité et vieillesse) n'est plus de mise au début du XXIe siècle et que l'on se trouve beaucoup plus face à « 3 types d'âges » qui constituent un cycle de 6 périodes d'une durée théorique de 15 ans pour chacune :

- Deux âges de dépendance, où on dépend fortement des autres : l'enfance et la vieillesse.
- Deux âges de grande liberté pendant lesquels les individus n'ont plus d'obligation à une activité professionnelle alors qu'ils en ont les facultés physiques : la jeunesse d'un côté et la retraite de l'autre. La durée considérablement accrue de ces deux périodes avec des conditions de vie favorables constitue une opportunité marketing à prendre en compte par toutes les entreprises. Voilà des consommateurs globalement heureux de vivre qui peuvent profiter à plein de cette nouvelle liberté, la plupart du temps avec des moyens financiers significatifs ou un pouvoir de prescription élevé : ces deux cibles, les juniors et les seniors, constituent des groupes de consommateurs particulièrement attractifs (on y reviendra abondamment plus loin).
- Deux âges d'activité professionnelle séparés symboliquement par un point de retournement qui se situe à la moitié de la vie. Il coïncide

assez bien à une apogée professionnelle et au moment où les enfants commencent à voler de leurs propres ailes.

Sur la base des dernières évaluations faites par l'Insee pour les vingt prochaines années, la croissance des effectifs de ces différents groupes d'âges est très contrastée :

- baisse significative des trois premières catégories : « enfance » - 7,4 %, « jeunesse » - 6,6 % et « nidification » - 8,9 % ;
- hausse spectaculaire des effectifs des autres catégories : « maturité » + 29,1 %, « retraite » + 36 % et tout particulièrement « vieillesse » avec un bond de + 71,2 %.

Si on regroupe les catégories d'âge selon les critères proposés, cela donne une nouvelle configuration de la société française à horizon 2020 en trois segments :

- « **Dépendance** » : « enfance » (16,8 %) + « vieillesse » (9,5 %) = 26,3 % du total de la population ;
- « **Liberté** » : « jeunesse » (18,2 %) + « retraite » (17,3 %) = 35,5 % du total de la population ;
- « **Production** » : « nidification » (18,5 %) + « maturité » (19,7 %) = 38,2 % du total de la population.

La génération, un critère plus juste et plus précis

L'être humain est d'une complexité telle qu'il est obligatoire d'affiner l'analyse. A la notion fondamentale de l'âge, doit être rajoutée une dimension dynamique que le marketing générationnel permet de mettre en valeur. Il est parfaitement évident qu'un homme de 60 ans qui prend aujourd'hui sa retraite n'a pas grand-chose en commun avec l'homme de 60 ans qui prenait sa retraite il y a 30 ans. De même, entre une adolescente de 15 ans, aujourd'hui, et une adolescente de 15 ans, il y a 20 ans, il est hasardeux de trouver beaucoup de points communs. Tous sont aux mêmes stades de vie ; pourtant, leurs comportements sont par bien des aspects différents. La raison essentielle de cette différence est claire : les deux retraités comme les deux adolescentes appartiennent à des générations totalement différentes.

> « Vous commettriez une grossière erreur en déduisant que parce que vos consommateurs atteignent un certain âge, ils vont se comporter de la même manière que ceux qui ont atteint cet âge-là avant »[1]

Si un responsable marketing imagine que les baby-boomers (personnes nées entre 1946 et 1964) vont abandonner les Rolling Stones, Jimmy Hendrix, Eric Clapton ou Johnny, le Coca-Cola, le jeans ou commencer à sous-consommer comme le font les personnes très âgées, sous prétexte qu'ils ont atteint leur 60e anniversaire… il risque d'en tirer des conclusions commerciales largement fausses ! Ce serait oublier que le dynamisme de consommation caractéristique des baby-boomers et les préférences musicales, vestimentaires et alimentaires acquises vont les accompagner… jusque dans leur tombe ! C'est l'un des apports spectaculaires de l'analyse générationnelle : la démonstration d'une solide fidélité, jusqu'à la vieillesse, à un style de vie, des valeurs, des objets, des musiques qu'on a épousés, utilisés ou aimés dans sa jeunesse.

Une étude réalisée par l'Insee « Consommation, épargne, revenu : comportements et tendances récentes » a été présentée en août 1999 par Marcelline Bodier, statisticienne, responsable de cette recherche. Elle a constaté l'importance des différences de comportements entre les consommateurs appartenant à des générations différentes. Les Cassandre sont nombreuses à s'inquiéter des conséquences négatives du vieillissement de la population sur la consommation française d'ici une quinzaine d'années, tant est forte l'idée que « plus on vieillit, moins on consomme ». L'étude menée par les chercheurs de l'Insee montre que les générations actuelles les plus âgées ont des comportements moins dynamiques parce qu'elles ont connu une jeunesse marquée par des pénuries :

> « La décroissance de la consommation après 70 ans observée en coupe s'explique, donc, en partie, par l'appartenance des ménages de plus de 50 ans à des générations qui ont toujours eu l'habitude de consommer moins. »

L'Insee s'est attelé à comparer la consommation des septuagénaires par rapport non pas à celle des gens actuellement âgés de 45 ans mais à celle qu'eux-mêmes avaient en 1960. Le résultat est éloquent :

1. J.W. Smith & A. Clurman, *Rocking the Ages*, Harper, 1998.

« Deux ménages de même revenu, de même taille et de diplômes similaires mais dont les personnes de référence sont nées à 60 ans d'intervalle (1900-1904 et 1960-1964) présentent ainsi, au même âge, un écart de consommation variant de 12 à 20 %, selon le niveau de diplôme considéré. »

Cette étude permet d'être très optimiste sur la future consommation des nouveaux seniors, issus de générations ayant baigné dans la « société de consommation ». L'Insee conclut sur le fait que décidément, vieillissement ne rime pas nécessairement avec effondrement de la consommation : en 1979, les dépenses des 70-74 ans représentaient entre 67 % et 91 % (selon le diplôme) de celles des 40- 44 ans. En 2004, l'Insee prédit que cette proportion n'oscillera plus qu'entre 82 % et 90 %.

La notion clé de cohorte générationnelle

Notre société, au cours de la 2e moitié du XXe siècle a inventé la notion de « jeunesse » en élargissant de façon spectaculaire la durée de cet état d'insouciance et « d'irresponsabilité ». Jusque-là, sauf dans les milieux favorisés (les familles nobles, les notables, les bourgeois, les intellectuels), on passait directement de l'enfance à une position de production. Cela reste encore la norme, faut-il le rappeler, dans une écrasante majorité des pays en voie de développement où dès l'âge de 6-7 ans on travaille à l'atelier ou dans la rue pour apporter une contribution indispensable aux besoins de la cellule familiale. La durée de la jeunesse ne cesse de s'accroître, cette période prend une importance grandissante dans la formation psychologique des jeunes hommes et femmes de nos sociétés occidentales. On assiste à un recul de plus en plus tardif de toutes les grandes prises de décision chez les jeunes qui hésitent à s'unir de façon formelle (l'âge moyen du mariage dépassera bientôt les 30 ans), retardent au maximum l'âge de conception de son premier enfant, repoussent l'entrée dans la vie professionnelle (il faut reconnaître que sur ce point, ils sont loin d'être les seuls à influer). Bref, on s'installe plus ou moins confortablement dans un état de grande liberté, dans une position de non-choix où l'on est d'autant plus perméable à toutes les influences, les émotions, les expériences qui trouvent là un terrain particulièrement propice. Bernard Préel a utilisé le joli terme de « temps impressionnable », comme on le dirait d'un support photographique, pour caractériser cette période de la vie.

Cet état d'éternelle adolescence finira, un jour ou l'autre, par devenir LA culture de référence de notre société tant il est vrai qu'on regarde la plupart du temps sa propre jeunesse avec nostalgie et qu'on se sent toujours plus jeune mentalement qu'on ne l'est physiquement.

> « Avec la société moderne, l'initiation devient presque interminable. Mais surtout elle va s'étaler sur une longue plage de temps, débordant de beaucoup l'adolescence, couvrant toute une période durant laquelle on a déjà les capacités de l'adulte tout en étant dispensé d'en réaliser les performances, d'en assumer les responsabilités. Étrange période de liberté et de latence, d'entre-deux, décisive à bien des égards pour la formation des valeurs. »
>
> Bernard Préel

Les sociologues et statisticiens ont fait émerger depuis de nombreuses années la notion de « cohorte » en démontrant que les membres d'une même génération sont fortement liés entre eux par des expériences communes qui ont marqué de façon indélébile leur jeunesse. Ces événements (guerre, dépression, révolution, évolution majeure des mœurs, innovation technologique fondamentale…) intervenus pendant la jeunesse, ce que l'on appelle « les années formatives », vont influencer de façon majeure les consommateurs d'âges identiques tout au long de leur vie. Ne continue-t-on pas, 30 ans après, à parler de « soixante-huitards » à propos de quinquagénaires dont l'esprit d'indépendance ou de non-respect de l'autorité restent des traits dominants de caractère[1] ? L'influence des événements intervenus pendant les « années formatives » est telle que, même si les circonstances évoluent de façon significative, l'individu reste très largement conditionné par ce qu'il a vécu et appris dans les 25-30 premières années de son existence.

1. Comment ne pas être frappé également par la réaction instinctive chez de nombreux seniors âgés (les « paisibles » et « grands aînés », c'est-à-dire les 75-85 ans et les plus de 85 ans) qui consiste à stocker des produits de première nécessité. Le sucre, les pâtes ou les conserves disparaissent des rayons dès qu'un conflit social national prend un peu d'ampleur, comme la grève SNCF et RATP de l'hiver 1995. Réaction strictement générée par le souvenir des privations alimentaires qu'ils ont enduré dans leur jeunesse et non à un réel risque de pénurie à notre époque caractérisée par une offre alimentaire pléthorique et des canaux de distribution remarquablement organisés sur le plan logistique.

> « La jeunesse n'a pas encore sa carapace de homard pour se protéger, elle sera la première à être irradiée... C'est à cet âge qu'on se laisse le plus facilement troubler, qu'on est le plus vulnérable, qu'on connaît la force des premières fois. C'est aussi à cet âge que les valeurs se forgent, parfois pour la vie. Donc, de grandes émotions vécues durant la jeunesse imprégneront une génération. » Bernard Préel

J. Walker Smith et Ann Clurman, de Yankelovich Partners, ont schématisé les principaux facteurs d'influence générationnels qui déterminent les comportements de consommation de chacun d'entre nous (Figure 1.2).

Selon Claudine Attias-Donfut, spécialiste reconnue des générations, la distinction entre classe d'âges, cohorte et génération s'effectue sur le critère de l'intervalle d'années considérées : quelques années pour la classe d'âges, une dizaine d'années pour la cohorte, quinze-vingt ans pour la génération.

Bien entendu, chaque génération va traverser les mêmes stades de vie : l'adolescence, le permis auto, la première embauche, naissance des enfants, la retraite. De la même manière, quelle que soit la génération à laquelle nous appartenons, nous sommes confrontés à des événements similaires : crise économique, crise politique, guerres... Pourtant, les membres de chaque génération vont réagir d'une manière assez différente à chacun de ces événements en fonction des valeurs et des réflexes issus de l'expérience acquise au sein de leur cohorte générationnelle. La culture d'une génération est fortement liée aux changements radicaux de l'environnement intervenus pendant les années formatives des membres de cette génération. Les membres d'une génération se ressemblent non pas exclusivement parce qu'ils sont au même stade de vie, mais parce que ce stade de vie se déroule à la même époque.

Le poids des « marqueurs générationnels »

On appelle « marqueurs générationnels » des faits symboliques qui ont marqué profondément la mémoire collective des jeunes appartenant à cette génération. Pour les seniors quelques-uns des marqueurs les plus significatifs auront été le traumatisme de la grande guerre, le krach de 1929, la montée du nazisme, la seconde guerre mondiale, la guerre d'Indochine et la guerre d'Algérie. Pour les baby-boomers ce sera plutôt

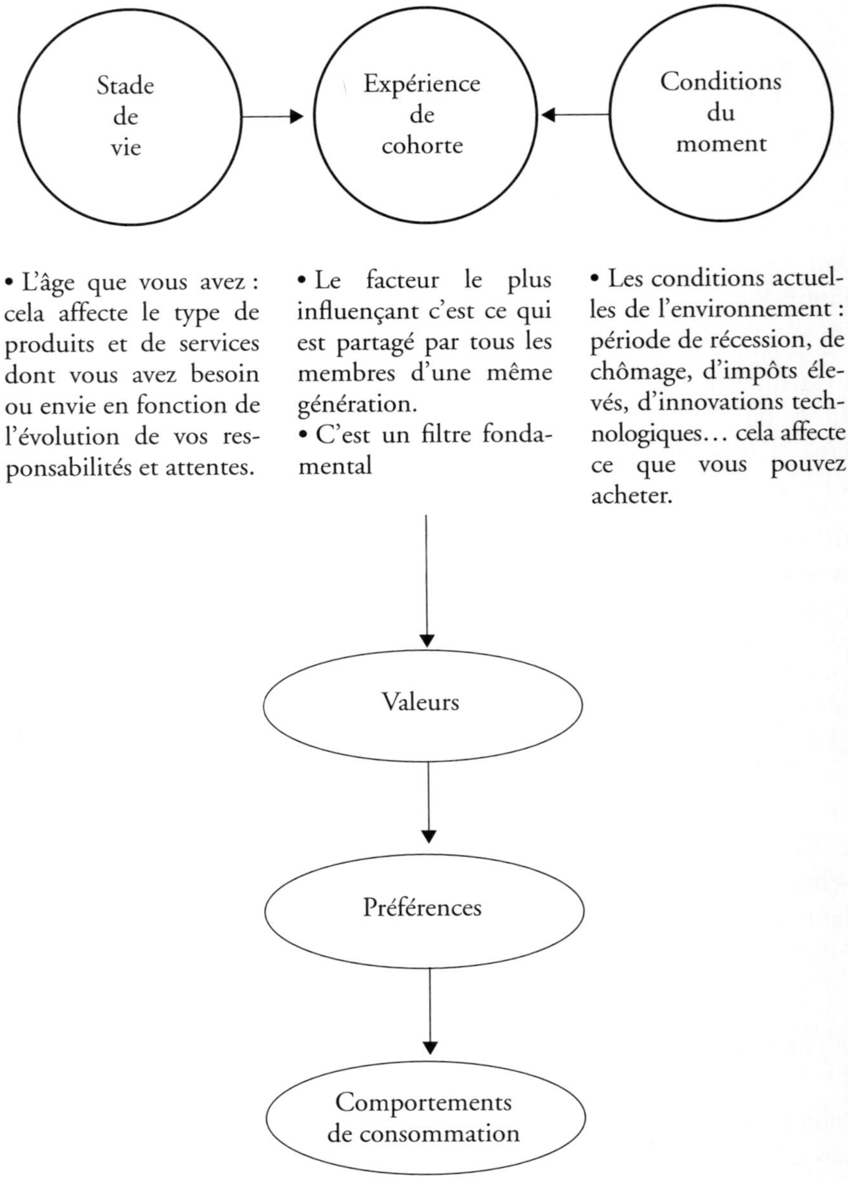

Figure 1.2 – Principaux facteurs d'influence générationnels

Source : J.W. Smith et A. Clurman, *Rocking the Ages*, Harper, 1998.

la société de consommation, la guerre du Vietnam, l'arrivée de la TV couleur, les hypermarchés et le libre-service, la libération sexuelle et, bien sûr, en France, mai 1968 ! Pour les jeunes, ceux que nous appelons la « génération kangourou » (parce qu'ils restent le plus longtemps possible bien au chaud chez papa-maman) ce sera le Sida, le divorce, MTV, les jeux vidéo, l'explosion de l'ordinateur personnel et la révolution Internet.

Quand on veut comprendre une personne, il est important de savoir quelle a été son histoire : il faut, en quelque sorte « se mettre dans sa peau et dans sa tête ». Il est des expériences qui réunissent ceux qui les ont vécues et transcendent les barrières sociales. Une personne née en 1938, parce qu'elle aura un souvenir d'enfance de la guerre et des dures années qui ont suivi, aura plus de points communs avec une personne née en 1919 qu'avec une personne née en 1948. De la même façon, une personne née dans les années où tout paraissait facile, ce que Jean Fourastié a si bien résumé avec l'expression « les Trente Glorieuses »[1], aura beaucoup plus de mal à s'adapter au nouvel ordre économique qu'une personne née après la crise pendant les « Vingt Calamiteuses ».

On peut donc résumer assez justement les différences entre les époques en analysant les éléments qui les symbolisent. On peut, de la même façon, résumer une génération en utilisant les « marqueurs » de l'époque durant laquelle elle a été formée, c'est-à-dire les 15-25 premières années des membres qui la constituent.

C'est sur cette base que certains spécialistes des générations ont pris l'usage de dénommer les différentes générations à partir d'un « marqueur » fort de leur époque, tant il est vrai que ces événements ont façonné une culture assez spécifique et commune aux jeunes gens de l'époque. Bernard Préel a, ainsi, organisé la société française en 9 générations dénommées :

- Génération « Verdun » (né(e)s entre 1895 et 1904) ;
- Génération « Années folles » (né(e)s entre 1905 et 1914) ;
- Génération « Krach » (né(e)s entre 1915 et 1924) ;
- Génération « Libération » (né(e)s entre 1925 et 1934) ;
- Génération « Algérie » (né(e)s entre 1935 et 1944) ;

1. En gros de 1945 à 1973.

- Génération « mai 1968 » (né(e)s entre 1945 et 1954) ;
- Génération « crise » (né(e)s entre 1955 et 1964) ;
- Génération « Gorby » (né(e)s entre 1965 et 1974) ;
- Génération « Internet » (né(e)s entre 1975 et 1984).

Nous en avons ajouté une dixième, encore difficile à analyser compte tenu de son jeune âge : la « Génération Euro » (né(e)s entre 1985 et 1994).

Un autre spécialiste français des phénomènes générationnels, Jean-Luc Excousseau, sémiologue et conseil en innovations produits a, quant à lui, découpé la France contemporaine en quatre grandes générations dont les comportements et attentes lui sont apparus globalement très cohérents. Son approche mérite aussi d'être mentionnée car elle conforte notre connaissance de la société française et nous permettra d'étayer notre propre découpage générationnel.

Jean-Luc Excousseau propose le découpage suivant :

- Génération « Héritage », (né(e)s avant 1941 inclus) ;
- Génération « Naturel », (né(e)s entre 1942 et 1967 inclus) ;
- Génération « Réseaux », (né(e)s entre 1968 et 1976 inclus) ;
- Génération « Mosaïque », (né(e)s entre 1977 et aujourd'hui).

Les marqueurs générationnels constituent des « ruptures » entre les membres d'une génération avec ceux des autres générations. Cette rupture n'est pas forcément vécue avec la même intensité pour les autres générations. Les contemporains d'une cohorte générationnelle se rapprochent entre eux tout en édifiant des « barrières » avec les autres générations : on assiste ainsi à une nette tendance à distendre les liens verticaux par lesquels se transmettent les valeurs anciennes au profit d'un renforcement des liens horizontaux entre personnes ayant vécu les mêmes événements. Il est bien connu que les membres d'une génération plus jeune mettent toujours un point d'honneur à ne pas accepter docilement l'autorité des aînés et contestent les valeurs que ceux-ci voudraient leur voir adopter. Ils vont, au contraire, consacrer une énergie débordante à imposer leur propre vision des choses aux autres générations, en s'appuyant collectivement sur l'écoute globalement favorable dont ils disposent dans notre société toujours attentive aux signaux émis par sa jeunesse. Certains n'ont pas hésité à donner un nom à cette attitude qui frôle souvent la complaisance : le « jeunisme » notamment, néologisme bien connu des hommes politiques toujours soucieux de se faire « bien voir » des jeunes.

Citons à nouveau Bernard Préel à ce propos :

> « La société moderne cherche à réduire le délai qui s'écoule entre la formation des nouvelles valeurs et leur position de rayonnement. Traditionnellement, ce délai durait de trois à quatre décennies. Beaucoup trop au goût des modernes tolérant mal de mettre en quarantaine les valeurs incarnant le mieux le progrès. Ils vont s'évertuer à sortir les valeurs des jeunes de leur statut de contre-culture pour les auréoler d'une gloire particulière propre à tout ce qui symbolise l'innovation. Parallèlement, ils vont hâter la prise de pouvoir de générations moins âgées ; ce rajeunissement aura le même effet, celui d'un véritable *aggiornamento.* »

Quand un responsable marketing construit un ciblage basé sur des critères d'âge, l'une des principales difficultés qu'il rencontre tient en sa propension naturelle à extrapoler les comportements et réactions de cette cible à partir de sa propre attitude. Chacun imagine (plus ou moins inconsciemment) que le consommateur va réagir au stimulus marketing ou publicitaire que la marque va lui adresser similairement à sa propre réaction. C'est, évidemment, la meilleure façon de « passer à côté » de la cible ! C'est aussi ce qui contribue à rendre plus complexe l'approche par le marketing générationnel ; ceci explique en partie qu'encore très peu de responsables marketing et publicitaires s'y soient intéressés.

L'humour décalé d'un spot publicitaire conçu par de jeunes créatifs et accepté par de jeunes responsables marketing[1] a de fortes chances de faire hurler de rire les jeunes consommateurs et d'agacer profondément les seniors qui n'accorderont aucun crédit à un produit seulement capable de « faire le clown » pour se vendre. Ils attendent des éléments factuels pour s'intéresser au produit. Parmi les facteurs explicatifs des perceptions générationnelles différenciées, il est nécessaire d'identifier aussi les conséquences d'une scolarisation sans cesse plus massive qui contribue à élever le niveau d'abstraction et d'imagination des générations plus jeunes et plus éduquées.

1. Moyenne d'âge en agence et service marketing : 30 ans.

Le niveau de formation scolaire a progressé à pas de géant

Quand on entame une démarche de segmentation générationnelle, il est fondamental de se rappeler à tout instant que les groupes de consommateurs des différentes générations-cibles n'ont pas bénéficié du même niveau de scolarité. Pour dire les choses simplement, plus on s'adresse à des consommateurs appartenant aux générations récentes, plus on pourra émettre des messages de communication sophistiqués : leur niveau intellectuel moyen en simplifiera le décodage et l'assimilation. Au contraire, plus on ciblera les segments seniors, plus on devra être très vigilant à rester simple, factuel et compréhensible. Ils sont nombreux les individus appartenant aux générations de retraités qui ont dû quitter prématurément l'école pour cause de guerre, de crise économique, de pénurie pour un travail manuel. Ou plus simplement parce que leur milieu familial les a empêchés de poursuivre leurs études au-delà du célèbre « certif » (le certificat d'études primaire qui est aujourd'hui une simple formalité). Depuis la fin du XIXe siècle, le niveau de formation scolaire a sans cesse progressé. On estime qu'au cours du siècle qui vient de se terminer, les enfants ont reçu en moyenne une formation plus longue de 2 à 3 ans que leurs parents. C'est considérable, cela signifie qu'en un siècle c'est parfois de dix années de formation scolaire supplémentaire dont on parle !

Le baccalauréat est un bon indicateur du niveau d'études atteint par les jeunes des différentes générations (même si certains esprits chagrins prétendent que le bac d'aujourd'hui « n'a rien à voir avec ce que nous avons connu »). Le pourcentage de diplômés bacheliers par génération au cours du XXe siècle est éloquent (Tableau 1.2).

Tableau 1.2 – Pourcentage de réussite au baccalauréat par génération

Année du Bac	Membres de la génération
1906	1,1 %
1930	2 %
1940	3 %
1945	4,4 %
1955	5,3 %
1965	12,5 %
1970	20,5 %
1975	24,2 %
1985	29,4 %
1990	43,5 %
1995	62,7 %
2001	61,6 %

Source : ministère de l'Éducation nationale.

L'influence de l'effet de génération sur la consommation

On ne le répétera jamais assez : l'âge reste le critère déterminant en matière de consommation, il a la vertu de la simplicité et du bon sens. Toutefois, on se rend aisément compte qu'il est insuffisant pour expliquer tous les comportements. Il faut se pencher sur le pouvoir d'influence des générations pour cerner au plus près les attentes des consommateurs. L'être humain aspire naturellement à adopter des éléments de style de vie des générations plus jeunes pour lutter contre son propre vieillissement (le « mythe de l'éternelle jeunesse » a besoin de se nourrir de produits emblématiques). De plus, les progrès de la médecine, l'amélioration considérable des conditions de vie, la qualité de l'alimentation, la réduction de la fatigue générée par le travail ont contribué à brouiller les schémas traditionnels et à faire que « les vieux ne sont plus vieux ». Nous sommes passés d'une société dominée par les activités primaires à une société tertiaire. Rien d'étonnant, alors, à ce que les seniors aient souvent tendance à adopter les produits et services des générations plus jeunes pour s'adonner avec enthousiasme à une sorte de « cure de rajeunissement ». Une remarque toutefois : le fait que les seniors consomment souvent les mêmes produits que les plus jeunes ne signifie pas qu'ils en attendent les mêmes satisfactions. La publicité ne doit pas nécessairement leur parler de la même manière. Pour être certain d'optimiser son investissement et de séduire à coup sûr un senior (comme un junior ou un major), il est infiniment plus efficace d'adopter un langage de communication spécifiquement conçu pour lui, de le diffuser via les médias les plus en affinité avec ses pratiques d'information et en fonction de son mode de vie. Les travaux de l'équipe française du BIPE ont fortement contribué à une compréhension affûtée du mode de diffusion des biens, produits et services en fonction des trois effets : génération, cycle de vie et époque.

La diffusion d'un produit s'explique par l'interaction plus ou moins marquée de trois effets :

- **effet d'époque**. Il est fondamentalement dépendant du contexte de la consommation à la date de l'observation. Le produit/service pénètre toutes les classes simultanément et va s'évanouir aussi vite qu'il est apparu : c'est le type même de produit « à la mode », éphémère de nature (exemple poussé à l'extrême : les lunettes distribuées lors de l'éclipse du 11 août 1999, inutiles dès la fin du phénomène).
- **effet d'âge.** Un produit est diffusé exclusivement auprès de toute une classe d'âge sans quasiment concerner des consommateurs plus jeunes ou plus vieux (exemple : le jouet d'éveil réservé aux jeunes bébés, la poupée Barbie pour les petites filles ou, au contraire, l'assurance obsèques souscrite essentiellement par les seniors assez âgés).
- **effet de génération**. Il est plus difficile à analyser car il nécessite de travailler sur des séries longues et de s'abstraire des effets précédents. Le bien en question va être adopté par les jeunes de telle ou telle génération (pendant leurs « années formatives »), va vieillir avec eux quasiment exclusivement, sans « transpirer » vers d'autres générations. L'exemple le plus typique de ce genre : les groupes musicaux ou chanteurs emblématiques d'une génération ; la techno ou la *dance* ont bien peu d'adeptes chez les générations plus âgées alors qu'elles sont considérées comme *has been* par les générations suivantes.

Quand le produit de génération présente un potentiel plus large, plus trans-générationnel, il peut être lancé d'abord par une génération pionnière et initiatrice qui va l'imposer, consciemment ou non, aux autres générations à travers leurs membres les plus jeunes. Évoquons simplement le cas du roller dont les jeunes seniors citadins dynamiques n'hésitent pas à s'équiper pour se maintenir en forme.

Cette approche prend tout son sens quand il s'agit de prévoir les évolutions probables des marchés à moyen terme. Les seniors de demain sont les majors ou les juniors d'aujourd'hui et rien ne dit qu'ils auront le même comportement que les seniors actuels, s'il est démontré que les marchés en question sont sensibles à de forts effets générationnels. Ce type d'information est crucial pour le responsable marketing qui va, ainsi, pouvoir anticiper l'évolution de ses marchés en y apportant les innovations et adaptations nécessaires pour être en mesure de séduire les nouvelles générations de consommateurs tout en fidélisant ses consommateurs actuels.

Pour permettre d'isoler de la manière la plus objective possible ce qui naît du poids de l'âge ou de la génération d'appartenance, le BIPE a mené une étude statistique importante et de longue durée en analysant au « peigne fin » les résultats des enquêtes « Budget des familles » de l'Insee (1979, 1984, 1989 et 1995), « Pratiques culturelles » (1973-1997) et « Vacances » (1965-1994) des organismes statistiques publics. Les données reprises pour concrétiser notre propos remontent parfois à plusieurs années mais rien n'a été entrepris plus récemment. Leur actualité bien réelle montre que les identifications enregistrées ne sont pas l'effet d'une tendance mais d'une évolution de fond.

Toutes ces études reposent sur des échantillons très lourds et des méthodologies suivies. Pour tenir compte de la variation de la taille des ménages dans le temps, l'approche en « dépense par tête » a été retenue, la segmentation par âge s'est basée sur l'âge de la personne de référence du ménage.

Il a fallu ensuite séparer les effets de cycle de vie et de génération par une méthode de pseudo-panel, en exprimant les dépenses en francs constants 1995 et annulant de ce fait les effets d'époque restitués par la hausse des prix à la consommation.

Cette méthodologie a été appliquée sur plus de 80 marchés de grande consommation, de biens durables (automobile, électroménager...), de services, de loisirs et de médias. Cette étude, unique en son genre, fait date car elle a éclairé la pertinence des analyses du marketing générationnel, chiffres en mains, aux yeux de tous les responsables marketing. Pour démontrer la pertinence des analyses par génération et par cycle de vie, le Bipe a pu identifier que l'effet de génération a été repéré plus d'une fois sur deux, c'est-à-dire autant de fois que l'effet de cycle de vie ![1].

Tableau 1.3 – Effets cycle de vie et génération

	Produits analysés	Effet cycle de vie	Effet génération
Agroalimentaire	27	18	17
Biens durables	15	10	10
Médias/communication	11	7	8
Loisirs/services	25	14	13
Total	78	49	48

> « Pour comprendre quelqu'un, il faut avoir marché des lunes et des lunes dans ses mocassins. »[2]

Pour mettre en pratique le marketing générationnel, il est fondamental de comprendre le parcours de chaque génération. Nous concluons ce chapitre par le portrait de l'une des cohortes générationnelles présentées précédemment. L'analyse des comportements de consommation nous a en effet amenés à constater que cette cohorte constitue aujourd'hui l'un des plus grands enjeux marketing des prochaines décennies pour pratiquement toutes les entreprises. Il s'agit, bien sûr, de la génération mai 1968 (né(e)s entre 1945 et 1954).

➤ La génération mai 1968 : la génération « et moi, et moi, et moi ! »

Ce sont les nouveaux seniors. Ils ont entre 48 et 57 ans et sont les premiers enfants d'un phénomène unique dans l'histoire de l'humanité : le baby-boom. Autant la vie de leurs parents aura été difficile, autant celle des baby-boomers est marquée par une période d'une extrême facilité au cours de leurs années formatives. Tout avait été

1. Bien entendu, on repère aussi un certain nombre de marchés où les deux effets se conjuguent.
2. Proverbe Cherokee.

reconstruit pour eux, la société dans son intégralité s'est polarisée sur l'arrivée massive des baby-boomers. Elle a dû s'organiser pour nourrir, loger, vêtir, transporter, éduquer, amuser ces millions de bébés arrivés en l'espace de quelques années.

Ils représentent la seule cohorte générationnelle de ce siècle à bénéficier d'une quasi-constante période d'expansion économique ; ils ont pu ainsi accéder sans difficulté à l'emploi dès la sortie de leurs études. Le chômage n'a pas fait partie de leur environnement quotidien de jeunesse (comme il peut l'être à l'heure actuelle pour les générations plus jeunes comme la « Gorby »). Un simple chiffre peut témoigner du « miracle économique » vécu par les baby-boomers : de la naissance à leurs trente ans, ils ont quasiment triplé leur consommation par tête ! Pendant les trente premières années du baby-boom, la consommation individuelle a progressé au rythme spectaculaire de + 4 % par an jusqu'au choc pétrolier de 1975. La deuxième cohorte du baby-boom, née entre 1955 et 1965, a d'ailleurs connu un brutal recul du niveau de vie. Pas étonnant que ces aspirants babas-cool aient rapidement inventer le punk. Le *No Future* remplaça pour eux le *Peace and Love.*

Les jeunes de la génération mai 1968 ont grandi dans une relative opulence, sans craindre les périodes de vaches maigres dues aux crises et aux guerres. Ils étaient pressés de quitter le nid familial pour construire rapidement le leur, la pénurie de logement était surmontée et trouver un premier emploi tellement facile ! Même si le niveau d'études était largement supérieur à celui des parents, la vie professionnelle débutait tôt. À 20 ans, 58 % d'entre eux occupaient déjà un emploi, un chiffre qui laisse rêveur au regard du petit quart d'actifs de vingt ans aujourd'hui.

> « Elle [cette génération] parvient, grâce à sa formation et au creux des classes antérieures, à trouver du boulot avant qu'on ne relève, derrière elle, le pont-levis ».
>
> Bernard Préel

Les baby-boomers furent aussi très pressés de se marier. C'est au cours de cette période que l'on se maria le plus jeune : le record masculin fut établi en 1972 avec un âge plancher de 24,5 ans et le record féminin en 1974 avec un plancher de 22,4 ans. Cette génération implanta le modèle de famille à deux enfants. Ils bénéficièrent en outre, sans rien faire, des sacrifices de leurs parents en termes de lutte syndicale : les acquis de 1936 et de l'après-guerre, avec la mise en place du *welfare* dans les principaux pays occidentaux. Tout leur réussissant, les baby-boomers commencèrent, par un réflexe humain bien naturel, à discuter et contester, d'où ce surnom particulièrement bien trouvé des Américains pour les caractériser : la *me generation* qu'on pourrait traduire avec un brin de méchanceté par la « génération nombril » ou la « génération... et moi, et moi et moi » ! L'expression « conflit de génération » allait rapidement faire flores à partir du début des années soixante. Dès cette période, aux États-Unis, on parlait d'un *generation gap* entre des adultes qui avaient vécu la grande dépression et la guerre (qui partageaient donc le sens du sacrifice comme valeur commune) et leurs enfants élevés dans une relative opulence et avant tout épris de liberté. Ce *generation gap*, des films comme *Graine de violence*, *La Fureur de vivre* ou *Pierrot le fou* l'illustrèrent de façon tellement magistrale qu'ils en devinrent des œuvres universelles. La notion de génération s'imposa au monde entier dans les années soixante. C'est, en effet, à cette époque que les oppositions entre la culture et les aspirations communes aux jeunes et celles de leurs parents devinrent plus importantes que les oppositions entre idéologies concurrentes. Cette incompréhension résumée par le *My generation* du groupe The Who a atteint en France son paroxysme lors du mouvement de mai 1968. Le conflit naquit des revendications libertaires des jeunes générations ; il dépassait les traditionnelles oppositions politiques. Ces revendications, incomprises par les appareils politiques traditionnels, donnèrent aux baby-boomers l'occasion inespérée de se faire entendre. Cette génération contestait systématiquement toutes les « pensées uniques » et ce qu'elle estimait intolérant. Elle poussa à son paroxysme l'idolâtrie de la jeunesse qu'elle paraît de toutes les vertus. Elle remit en cause avec acharnement tous les grands choix de société pris par les « vieux » et les politiques, comme, par exemple, le nucléaire. Elle prôna une philosophie constante de droit à la différence, se battit pour défendre tous ceux qu'elle considérait comme des opprimés. Au contraire de leurs parents (souvent de la génération « libération »), jugés trop conformistes et matérialistes, les baby-boomers se démarquèrent par une recherche constante d'expression individuelle et de créativité personnelle. Ils étaient relativement peu attirés par la possession de biens matériels et beaucoup plus enclins à s'intéresser à ce qui leur permettrait de vivre des « expériences » amusantes, enrichissantes intellectuellement ou plaisantes. Plaisir, le mot est lancé, voilà la première génération dont l'un des objectifs fondamentaux est de « jouir » de la vie !

Rien d'étonnant à ce que la libération sexuelle et l'augmentation considérable du taux de divorce soient intervenues quand les baby-boomers ont atteint la maturité. Sur le plan de la consommation, ils ont toujours eu tendance à acquérir par impulsion les biens ou services qui leur faisaient envie et plaisir. « Tout, tout de suite », sans hésiter à s'endetter pour y parvenir. Il faut dire que le taux d'inflation galopant de la France, en moyenne de + 10 % par an entre 1973 et 1985, leur a considérablement facilité une installation sans souci majeur. Ils ont fait les beaux jours des Cofinoga, Cetelem, Sofinco et autres organismes de crédit à la consommation jusqu'à la fin des années quatre-vingt. Cette génération « cigale » a démontré une grande habileté à dépenser... mais pas à économiser et placer son argent ! (tout le contraire de la génération « libération »).

Dans le long chemin historique qui aura permis aux femmes de se positionner à l'égal des hommes, il ne fait aucun doute que la génération mai 1968 est celle qui leur a ouvert un changement de statut radical. Elles ont, au cours de ces années décisives, gagné deux batailles essentielles : l'accès au travail et la contraception. Les baby-boomeuses ont revendiqué haut et fort le droit d'exercer un emploi. Une attitude à l'opposé de celle de leurs mères qui, dès le mariage et la conception du premier bébé, se repliaient sur les tâches ménagères et l'éducation des enfants. Majoritairement, les mères ont sacrifié délibérément leur potentiel professionnel à leur famille et à la carrière de leur époux.

Évolution ? Non double révolution ! Quelques chiffres témoignent de la première. Chez les femmes de la génération « libération », à l'âge de 15 ans 60 % d'entre elles exerçaient une activité professionnelle ; ce chiffre tombait à 50 % à vingt ans et à 37 % aux alentours de 32 ans. Chez les femmes de la génération mai 1968, seules 23 % exerçaient une activité à l'âge de 15 ans[1]. En revanche, à l'âge de 20 ans, elles étaient près de 63 % à disposer d'un emploi, chiffre en constante croissance malgré la naissance des enfants, se situant à 65 % environ à l'âge de 32 ans et culminer à près de 75 % à 40 ans. Comme l'a écrit Bernard Préel :

1. Témoignage supplémentaire de l'amélioration des conditions de vie et de la forte poussée de la scolarisation par rapport à la génération précédente.

> « L'entrée en masse des femmes, et notamment des « bourgeoises » sur le marché du travail pour y conquérir leur indépendance et posséder le nerf de la guerre moderne, aura sans doute constitué le « Grand Œuvre » de la génération de mai 1968. Avec elle le modèle de la bi-activité est devenu le modèle de référence ; se manifeste un nouveau choix : la mère n'a plus à se sacrifier ni à son mari, ni à ses enfants ; son équilibre, son épanouissement, son plaisir deviennent des droits à part entière dont elle doit jouir ne serait-ce que pour être une bonne mère. »

Il est clair que la formidable progression de niveau de vie des ménages baby-boomers est en grande partie imputable à la présence de deux revenus professionnels sous le même toit. La deuxième révolution notable dans la vie des femmes de la génération mai 1968 est, évidemment, la révolution des mœurs sexuelles avec surtout l'arrivée de la pilule et, plus tard, le remboursement de l'IVG. Les femmes ont alors pu vivre à la fois une sexualité plus libérée et se rapprocher d'un statut plus égalitaire envers leurs compagnons. Surtout, elles prirent la liberté de décider « quand et combien » d'enfants elles voulaient. Cette deuxième révolution va se combiner très vite avec la première et autoriser les femmes à gérer leur vie professionnelle et leur vie familiale de façon beaucoup plus volontariste et harmonieuse. À partir de cette génération les ménages adoptèrent progressivement une attitude beaucoup moins favorable à la natalité. Le taux de fécondité redescendit tout juste au niveau du seuil de renouvellement : soit 2,1 enfants par femme. Pourquoi ? La préservation du niveau de vie du ménage a toujours été un objectif central dans la vie de « jouisseurs » des baby-boomers, beaucoup moins enclins que leurs parents à tout sacrifier pour construire une famille nombreuse.

Vers la fin des années quatre-vingt, le panorama économique a sérieusement commencé à se durcir, à noircir le tableau optimiste, voire euphorique, de la vie telle que la concevaient les baby-boomers. Le chômage, en particulier celui des cadres, est « tombé sur la tête » des membres de cette génération, relativement insouciante jusque-là. Les hommes et femmes de cette génération n'avaient, pour la plupart, jamais connu le chômage et s'étaient copieusement endettés pour acquérir une résidence principale ou un appartement à la montagne ou à la mer. Ils avaient acheté à crédit bon nombre de leurs équipements auto ou leur dernier voyage au Club Med. Ils étaient bien peu préparés au retournement de tendance économique qui les prit par surprise. Alors, « contre mauvaise fortune, bon cœur », ils acceptèrent une restriction de leur train de vie en plébiscitant les marques de premier prix, les soldes et les magasins *discount*. De là, vient, pour une bonne part, le succès des *hard-discounters* tels Aldi, Norma, Ed, Lidl. Dans leurs rayons, les « ménagères de moins de 50 ans » ont continué à trouver de quoi nourrir la famille à moindre coût. Les baby-boomers ont encore dû se battre pour garder leur emploi, sans compter leurs efforts et leurs heures supplémentaires pour arriver à maintenir un niveau de vie essentiel à leur bien-être et à celui de leurs enfants. Deux autres facteurs de stress sont venus s'ajouter, petit à petit, à la vie des baby-boomers :

- La découverte éprouvante d'un « horizon bouché », promis à leurs enfants aînés que le marché de l'emploi se refusait à embaucher. D'études prolongées en CDD successifs, ils restaient plus longtemps sous le toit parental. Rappelons à ce propos, que la France est un des pays d'Europe où le taux de chômage des jeunes de moins de 25 ans est toujours l'un des plus élevés.
- À cette première responsabilité parentale est venu se superposer un phénomène corrélé à l'extraordinaire poussée de la longévité humaine. Les parents âgés sont de plus en plus nombreux et leur dépendance à l'égard de leurs enfants ne cesse de croître. Les nouveaux seniors de la génération mai 1968 découvrent qu'ils sont de plus en plus pris en étau entre leurs enfants qui continuent d'être financièrement dépendants d'eux et leurs parents qui ont de plus en plus besoin d'eux dans les actes de la vie quotidienne. D'où ce surnom de « génération sandwich » dont on commence à les affubler au regard de cette conjonction de nouvelles raisons de stress et de diminution de leur liberté d'action.

Pour couronner le tout, il est perceptible que les baby-boomers, en bons « jouisseurs » qu'ils sont, commencent seulement à se rendre compte qu'ils ont assez peu organisé leur avenir financier. À force de dépenses pour « se faire plaisir », de divorce en nouvelle relation de couple, persuadés que le travail est un dû (ce n'est plus vrai !), ils ont peu de réserves financières ou de biens immobiliers. Et Quand les menaces sur le financement futur des retraites font les gros titres de la presse, ils prennent conscience que leur avenir est bien moins serein qu'ils l'anticipaient. Les baby-boomers constituent, de ce fait, un marché de prédilection pour les organismes financiers, conseillers patrimoniaux et assureurs qui doivent les inciter à réorganiser leur portefeuille de produits d'épargne pour leurs longues années de retraite. À souligner : à son départ en retraite, une femme a devant elle quasiment 30 ans de vie et un homme 25 ans !

Donnons à nouveau la parole à Bernard Préel :

> « Le parcours des enfants gâtés de mai 1968 évoque celui d'une déconvenue... Arrivée au tournant décisif du milieu de la vie, cette génération ne découvre pas seulement ses utopies réduites en cendres ; elle voit ses sécurités sauter ; les mauvaises nouvelles s'accumulent sur le front de la protection sociale (santé et retraite) et de la sécurité familiale (il lui faut payer pour ses enfants et ses parents) ; elle perçoit qu'elle n'a plus le droit à l'erreur : cette société qui exclut sans états d'âme ses vieux actifs pourrait bien l'abandonner sur les bords de la route au bénéfice de jeunes mieux formés, moins chers et plus souples... pour les enfants gâtés, ça se gâte ! »

➤ Comment séduire la génération mai 1968 ?

Parmi les clés de la réussite marketing, à l'évidence il faut compter sur tout ce qui participe à la nostalgie, susceptible de rappeler les bons moments de la jeunesse. Volkswagen semble l'avoir compris mieux que quiconque avec le lancement de la Volkswagen New Beetle qui s'inspire directement de la légendaire Coccinelle. Lancée d'abord aux États-Unis, en 98, avant l'Europe, elle y a remporté un succès phénoménal comme le relate un excellent article de Jean-Michel Normand tiré du *Monde* du 10 août 1998 :

> « Cette création, qui doit plus aux services marketing qu'aux ingénieurs des bureaux d'étude, cultive la propension des baby-boomers, génération nombreuse et à fort pouvoir d'achat, à verser dans la nostalgie et l'auto-célébration... la New Beetle est l'un des modèles qui apporte le plus d'émotions dans le monde automobile actuel. Elle fait réagir. »
>
> Et le journaliste de devenir lyrique en conclusion de son article : « Cette madeleine de Proust pour baby-boomers, d'inspiration plus californienne qu'allemande, s'est forgée d'emblée un incroyable capital de sympathie. »

Le discours nostalgique fait vibrer la corde particulièrement sensible auprès de la génération mai 1968. La campagne publicitaire de la New Beetle a abondamment joué dessus : « Si vous avez perdu votre âme dans les années quatre-vingt, voilà l'occasion de la racheter » affirme l'une des annonces. La nostalgie dope les ventes d'Harley Davidson, des motos 125

Custom aux formes avantageuses lancées avec un énorme succès par Yamaha (Virago) et plus récemment par Honda (Shadow), des scooters Vespa ou des robots de cuisine et réfrigérateurs aux formes arrondies qui envahissent depuis quelque temps les rayons électroménagers.

La nostalgie est stimulée par l'utilisation de thèmes musicaux qui vont leur « rafraîchir la mémoire », comme les Beatles ou le *Rock'n'Roll.* Quand Microsoft lance sa campagne tous azimuts pour Windows 95 sur le célèbre *Start me up* des Rolling Stones, personne ne doute que la marque a voulu émettre un signal majeur à destination de tous les baby-boomers aux commandes des entreprises du monde entier ! Sly and the family Stone défendent les couleurs de la marque Toyota et les Who celles de Ford aux États-Unis. Le magazine *Business Week* consacrait un long dossier en mars 1998 à ce nouveau marketing à destination des « *ageing baby-boomers* » :

> « Les baby-boomers les plus âgés sont quinquagénaires et ils luttent contre le processus de vieillissement avec la même énergie qu'ils déployaient pour manifester contre la guerre. Les services de marketing jouent sur l'attrait des produits nostalgiques pour apaiser les blessures du temps qui passe, faire en sorte qu'ils se sentent toujours jeunes. »

Au salon auto de Detroit de janvier 1999, les constructeurs américains ont dévoilé ce qu'ils appellent le *heritage design* destiné à séduire les enfants du baby-boom. Tous les arguments marketing qui valorisent la capacité des produits ou services à rendre la vie plus confortable, moins stressante, plus indépendante vont dans un sens favorable aux aspirations profondes de la génération mai 1968. Tout ce qui sera susceptible de flatter chez eux le sentiment d'être jeunes et « dans le coup » et intégrera leurs besoins physiques sera positivement apprécié.

La gamme Forty

Passé 40 ans, beaucoup ont besoin de lunettes pour lutter contre la presbytie. Le lancement par les opticiens Afflelou de la gamme Forty composée de plusieurs montures multicolores et « design » a su séduire les quadras et leur montrer qu'ils pouvaient rester séduisants tout en portant des verres correcteurs.

Enfin, les baby-boomers ont grandi avec l'émergence de la télévision en média central du divertissement (Zorro, Rintintin, Belphégor et autres séries), élément essentiel de l'information et de la détente après le travail. Il est bien certain que la TV représente *ipso facto* le média privilégié de communication avec cette génération de consommateurs, avec, toutefois, un inconvénient majeur : comme ils sont encore en activité professionnelle (y compris les femmes dont l'écrasante majorité a un emploi) on ne peut les toucher qu'avec les écrans publicitaires de *prime-time* (début de soirée jusqu'à 21 h 30) dont les tarifs sont excessivement élevés. Les baby-boomers s'intègrent très largement à la cible centrale du marketing et de la publicité, « les ménagères de moins de 50 ans ». Ils constituent ainsi une cible marketing parmi les plus chères à contacter. Ceci va bien sûr changer dans les prochaines années puisque les plus âgés d'entre eux atteindront l'âge de retraite.

Tableau 1.4 – Tableau synoptique de trois générations

Génération	Libération	Mai 1968	Gorby
Argent	Travail	Factures	Des fois
Travail	Devoir	S'accomplir	Rare
Famille	Paradis	Charge	Bouée
École	Communale	Lycée	Fac et école
Voiture	Traction	2 CV	205
Guerre	2e guerre	Algérie	Kippour
Musique	Édith Piaf	The Beatles	The Cure
Cinéma	*Fanfan la Tulipe*	*À bout de souffle*	*Un Monde sans pitié*
Gouvernement	Trop faible (IVe République)	Trop fort (de Gaulle)	Trop abstrait (Mitterand)
Parents	Respectés	Out	Absents et exigeants
Enfants	Il en faut	Un, si je veux, quand je veux	Si j'avais des sous
Footballeurs	Kopa, Fontaine	Les Verts de Saint-Étienne *(pas les écolos...)*	Platini, Giresse
Sport	Foot-ball	Jogging	Glisse
Technologie	Électricité	Transistor	Électronique
Littérature	Saint-Exupéry	Sartre	Le Clézio
Copains	De régiment	De lycée	De galère
Amour	Pour la vie	À inventer	Danger

CHAPITRE 2

Le junior marketing

« Il n'est pas un seul monument au monde qui ait plus d'importance qu'un enfant. »

Frederico Mayor, président de l'Unesco

En ce début du XXIe siècle, notre société, dans les pays économiquement développés, accorde une place prééminente aux enfants, aux adolescents, bref aux juniors. Ils sont « le centre du monde » pour leurs parents mais aussi pour les producteurs, quasiment dans tous les secteurs, pour les industriels du loisir, de la musique, du cinéma. N'oublions surtout pas les circuits de distribution qui s'y intéressent de façon privilégiée. Il est vrai que notre société n'a pas besoin de faire un effort particulier pour s'intéresser aux juniors : le réflexe naturel de tout individu est de centrer son attention sur l'enfant, parce qu'il est synonyme de vie et d'espoir.

A contrario, le même individu aura le réflexe inné de « détourner son regard » de la vieillesse, qui marque le déclin des fonctions physiques, jusqu'à la dépendance souvent avec la mort inévitable en fin de parcours. Ce comportement explique « l'oubli » quasi systématique de la cible des seniors dans les actions marketing et publicitaires des entreprises (voir le chapitre consacré au senior marketing).

La montée en puissance du consommateur junior

En matière de marketing, l'attrait de la jeunesse est spectaculaire. Les entreprises s'intéressent massivement aux juniors depuis l'émergence du « raz de marée » démographique du baby-boom. Cette période située entre 1946 et 1964 a enregistré une croissance de la population des pays développés sans précédent dans l'histoire de l'humanité.

La collectivité, les entreprises publiques et privées ont été contraintes de tout faire pour satisfaire les besoins créés par cette arrivée massive de nouveaux consommateurs. L'ampleur du phénomène tient en une date et un chiffre : en 1946, 840 000 bébés sont nés en France, soit le double de naissances par rapport à 1945 !

La société de consommation est née de cette vague déferlante de natalité pendant « Les Trente Glorieuses », période de reconstruction et d'euphorie économique qui dura jusqu'à la deuxième crise pétrolière. Pendant cette période faste, les entreprises ont parfaitement perçu et compris l'importance extrême de la cible des juniors pour assurer le développement de leur chiffre d'affaires. De véritables empires industriels mondiaux se sont édifiés après avoir fait le choix judicieux d'un ciblage marketing sur les enfants, les adolescents et les familles avec jeunes enfants.

Des marques emblématiques de la jeunesse ont inondé les cinq continents de leurs produits devenus quasiment « mythiques » : Mc Donald's, Disney, Coca-Cola, Pepsi, Kellog's, Mars, Ferrero (avec ses marques Kinder, Nutella…), Nike, Reebok, Adidas, Nintendo, Sony, Levi's, Fisher Price, Toys'R'Us, Mattel, MTV, pour ne citer qu'elles. Ces entreprises illustrent de remarquables réussites dans la vente aux juniors de la planète. Des exemples qui ont fait naître une « culture marketing globale » chez les dirigeants marketing et publicitaires de tous les secteurs de l'économie mondiale. Toutes les entreprises (même celles a priori éloignées de la consommation des jeunes) se sont mises à développer leurs offres de produits ou de services ; leurs campagnes de publicité ciblant les juniors avec un seul mot d'ordre : il faut « faire jeune » !

L'individualisme comme mode de vie

L'image de la jeunesse figée des années 1960 a vécu. Terminé, le groupe homogène dans ses comportements et ses idées. La « *Rock'n'Roll attitude* » a tout fait voler en éclats. L'expression « fossé des générations » prend tout son sens, illustre une fracture réelle entre « ceux d'avant » et « ceux d'après ». Qui a oublié le phénomène des « blousons noirs », appellation sous laquelle on classait par facilité les jeunes en révolte contre la conformité ambiante?

Il faut admettre que le junior contemporain est l'enfant d'un mode de vie fortement individualisé. Pour lui, la société est un territoire ouvert à tous les possibles. Cela se voit dans le choix de ses vêtements, de sa musique, dans sa liberté d'expression. Les juniors pilotent désormais leur vie selon leurs préférences et leurs rejets, sans trop tenir compte de la pression sociale ou de ce qui est « civilement correct ».

Les responsables marketing doivent-ils s'en remettre, ou se soumettre, à l'individualisme arbitraire de leur groupe-cible ? Certainement pas. Les groupes se forment sur la rencontre d'affinités entre les individus, les préférences partagées, tout ce qui organise une cohérence en matière de musique, d'habillement, de mode. Pour s'intéger au mieux à l'univers des jeunes, il importe de s'inscrire dans les références de leur culture, dans leurs valeurs et dans la forme de normalisation qui la caractérise. Pour analyser cette culture propre aux juniors, il faut disposer de certains critères de segmentation comme les générations, les activités, les cycles ou le mode de vie. Nous avons choisi de nous concentrer sur le mode de vie des groupes de jeunes.

Replaçons-nous dans la perspective « historique » qui était celle des chefs d'entreprise de la deuxième moitié du XXe siècle. Les années 1950 ont vu l'arrivée massive de nouveaux consommateurs ; les années 1960 ont donné à cette population des moyens financiers supplémentaires qui pouvaient être dépensés ; les années 1970 ont libéré un flux de nouveaux produits et services destinés aux enfants ; les années 1980 leur ont légué le pouvoir et la légitimité de décider quels produits ils consommeraient en s'affranchissant toujours plus de l'acceptation parentale. Les années 1980 ont incontestablement été la décennie qui a vécu l'émergence de « l'enfant consommateur ». En parallèle, nous avons suivi une véritable explosion des médias ciblés sur les publics jeunes : magazines, radios, programmes et même chaînes de télévision (MTV, Disney Channel, Fox Kids, M6 ou Canal +).

À l'aube du XXIe siècle, plus personne n'en doute : le pouvoir d'influence des juniors pèse de plus en plus fort sur la consommation des produits ou services qui leur sont directement destinés ou de ceux destinés à la cellule familiale. Plusieurs phénomènes sociologiques se sont développés pendant les deux dernières décennies en contribuant nettement à la montée en puissance du consommateur junior dans notre société occidentale.

Les phénomènes sociologiques explicatifs

➤ Moins d'enfants dans les familles

Depuis la fin du baby-boom, on constate une tendance à la baisse de la fécondité qui frappe tous les pays économiquement développés. En Europe plus aucune nation n'atteint le niveau de *statu quo* démographique, soit 2,1 enfants par femme (seuil où une population est stabilisée). Certains États, l'Espagne notamment, sont même tombés à 1,26 ; l'Italie à 1,22 ou l'Allemagne à 1,42 ; la moyenne européenne s'établissant en 2001 à 1,47. En France (1,9 enfant/femme en 2002), comme partout ailleurs, les couples hésitent à faire plus d'un enfant.

Alors, dès la naissance, rien n'est trop beau pour lui : il va être « gâté-pourri » dès sa plus tendre enfance, par ses parents qui ont le plus souvent programmé de longue date son arrivée, sans oublier les papis et mamies trop contents d'avoir un « petit bout » dans la famille pour perpétuer la lignée.

➤ Des familles de plus en plus monoparentales

Le taux de divorce ou de séparation des couples non mariés est, quant à lui, en forte progression partout. En corollaire, le nombre de mères seules qui se trouve en constante augmentation : en 1998, selon l'Insee, plus d'un million de femmes élèvent seules leur(s) enfant(s) en France. Dans ces familles séparées ou monoparentales, les enfants construisent leur autonomie beaucoup plus vite et assument des responsabilités qui incombaient traditionnellement aux deux parents : faire une partie des courses, préparer le repas, nettoyer la maison, nourrir les animaux domestiques. On les a souvent appelés « les enfants clés au cou » pour qu'ils puissent revenir par leurs propres moyens au domicile après l'école. Une responsabilisation qui conduit des jeunes enfants à disposer rapidement de sommes d'argent significatives pour des achats qui leur sont destinés ou pour satisfaire des besoins familiaux. Directement pour eux ou pour les besoins de la famille. Autre phénomène : la séparation du couple provoque souvent une « culpabilisation » chez les deux parents qui compensent l'absence du conjoint par des sorties avec les enfants, des cadeaux, des chèques lors des moments de vie passés en alternance avec l'enfant. Les week-ends voient souvent ces « parents célibataires » au Mac Do avec leur progéniture.

➤ L'incessant recul de l'âge de la maternité

On retarde de plus en plus l'âge de procréation de son premier (et seul) enfant. C'est le corollaire de l'accession massive des femmes au monde du travail. Dans la conquête de leur autonomie sociale, elles ne veulent (ou ne peuvent) plus sacrifier leur carrière à l'éducation d'un enfant. L'enfant avec leur conjoint, ce sera « pour plus tard ». Les jeunes couples veulent, d'abord, avoir atteint un certain niveau de vie et de confort. Un objectif de plus en plus long et difficile à atteindre quand l'entrée dans le marché du travail est aussi ardue (voir la partie consacrée à « la génération galère » dans le chapitre major marketing). En France, l'âge moyen de la maternité de 26,5 ans au début des années quatre-vingt est passé à 29,4 ans en 2002. Qui s'en étonnera ? Par comparaison, en 1977, 25 % des nouveau-nés avaient une mère de plus de trente ans ; ils sont désormais près de 50 % : lorsqu'enfin « l'enfant paraît », il arrive dans un contexte financier moins précaire et va pouvoir bénéficier tout de suite du meilleur niveau de vie du ménage. À l'adolescence, puis plus tard, il bénéficiera de l'amélioration de la situation économique de sa famille qui lui permettra de concrétiser ses désirs.

➤ Des familles avec deux parents au travail

Schéma type de la parenté au début du XXIe siècle : deux parents exercent un emploi, ce qui est le cas pour plus de 70 % des couples ; entre 25 et 34 ans, le taux d'activité des femmes est de 77 % avec un enfant. La conclusion est évidente : les parents disposent de revenus plus confortables mais manquent de temps à consacrer à leur(s) enfant (s) ; la crèche ou la nourrice prennent le rôle de « famille bis » une bonne partie de la semaine. Les parents « culpabilisent » et s'efforcent de compenser en couvrant le jeune enfant de cadeaux, puis en lui laissant, lorsqu'il devient plus âgé, une grande autonomie pour rentrer à la maison et se « débrouiller » tout seul. C'est encore une façon de transférer sur l'enfant une partie des responsabilités et achats qui incombaient traditionnellement à la maman au foyer. L'enfant gère très tôt de l'argent pour ses transports, ses repas, ses sorties du mercredi, les courses pour la famille…

Selina S. Guber, présidente du cabinet spécialisé américain *Children's Market Research*, va même jusqu'à déclarer :

> « Papa et maman sont trop occupés à gagner l'argent de la famille, ils n'ont pas le temps de le dépenser, alors ils délèguent les cordons de la bourse à leurs enfants ! »

Excessif ? Regardons autour de nous !

Dès le début des années soixante-dix, un jeune chercheur belge de l'Université de Louvain, Benny Rigaux Bricmont, enquêtait sur « la prise de décisions économiques dans la famille » en hiérarchisant les rôles respectifs de la mère et du père. Il fut tout surpris de voir apparaître un autre décideur important : l'enfant.

Joël-Yves Le Bigot, fondateur en 1972 de la société d'études IED (Institut de l'Enfant/Youth Opinion International), est un spécialiste unanimement reconnu, un pionnier du junior marketing en Europe. Il a quantifié le pouvoir d'influence économique directe ou indirecte des jeunes à plus de 12 340 milliards d'Euros annuels pour notre seul pays, soit la bagatelle de 43 % de la consommation familiale ! L'enfant est devenu un « agent économique » à part entière, reconnu comme tel par les adultes, deux parents sur trois selon une enquête récente. De manière croissante, les décisions d'achat familiales sont conditionnées par celles de l'enfant. L'économie suit la sociologie : la présence d'un ou plusieurs enfants au foyer oblige les parents à se projeter en permanence dans l'avenir ; ils ont « programmé » sa naissance (on n'insistera jamais assez sur la révolution apportée par la pilule) et vont s'investir à fond pour lui construire le meilleur futur possible. On lui achète sans trop discuter tout ce qui peut s'apparenter à de l'éducatif, c'est aussi vrai pour l'alimentation, l'habillement, l'hygiène que pour la culture. En outre, on accepte très vite l'affirmation de ses envies, de ses goûts lorsqu'il accompagne ses parents dans les magasins. Certains hypermarchés ont même mis à disposition des mini-caddies pour permettre aux enfants de faire leurs propres courses, parallèlement à celles effectuées par papa ou maman.

> « Les statistiques montrent que plus du tiers des personnes qui fréquentent une grande surface, quasiment toutes enseignes confondues, ont entre 8 et 10 ans. Les principaux distributeurs ont compris tout l'intérêt qu'il y avait pour eux à prendre en compte cette clientèle pour tenter de l'accompagner tout au long de ses actes de consommation à l'âge adulte. »[1]

Certains spécialistes marketing ont repris une terminologie empruntée à la cosmétique pour affirmer que l'enfant était un fabuleux marché « 3 en 1 », car il représente trois marchés stratégiques pour les entreprises : « Un marché primaire, un marché d'influence et un marché d'avenir ! »

Le junior : acheteur, prescripteur, pionnier

Le junior acheteur

L'enfant commence d'abord par être un consommateur à part entière en utilisant son pouvoir d'achat direct. Ce qu'il achète avec son « argent de poche », attribué au mois ou à la semaine par les parents, selon l'âge. L'estimation qui concerne les enfants de 4 à 10 ans représente un total d'environ 131,1 millions d'Euros. À cet argent de poche s'ajoute ce que Joël-Yves Le Bigot appelle « l'argent en poche » qui englobe « la gratte » (ce que l'enfant « oublie » de rendre lorsqu'il est allé acheter du pain à la boulangerie ou des courses à l'épicerie) ou ce que la famille lui donne à l'occasion des étrennes, anniversaires, communions ou autres petits services rendus (tondre le gazon, laver la voiture…). Cet argent vaut 3 à 4 fois le montant de l'argent de poche. Décidément, elles sont vastes les poches enfantines !

> « Autrefois on donnait des objets, aujourd'hui c'est plus facile de faire un chèque ou de donner un billet. Il y a donc de plus en plus d'argent dans la tirelire. »

Constat d'une enquête Éducation : en France, les trois quarts des enfants scolarisés, âgés de 6 à 25 ans, reçoivent de l'argent de leurs

1. Babette Leforestier, fondatrice de la Junior Bank, outil permanent d'analyse des tendances et modes de consommation des enfants chez Secodip.

parents au cours de l'année scolaire ; le montant moyen dépasse 460 euros. Qu'il s'agisse de versements réguliers ou non, cet argent de poche augmente très nettement avec l'âge de l'enfant et surtout avec son niveau de scolarité, en particulier lors des passages en sixième, en seconde et dans l'enseignement supérieur. Selon une étude consacrée aux « aides financières versées par les parents à leurs enfants scolarisés entre 6 et 25 ans » de l'Insee et l'Ined en 1992, sur une période de 10 mois (l'année scolaire), le montant moyen reçu représente 344 Euros par enfant. Les sommes versées régulièrement valent plus du double de celles données de manière occasionnelle : 234,56 Euros contre 94,74 Francs. Ces deux niveaux de « participation financière » correspondent à des logiques de redistribution intergénérationnelle différentes. Dans plus d'un cas sur deux (56 %), les parents versent des montants évolutifs selon les besoins des enfants.

Beaucoup de parents considèrent qu'ils n'ont pas à imposer les difficultés du moment (chômage, salaires réduits) au risque de compromettre l'avenir de leurs enfants. Double difficulté : il faut transmettre des racines et permettre aux jeunes pousses de se développer.

> « C'est normal qu'on se prive pour ses enfants. »

La fable du parent pélican incapable de nourrir sa progéniture et qui se laisse dévorer par ses propres enfants a la vie dure. La valeur de cet « argent en poche » a été estimée à plus de 1 milliard d'Euros pour les seuls enfants de 4 à 10 ans. Pour un enfant de huit à dix ans l'évaluation porte sur un « revenu mensuel » avoisinant 45 Euros.

Le junior prescripteur

➤ Le pouvoir de prescription du junior

Le junior devient très jeune un incontournable prescripteur en organisant son pouvoir de prescription sur des produits ou des marques qui le concernent directement (vêtements, produits alimentaires, lieux de vacances...) ou qui sont destinés à l'ensemble de la famille. Exagération ?

> « La voiture que les enfants recommandent à leurs parents. » Tout le monde a encore en mémoire la communication de la Peugeot 806 qui a joué à fond de cette influence. Même inspiration pour les Peugeot 807, Citroën C8 et Fiat Ulysse. Ce

qui est vrai pour un achat à 25 000 Euros l'est tout autant au quotidien : « Maman, tu vas quand même pas t'habiller avec ce pantalon ringard ! »

On estime qu'à 6 ans, les enfants ont leur mot à dire (et ils le disent), sur les produits familiaux courants ; à 9 ans, leur influence s'étend aux achats d'équipements ; dès 12 ans ils deviennent imbattables sur les achats de produits techniques. L'étude réalisée par Walt Disney France en 1998, auprès d'un échantillon de juniors de 8-10 ans, comportait une question révélatrice à ce propos :

« Dans les magasins, si tu demandes quelque chose, ta mère accepte-t-elle ? »

- « Parfois » rallie 57 % des réponses ;
- « Ça dépend des produits et des prix » 28 % ;
- « Souvent » 8 % ;
- « Jamais » 4 % ;
- Et « Toujours » 3 %.

Les 4 % de « Jamais » sont particulièrement éloquents quant à l'attitude bienveillante - doux euphémisme - des mères face aux critères de leurs chérubins !

Une étude américaine menée en 1986 par deux chercheurs, J.-P. Galst et M.-A. White, révèle qu'en moyenne les enfants sollicitaient 15 fois leurs parents pour des achats lors de la visite d'un supermarché en famille. Obstinés, les petits ! Un autre sondage, de septembre 1998, réalisé en France par BVA pour la chaîne de télévision Fox Kids, a démontré que dans le domaine des loisirs plus de 40 % des enfants cherchent à influencer le comportement de leurs parents ; environ deux juniors sur trois reconnaissent qu'ils les poussent, parfois ou souvent, à voir certains films au cinéma et regarder certaines émissions de télévision. Les responsables de l'étude concluent en notant :

> « Les conseils prodigués par les enfants sont non seulement nombreux, mais aussi suivis par près de 50 % des parents concernés. »

Les enfants parviennent toujours à obtenir ce qu'ils souhaitent. Ils n'hésitent pas à faire appel à tout un registre d'arguments pour convaincre papa ou maman de leur acheter le produit qu'ils convoitent. Papi et mamie sont tout aussi « vulnérables » en s'investissant de façon croissante dans l'achat de produits pour les enfants. Un chiffre : les seniors représentent 1/3 du marché des jeux et jouets ! Tout jeunes, les enfants montrent impérativement du doigt le produit qui les tente ; ils s'y accrochent en pleurant, en trépignant… la honte publique pour les parents ! Plus âgés, les enfants auront identifié les arguments « qui font mouche » et ils signeront des mises en scène de séduction en déployant des trésors d'imagination, de charme et d'intelligence pour parvenir à leurs fins.

Le spécialiste américain James U. McNeal a répertorié quelques-uns des arguments les plus couramment employés sur différents sujets :

- Santé : « Tu ne veux pas que ça me fasse du bien ? »
- Temps : « Ça va te faire gagner du temps. »
- Économies : « Ça va te faire économiser beaucoup d'argent. »
- Enseignement : « Tu ne veux pas que j'apprenne de nouvelles choses ? »
- Bonheur : « Tu n'as pas envie de me rendre heureux ? »
- Sécurité : « Tu ne voudrais pas que je me blesse, n'est-ce pas ? »

Les annonceurs n'hésitent pas à exploiter ce type d'arguments dans leurs campagnes pour donner aux enfants et à leurs parents les raisons d'acheter leurs produits. Une publicité peut par exemple employer les arguments suivants : « C'est très amusant[1] et éducatif[2] » ou tout simplement « Amuse-toi en apprenant. » Mc Neal a identifié les trois axes stratégiques utilisés par les marques pour capter le pouvoir d'influence des enfants.

➤ Les stratégies des marques pour capter ce pouvoir d'influence

- *Influencer l'enfant, vecteur d'influence des parents*

La première stratégie historique, bien connue des fabricants de confiserie, de gâteaux sucrés, de jouets et de jeux, consiste à être massivement présents dans les écrans publicitaires des programmes TV pour enfants, le matin avant le départ à l'école, la fin d'après-midi et, bien sûr, au sein des programmes dédiés du mercredi et des week-ends. Le schéma d'influence est linéaire.

1. Argument adressé aux enfants.
2. Adressé aux parents.

Message Marketing ➟ Enfants ➟ Parents

Figure 2.1 – Schéma d'influence linéaire

Ce modèle est surtout pratiqué par les annonceurs qui vendent directement des produits destinés prioritairement à une consommation junior. Séduit par le message, l'enfant va, soit acquérir directement le produit sur ses propres fonds, soit dans la majorité des cas, tenter de convaincre ses parents de l'acheter.

• *Influencer les parents, vecteurs d'influence des enfants*

Le modèle traditionnel de relation entre parents et enfants est basé sur un principe éprouvé : les parents déterminent fondamentalement ce que leurs enfants pensent et font. Ainsi, les demandes de produits exprimées par les enfants reflètent ce qu'ils ont appris de leurs parents. La communication publicitaire est centrée sur les parents à travers les médias et les horaires auxquels ils peuvent être touchés efficacement.

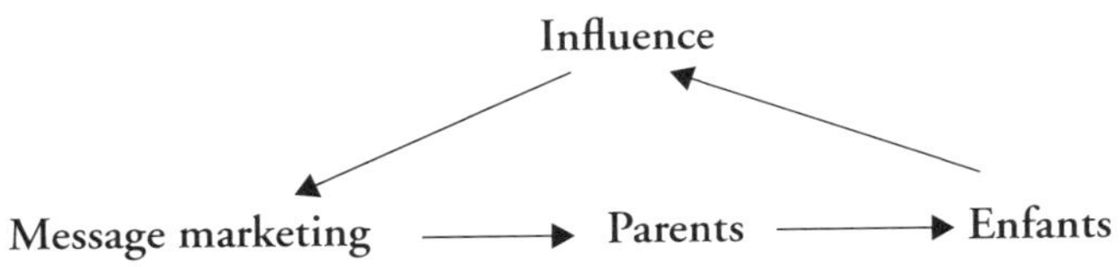

Figure 2.2 – Schéma d'action en boucle

Ce modèle est intensément utilisé, notamment par les marques de vêtements pour enfants en bas âge qui s'adressent quasi exclusivement aux mères de famille.

Sony

Autre sujet, même démarche : en 1987, Sony lance sa nouvelle gamme « My first Sony » et l'ensemble de son marketing est centré sur la cible parentale. Il est bien évident que ce schéma résiste mal à l'avancée en âge de l'enfant et aux modifications sociologiques vues précédemment ; il est battu en brèche par le dernier type de marketing, dominant aujourd'hui.

• *Influencer en même temps les parents et les enfants*

Ce modèle reconnaît la montée en puissance du pouvoir de prescription des enfants de la fin du XXe siècle. Il admet une certaine « égalité » dans la décision d'achat qui s'est instaurée au sein des familles. Le tout n'est pas de séduire l'une des parties, encore faut-il trouver les arguments qui vont naturellement accorder enfants et parents sur une marque précise. Cela signifie que le responsable marketing dispose des éléments de conviction destinés aux deux cibles.

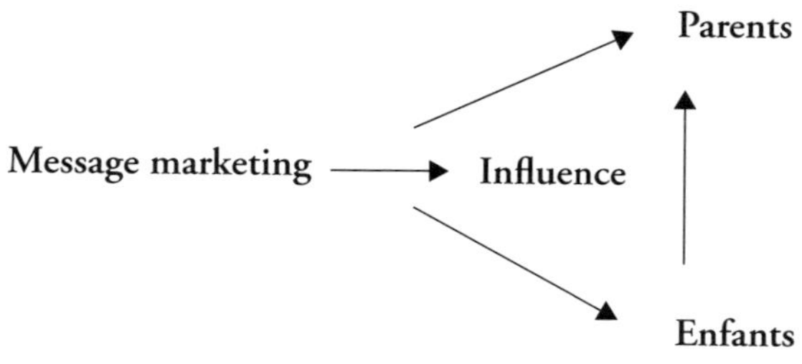

Figure 2.3 – Schéma d'influence partagée

Le succès de cette stratégie passe par une segmentation opérée dans le message autant que dans les médias, puisqu'il est nécessaire de toucher les deux composantes de la cible avec les meilleurs arguments pour l'une et l'autre. Cette stratégie peut paraître plus chère que les stratégies historiques, mais elle va dans le sens inéluctable de la nouvelle sociologie de la société. Elle tient compte du poids croissant de l'enfant dans la consommation de tous types de produits et services, bien au-delà de la sphère traditionnelle des produits pour enfants.

> « La philosophie de base du responsable marketing est simple : il lui faut convaincre le décisionnaire d'achat. Si le jeune décide quelle marque de baskets il veut porter et que sa mère va lui acheter, le poids du marketing sera orienté sur le jeune. Dans la réalité, un achat résulte d'une décision prise en commun, comme c'est quasiment toujours le cas pour des produits destinés aux jeunes ; l'effort de communication devra être ciblé sur les deux destinataires, afin de réduire les risques de controverse qui existent facilement sur le type de produits désirés par les jeunes. »[1]

Pour les équipements nécessitant un investissement élevé, les juniors vont très rapidement devenir des experts du « co-financement », méthode subtile consistant à faire participer les membres de la famille à leurs achats par une sorte de « souscription ». Aussi, parviennent-ils à

1. James U. McNeal

acquérir appareil photo, walkman, console de jeux, chaîne hi-fi, lecteur de CD, voire micro-ordinateur d'un montant largement supérieur à la somme dont ils disposent.

Le pouvoir de prescription commence de plus en plus tôt. « Consomm'acteur »[1] dès l'âge de 2 ans, l'enfant est devenu un incontournable prescripteur des achats de la famille, dans un nombre de secteurs économiques toujours croissant ; il est de plus en plus impératif et s'exerce désormais sur des marques précises bien au-delà des seuls produits. C'est dans ce domaine que les choses ont le plus évolué sur les vingt dernières années. Selon une enquête réalisée par l'IED, les parents interrogés ont hiérarchisé de la manière suivante le pouvoir d'influence des enfants (Tableau 2.1).

Tableau 2.1 – Hiérarchisation du pouvoir d'influence des enfants

Selon les parents, l'avis des enfants est décisif dans les achats familiaux, à raison de :	
Livres	84 %
Jouets et jeux	82 %
Vêtements pour eux	74 %
Alimentation	70 %
Vacances	51 %
Hygiène et cosmétique	43 %
Électroménager	40 %
TV et hi-fi	33 %
Voiture	30 %
Vêtements de la mère	25 %
Vêtements du père	20 %

Source : IED.

Confirmation encore avec des données tirées d'une étude conduite par Regenere, première agence française spécialiste des 12-25 ans. La vérité des chiffres, dit-on !

1. Terminologie de Joël-Yves Le Bigot.

Le junior pionnier

Par son rôle d'innovateur, il parvient à modifier les habitudes de consommation de la famille en devenant le facteur introductif des nouveaux produits au sein du foyer. Ce phénomène est bien connu en marketing générationnel : il reconnaît aux jeunes contemporains un rôle prééminent dans l'implantation de l'innovation au sein de la société à une époque donnée. Curieux de tout, fortement consommateur de la publicité à la télévision ou à la radio, Junior ne zappe jamais les pubs, au contraire il les connaît « par cœur ». Il est familier d'un nombre impressionnant de marques, de magasins et catalogues. Les prix n'ont pas de secret pour lui car il dispose de beaucoup de temps pour s'informer et choisir. Une étude du *Journal of Advertising Research* américain a identifié les différentes sources d'information des juniors en matière de produits et de marques : la publicité à la TV représentait 27 %, les amis 26 %, les magasins 22 % et les catalogues 15 %. Leurs comportements préfigurent ceux des consommateurs de demain, maîtrisant parfaitement toutes les formes de distribution, y compris Internet. Tous les experts américains et européens s'accordent à dire que les juniors seraient plus ou moins à l'origine de 50 % des produits nouveaux introduits dans les ménages d'aujourd'hui !

Acheteur, prescripteur, innovateur, à toutes ces fonctions ajoutons une dimension qui s'est développée inexorablement au cours du XXe siècle (que l'on peut sans hésiter qualifier de « siècle des juniors »). Le jeune est devenu LA référence culturelle des adultes. Dans un monde qui se sait inexorablement condamné au vieillissement, les publicitaires, les programmateurs TV et radio, les responsables marketing, les hommes politiques font tous de la « résistance » : il faut « être jeune, faire jeune ». Surtout faire jeune ! Qu'il s'agisse des produits de grande consommation, d'entreprises de services ou d'équipements, de campagnes de publicité, les valeurs jeunes sont synonymes d'avenir, de vie, de rire, de générosité ! La jeunesse sera éternellement à la mode, c'est sans doute en grande partie une façon pour notre société d'exorciser sa peur ancestrale de la mort.

Comment l'entreprise séduit et fidélise les juniors ?

Un seul chiffre démontre à quel point il est important pour une entreprise, quel que soit son secteur d'activité, de se faire connaître et apprécier par la cible des juniors : les trois quarts des marques découvertes avant l'âge de 15 ans restent parmi les favorites des consommateurs devenus adultes ![1] Les jeunes se constituent très vite un portefeuille de marques qu'ils conserveront plus tard.

Pour une entreprise de n'importe quel secteur il n'y a que deux sources possibles de nouveaux clients : des consommateurs ayant abandonné une marque concurrente ou des consommateurs qui n'ont pas encore acheté le type de produits ou services proposés par l'entreprise. Les clients gagnés sur la concurrence ont décidé, un jour, d'être infidèles à leur fournisseur précédent pour en essayer un nouveau, d'abandonner une Renault pour acheter une Peugeot ; on quitte Leroy Merlin pour acheter chez Castorama… En fait, quand une marque, une enseigne réussit à « arracher » un certain nombre de clients, c'est via un produit particulier, une innovation exclusive, une offre promotionnelle attractive, un prix avantageux. Oui, mais… les concurrents ne restent pas les bras croisés en attendant de se faire dépouiller tranquillement de leur fonds de commerce : ils réagissent avec les mêmes armes que leurs compétiteurs. Cela ressemble fort à de la surenchère, dont les grands gagnants sont les consommateurs qui voient les prix des produits et services fondre pour une qualité souvent meilleure. Opportunistes, ils en profitent, en faisant des allers-retours de l'un à l'autre ! Les automobilistes connaissent les actions à répétition des marques comme Esso, Elf, Shell qui multiplient les cadeaux et opérations promotionnelles, dans un secteur historiquement banalisé et peu motivant pour le consommateur. Total a « frappé fort » fin 2002 avec sa collection des plus grands succès cinématographiques en DVD (*Taxi 2*, *Asterix*, *Chiken Run*, *Stalingrad*…).

• *Séduire et fidéliser : un travail à mener en continu*

Autrement dit, le travail de conquête et de fidélisation est à recommencer tous les jours car un client gagné sur la concurrence sera toujours tenté de repartir ailleurs pour profiter des offres du moment. D'où

1. Source IED.

l'idée de s'intéresser aux « consommateurs vierges », c'est-à-dire les juniors qui n'ont pas encore eu le temps d'être « pollués » par les marques concurrentes. Plus une entreprise, une marque, sait se rapprocher des jeunes enfants et des adolescents, plus elle a de chances, que le junior, devenu adulte ou en âge de consommer le produit ou service en question achète naturellement la marque connue et fréquentée depuis son plus jeune âge. Un consommateur longuement « préparé » pendant ses années de jeunesse a de fortes chances d'être plus fidèle qu'un consommateur arraché à une marque concurrente. Pourquoi ? Il aura déjà expérimenté les avantages de passer d'un fournisseur à un autre. Rappelons, à nouveau (Voir le chapitre consacré à l'incontournable marketing générationnel) l'importance primordiale des habitudes prises pendant « les années formatives »... Souvent, elles font toute une vie.

- *Susciter la confiance, critère essentiel des jeunes*

Dès leur plus jeune âge, les enfants cherchent des relations stables, fortement affectives avec celles et ceux qui les entourent. Leur dépendance envers les autres explique leur quête de stabilité dans leurs rapports avec parents, amis, copains et copines de classe. À l'adolescence, la notion de « tribu » de copains va même devenir essentielle : pendant des années, ils vont « vivre ensemble », passer de longs moments ensemble à parler de tout, partager leurs expériences, leurs sentiments profonds, et vont se promettre fidélité à vie. Leur loyauté et leur constance sont impressionnantes dans leur relation aux autres. Ce besoin de confiance partagée est extensible aux marques et produits qu'ils utilisent et côtoient. Ils ont un besoin viscéral de ne pas être « trahis », y compris par les marques et les entreprises.

Un cas d'école : Chevignon, ou comment « casser la confiance »

Chérie des juniors, Chevignon a commis l'erreur impardonnable de lancer une gamme de cigarettes sous son propre nom. Les jeunes se sont sentis bernés, exploités par une marque qu'ils adoraient et qui leur est apparue comme prête à tout pour profiter de leur confiance. En l'espace de quelques mois, les ventes globales de Chevignon et de tous ses accessoires se sont effondrées de façon spectaculaire, malgré le retrait rapide de la marque de cigarettes.

Pour parvenir à faire d'un enfant le futur adepte de telle ou telle marque, l'entreprise doit voir à long terme. Parfois, l'investissement ne sera rentabilisé qu'au bout de 20 ou 25 ans lorsque le jeune adulte sera réellement susceptible d'acheter et de consommer le produit ou service concerné !

Pour parvenir à ses fins, l'entreprise devra passer toute une série d'étapes dans la construction de sa relation avec les juniors. Ce processus demande du souffle, il va entraîner des investissements lourds étalés sur des très longues périodes dans le but de « planter des graines » qui, régulièrement « arrosées », vont finir par produire leurs fruits. Le junior marketing nécessite une volonté stratégique sans faille du management de l'entreprise, notamment dans les domaines où l'enfant ne deviendra consommateur-acheteur que très tardivement comme dans l'automobile, la banque ou l'assurance. L'investissement considérable se justifie par l'impérieuse nécessité qu'ont les entreprises de consolider leur capital affectif sur les jeunes générations pour grandir et prospérer avec elles.

James U. Mc Neal a construit un schéma très simple pour rappeler les 3 étapes indispensables à franchir pour avoir toutes les chances de tirer un profit maximum de son investissement marketing sur les juniors. Un parcours obligatoire pour qu'une marque crée les conditions d'une consommation immédiate et, plus généralement, à terme de ses produits par les enfants devenus adolescents ou adultes.

Connaissance → Intérêt → Croyance → Action

Figure 2.4 – Le parcours obligatoire

Les 3 étapes clés

➤ 1re étape : construire la notoriété de la marque

C'est une évidence, mais encore faut-il y parvenir. Pour qu'une marque ait une quelconque chance d'établir une relation solide avec les juniors, elle doit d'abord se faire connaître de cette cible. Lorsque l'entreprise vend des produits directement consommés par les enfants, la tâche est relativement simple (boissons, confiserie, céréales, jouets, jeux, livres, vêtements...). Il lui est assez aisé de choisir une marque facile à lire et à identifier par un nom court ou ludique et un logo conçu pour être déclinable dans une majorité de supports. Objectif simple : se faire identifier et approprier par les enfants dès leur plus jeune âge.

La force de l'évidence… Le célèbre *M.* de McDonald's est reconnu par les enfants de 115 pays avant même qu'ils ne soient capables de lire ! Pour tenir la distance, la marque dépense chaque année un budget marketing proche de…1,8 milliard d'Euros (oui, oui, vous avez bien lu !) pour qu'aucun enfant ne puisse ignorer qui est le clown Ronald et que chez McDo le menu *Happy Meal* lui réservera toujours des tas de cadeaux et de bonnes surprises. Cette opération montée en association avec Disney propose un thème différent chaque mois, depuis la signature du contrat mondial en 1996 avec le géant du cinéma. L'essentiel des efforts marketing de l'enseigne est centré sur trois segments de consommateurs : les petits (3-8 ans), les *teens* (8-12 ans) et les *tweens* (les plus de 12 ans) pour ne laisser aucun concurrent lui ravir sa place de « restaurant de la famille avec enfants ».

Tâche plus ardue dès qu'il s'agit de produits ou services qui ne s'adressent pas directement aux enfants et qu'ils ne pourront consommer que beaucoup plus tard. Pour la marque, un des accès vers l'univers des enfants c'est une association avec des objets utilisés quotidiennement par les enfants, comme des trousses pour l'école, des règles, des calculettes, des gadgets pour la chambre, des accessoires qui les accompagnent dans leurs activités sportives… De nombreuses entreprises accordent une licence de leurs marques à des fabricants de fournitures scolaires qui développent des trésors d'imagination à l'occasion de chaque rentrée scolaire. Les petites filles s'arrachent les trousses, agendas et cartables/ sacs à dos Chipie, Barbie, Creeks, Morgan… et les garçons les Adidas, Nike, DocMartens, K-Way ou Chevignon…

En Europe, les banques, les assurances, les marques automobiles, certaines grandes entreprises publiques pour ne citer qu'elles, fabriquent depuis longtemps des produits dérivés et commencent à s'implanter sur les lieux scolaires ou de loisir des jeunes.

➤ 2e étape : être là où il faut, quand il faut

Quand une entreprise veut bâtir une relation solide et durable avec les jeunes, le *nec plus ultra* est de les accompagner dans tous les moments de leur vie et sur tous les lieux qu'ils fréquentent. Priorité, donc, à l'école, dans l'espoir d'imposer sa marque, petit à petit, dans le « champ de choix » ultérieur de l'enfant.

Il existe toutefois un problème légal : toute distribution d'échantillons ou toute action publicitaire est normalement interdite dans les établissements scolaires en France. Pour rencontrer les enfants dans leur cadre scolaire, les entreprises doivent forcément déployer des trésors d'imagination visant à contourner cet interdit. Certaines réussissent remarquablement en apportant une valeur ajoutée éducative à leur démarche.

• La marque Nesquik (groupe Nestlé) bénéficie d'une dérogation depuis 1994 en disposant de 15 animateurs qui sillonnent les écoles primaires pour délivrer un message éducatif sur les vertus du petit-déjeuner. L'argument est le suivant : trois enfants sur cinq arrivent le matin le ventre vide et sont incapables de suivre correctement les cours. On comprend que les enseignants accordent une oreille attentive et positive à ce discours.

• Le groupe Danone n'est pas en reste. Ainsi, la marque Lu a distribué 5 000 affichettes aux instituteurs, décrivant le goûter idéal, préparé par ses nutritionnistes, en se servant de l'image de son porte-parole publicitaire, le footballeur Bixente Lizarazu.

• De son côté Signal, en partenariat avec une association de dentistes (UFSBD), délègue dans les classes d'authentiques dentistes qui vont expliquer l'extrême importance d'une bonne hygiène dentaire ; 150 000 tubes de Signal sont ainsi distribués chaque année.

• Les opticiens Visual présentent des ateliers d'éveil consacrés à la vue.

• Le groupe Procter & Gamble envoie des infirmières dans les classes de 4e pour expliquer l'hygiène féminine aux adolescentes ; les jeunes filles repartiront, comme il se doit, avec des échantillons de la marque Tampax.

Un certain flou dans la législation permet aux entreprises de se « faufiler » dans les établissements, par exemple à travers les cantines scolaires qui, très souvent, ne dépendent pas du ministère de l'Éducation nationale mais des municipalités, nettement moins strictes.

On constate depuis quelques années, en France, un réel développement des actions marketing des entreprises - tous secteurs confondus - à destination du monde scolaire. Il faudra toutefois du temps pour atteindre les records établis aux États-Unis où le *school marketing* existe depuis plusieurs décennies. Outre-Atlantique, quasiment toutes les marques consacrent de lourds investissements marketing pour se faire connaître des juniors, tant le pouvoir de consommation et de prescription des jeunes américains est grand. Il est vrai que la loi américaine est infiniment moins contraignante, de tout temps les marques ont investi les préaux des écoles et les salles de classe pour accompagner les professeurs dans leur travail pédagogique en mettant à leur disposition des outils, souvent de grande qualité, que le système éducatif américain aurait eu du mal à financer tout seul. Il existe même une chaîne de télévision éducative privée (Channel One) à laquelle douze mille établissements ont été abonnés gratuitement ; ses programmes sont, bien entendu, financés par la publicité et le parrainage. Les annonceurs en sont friands car le ciblage évite toute déperdition et l'encombrement publicitaire y est bien moindre que sur les réseaux ou les chaînes câblées. Chez de nombreux annonceurs américains s'activent des spécialistes de *school marketing* qui planifient très longtemps à l'avance leurs actions. Dans l'informatique, par exemple, une marque comme Apple y a consacré, depuis sa création, beaucoup d'énergie et de moyens financiers. Apple a pu se constituer ainsi un vivier d'*aficionados* dès leur plus jeune âge qui ont été fidèles à la marque plus tard et lui ont permis de ne pas sombrer corps et biens quand la situation était désespérée, au milieu des années 1990.

- La **création de « kits éducatifs »** destinés à être utilisés soit par des personnes déléguées par l'entreprise, soit par les enseignants pour enrichir les outils pédagogiques dont ils disposent. C'est le cas de Disneyland Paris qui a créé un véritable catalogue de sujets dans lequel les enseignants peuvent puiser à loisir : « arts et traditions de la Chine ancestrale », « initiation à la photographie », « découvrir Jules Verne »… Sans oublier une incitation à finir les cours avec les élèves sur le site du Parc.[1]

> « Les équipes commerciales du Parc ont mis au point un argumentaire culturel implacable, pour convaincre les profs d'emmener leurs élèves : Grâce à « Space Mountain » - De la terre à la lune- ils découvrent l'œuvre de Jules Verne… Sur « Main Street », ils peuvent perfectionner leur anglais. »
>
> Ivan Letessier, Capital, septembre 1999

Les kits créés par les entreprises ne passent pas par l'agrément des inspecteurs d'académie puisqu'ils sont, dans la plupart des cas, directement adressés aux enseignants dont les coordonnées et les matières d'expertise sont aisément disponibles.

1. Chaque année ce ne sont pas moins de 600 000 élèves qui viennent avec leurs classes à Marne-la-Vallée.

- La **distribution d'échantillons de produits** dans les établissements, les cantines ou à la sortie. Des marques comme Fanta, Orangina, Kellog's, les parfums Calvin Klein, SFR, Bouygues Téléphone, Liebig, P'tit Dop de l'Oréal ont fréquemment recours à ce système.
- Le **tourisme industriel**. Il constitue également un très bon moyen de marquer les esprits des jeunes, puisqu'une sortie de classe est toujours un moment bien agréable (une « école buissonnière » autorisée). Les visites d'usines permettent aux entreprises de se présenter sous leurs meilleurs atours et d'avoir « sous la main » les jeunes et leurs éducateurs. Cela permet de faire passer les messages clefs que la marque souhaite implanter dans l'esprit de ces jeunes consommateurs. Et parfois aussi de corriger un éventuel problème d'image. Citons à nouveau l'article de Capital de septembre 1999 à propos de Coca-Cola qui a connu un sérieux besoin de redorer son blason et sécuriser son public cible après les incidents dont la marque avait été victime en juin 1999 :

> « Cet été, Coca-Cola a réalisé un million de francs de travaux dans ses installations de Clamart pour les préparer à la visite de dizaines de milliers d'élèves. Dès la rentrée 1999, cette usine d'embouteillage, à l'instar de celles de Grigny, Dunkerque ou Toulouse, va en effet être ouverte au public scolaire… La visite gratuite, se termine par une distribution d'objets publicitaires. Une façon pour Coca-Cola de faire grossir les jeunes troupes d'accros à sa petite bouteille. »

La volonté des marques américaines d'aller au devant du public jeune et familial est particulièrement spectaculaire dans les grands parcs d'attraction, tels Disney World, Disney Land ou Epcot Center. Ces grands annonceurs américains construisent des pavillons immenses pour mettre en valeur leur contribution à l'amélioration de la vie des familles américaines. *Business* oblige, il ne manque jamais une boutique pour acheter les produits dérivés de la marque du sponsor (voir par exemple les pavillons AT & T, Kodak, General Electric, Ford, Microsoft, General Motors, Federal Express, Xerox, IBM, Sears, Wal Mart…)

➤ 3e étape : construire connivence et reconnaissance avec la marque

Le fait de travailler très tôt sa notoriété auprès des juniors et de créer de l'intérêt est loin d'être suffisant. Il est indispensable de construire une relation de confiance et de connivence entre eux et la marque pour qu'ils s'impliquent, s'activent dans cette relation. Pour les marques dont les produits ne sont pas consommés directement par les juniors, il est difficile de créer ce « lien », de le charger de sens ou d'affectivité pour marquer l'esprit des enfants et qu'ils gardent de « bons souvenirs » associés à telle ou telle marque.

- Les pétroliers ont bien compris l'intérêt immédiat et futur que pouvait représenter le public des enfants. Les TotalFinaElf, Shell, BP, Esso et autres ont depuis belle lurette imaginé une panoplie de systèmes promotionnels pour fidéliser la clientèle des adultes en jouant sur les cadeaux que leurs enfants peuvent acquérir en collectionnant les points de fidélité. Une façon de débanaliser l'achat de carburant en associant la marque au fait de gagner des cadeaux attractifs et de montrer aux enfants que la persévérance finit toujours par « payer ».
- Aux États-Unis, Coca-Cola a parrainé durant de nombreuses années un prix récompensant les petits écoliers les plus consciencieux et les plus ponctuels lors de la cérémonie annuelle de fin d'année. La récompense consistait en une magnifique boîte de crayons en cuir rouge, marquée du logo Coca-Cola embossé à la feuille d'or. Nul doute que de nombreux petits Américains aient été très fiers d'être ainsi mis à l'honneur, grâce à Coca-Cola, devant leurs petits camarades, parents et instituteurs.
- De son côté, Pizza Hut a créé un programme destiné à encourager les jeunes Américains à lire plus souvent. Le programme intitulé *Book it*, placé sous le contrôle de l'instituteur, permet aux enfants de gagner une pizza gratuite chaque mois en présentant le bulletin de lecture, visé par l'enseignant, attestant que le quota mensuel de lecture a été atteint. Ici encore, c'est une excellente façon d'encourager l'enfant à la persévérance et d'associer la marque à un cadeau savoureux.

L'indispensable segmentation des marchés juniors

Les moins de 25 ans représentent un marché d'importance : il y avait 14,9 millions de jeunes de moins de 20 ans en 2002, soit 25,3 % de la population française. On estime que le marché des juniors vaut environ 40 milliards d'Euros. Évidemment il est exclu de penser que le junior marketing puisse mettre dans un même sac un tel nombre d'individus aux différences immenses. On sait à quel point une année de plus pour un jeune enfant constitue une évolution spectaculaire. De nombreux spécialistes marketing travaillent sur les jeunes consommateurs, en association avec des médecins pédiatres et des psychologues. Ils ont étudié les « ruptures » comportementales et psychologiques qui interviennent pendant la jeunesse pour pouvoir segmenter ce marché de masse en groupes de taille plus restreinte. On y gagne une perception et une compréhension affinées des besoins pour construire une approche marketing efficace. L'analyse des travaux des meilleurs spécialistes américains du junior marketing comme Dan S..Acuff, Robert H. Reiher, James U. McNeal, Ruby Roy Dholakia, Ellen Graham et celles de Joël-Yves Le Bigot pour l'Europe permet de dresser un portrait assez précis du consommateur junior à travers une segmentation en quatre grandes tranches d'âge.

- De 0 à 3 ans, le segment « bébé roi »[1].
- De 4 à 11 ans, le segment « Barbie et Nintendo ».
- De 12 à 17 ans, le segment « collège »[2].
- De 18 à 24 ans, le segment « adulescents ».

➤ De 0 à 3 ans, le segment « bébé roi »

Jamais, sans doute, les parents n'auront accordé une telle importance et un statut aussi privilégié à leur bébé qu'à notre époque pourtant si peu nataliste. On l'a déjà écrit plus haut, la naissance du premier bébé intervient de plus en plus tard et les couples n'ont pas l'intention de faire plusieurs enfants. Les jeunes parents s'impliquent de plus en plus dans l'arrivée de bébé et le « câlinent » plus que jamais dans ses années de prime enfance. Comme le dit Ronan Gloaguen de l'institut IED :

> « Les couples, formels ou non, retardent de plus en plus l'arrivée d'un enfant au moment où ils sont bien installés économiquement dans la vie. »

Cette attention permanente des jeunes parents et leur relatif bon pouvoir d'achat au moment de l'agrandissement de leur famille conduisent à une conséquence économique spectaculaire. Selon une étude réalisée en 1999 par La Fédération française des industries du jouet et de la puériculture (FJP), à partir de données de l'Insee, les jeunes parents consacrent 30 % de leur budget global à leur bébé, c'est-à-dire 10 % de plus qu'il y a dix ans. D'après les chiffres de l'Insee, on constate

1. Les appellations « bébé roi » et « Barbie et Nintendo » sont de Jean-Paul Tréguer et Jean-Marc Segati.
2. Les appellations « collège » et « adulescents » sont de l'IED.

que les dépenses directement afférentes au bébé (nourriture, hygiène, couches et laits de toilette, poussettes, vêtements, jouets et frais de garde) ne s'élèvent qu'à 9,2 % du budget d'un ménage dans son ensemble. Statistique trompeuse à compléter par les dépenses indirectes provoquées par l'arrivée du bébé : l'achat éventuel d'une nouvelle voiture, de robots ménagers, déménagement dans un appartement plus grand... Globalement l'Insee estime que le budget moyen consacré la première année à un bébé peut varier de 2 454 Euros à 7 436 Euros. En fonction du niveau de vie du ménage, les dépenses peuvent atteindre pratiquement :

- 1 500 Euros pour le seul matériel de puériculture, tel que la poussette, les meubles de la chambre d'enfant et de la salle de bains, le landau, le chauffe-biberon, le stérilisateur, l'interphone, etc. ;
- 505 Euros pour les produits alimentaires ;
- de 740 à 890 Euros pour l'habillement ;
- de 85 à 240 Euros pour la santé ;
- de 140 à 200 Euros pour les jouets ;
- et 445 Euros pour les seules couches et changes.

À ce propos, le marché des couches et changes complets est le théâtre d'un affrontement de trois titans : Procter & Gamble avec Pampers (48 % de part de marché), Kimberly Clark avec Huggies (14,7 % de part de marché) et Peaudouce (17,3 %) qui se disputent un gâteau gigantesque de 625 040 millions d'Euros, en croissance de 7 % par an. C'est dire le brassage d'argent qui est en jeu.

- *La période d'angoisse maximale*

La principale dépense incombant aux jeunes parents reste, bien entendu, le coût de la garde qui est aussi la donnée la plus variable. Selon que la femme reprend son travail dès la fin du congé de maternité, selon la présence proche ou non des grands-parents (baby-sitters privilégiés !). Les dépenses s'échelonnent entre 1 098 et 6 366 Euros. Dans ses douze premiers mois d'existence, le premier bébé coûte le plus à la jeune famille. Tous les gros achats s'accumulent dans cette première année. C'est également la période des angoisses et inquiétudes maximales pour la maman ; elle consulte en moyenne sept fois le pédiatre sur l'année. Pour la garde-robe, les dépenses se suivent, le syndicat du textile estime que les dépenses en vêtements bébé ont augmenté de

43 % sur les dix dernières années ! Eh oui, le « petit d'homme » change de taille quatre à cinq fois pendant sa première année de croissance ! Les dernières statistiques témoignent d'un redressement de la natalité en France : l'année 2002 a enregistré 796000 naissances, soit 15 000 de plus qu'en 2000. Cette hausse constitue, selon les experts, la plus forte augmentation enregistrée depuis vingt ans. Le nombre d'enfants par femme est en croissance depuis 1994 ; il a atteint le chiffre de 1,9 (moyenne européenne : 1,47) et fait de la France le pays de l'Union européenne où naissent le plus d'enfants.

• *Bébé mieux choyé que maman*

Le marché global des produits destinés aux bébés (alimentation, hygiène, jeux et jouets, puériculture) est estimé à plus de 1830 millions d'Euros par an. Le seul marché de la puériculture s'élève à 195 134 000 Euros et progresse de 3 % par an, poussé par une course permanente à l'innovation pour améliorer sans cesse la sécurité et faciliter la vie des parents. Les fabricants rivalisent d'ingéniosité pour séduire cette clientèle prête à tous les sacrifices pour acheter le meilleur produit : poussettes tout-terrain à grosses roues (comme l'Easy Walker à... 274,40 Euros !), poubelles à couches garanties sans odeur, drap-housse-pyjama qui empêche le bébé de se retourner dans son lit, système d'écoute avec veilleuse et berceuse...

> « Les mères ont aujourd'hui une volonté d'éducation très forte pour leur enfant ; pour le premier elles ont tendance à se suréquiper... Les jeunes mamans dépensent plus pour leur bébé que pour elles-mêmes, c'est seulement quand l'enfant grandit qu'elles recommencent à penser à elles. »
>
> Extrait du *Monde* « Très cher Monsieur Bébé », 7 mai 1999.

Cette manne potentielle n'a pas échappé aux fabricants, passionnés à l'idée de satisfaire les 2 000 nouvelles mamans enregistrées quotidiennement. De nouveaux salons leur ont même été consacrés, tels que les salons « Babial », « Parents »[1]. Les salons pour bébés ont été créés, il y a plus de dix ans par le groupe belge Fair Marker Group qui a essaimé

1. À Paris, en mars et avril 1999, le Salon « Premier pas » dédié aux jeunes enfants a accueilli 15 000 visiteurs et « Baby » a comptabilisé plus de 32 000 visiteurs pour sa première édition parisienne.

partout en Europe cette formule à succès avec plus de 23 salons organisés en 1999.

➤ De 4 à 11 ans, le segment « Barbie et Nintendo »

Voilà une période d'importance capitale pour l'enfant. Il a déjà vécu l'essentiel de son apprentissage et va se trouver très souvent hors de l'environnement familial, quand ses parents n'ont pas assez de temps disponible pour lui. C'est dans ce contexte que l'enfant prend conscience de son pouvoir d'influence sur ses parents. Il l'exerce à chaque fois qu'il souhaite obtenir quelque chose. L'enfant est un manipulateur de talent, créateur d'émotions fortes et parfait stratège, protégé par son statut. Si ça marche les battements de cils ? Plus de la moitié des enfants entre 8 et 11 ans possèdent un baladeur, une radio, une console de jeux. Plus du tiers d'entre eux dispose d'une chaîne hi-fi. Un enfant sur quatre a sa propre télé dans sa chambre et 15 % sont scotchés à leur GSM personnel. Aux États-Unis, l'influence des enfants se chiffre clairement : 300 milliards de dollars en chiffre d'affaires, soit 6 fois plus qu'il y a dix ans. Le pouvoir des enfants est essentiellement prescripteur, opérationnel dès les 3 ans dans l'alimentaire et en courbe évolutive selon l'âge.

> « L'âge d'or [de la prescription enfantine] se situe entre 8 et 12 ans. »[1]

Dans le quotidien, plus d'un enfant sur deux, dans cette tranche des 8-11 ans, est prescripteur de boissons chaudes, de gels de douche, de consoles de jeux ou de biscuits. Comptez 78,7 % d'enfants prescripteurs de céréales et 85,4 % de chaussures de sport. Il existe ainsi des sourires attendrissants qu'il faut prendre au sérieux…

> Évolution récente : la mode griffée ! Des créateurs haut de gamme tels que Christian Lacroix, Gucci, Kenzo ou Ralph Lauren sortent des collections pour enfants, parfois des répliques exactes de la ligne adulte, qui se vendent « comme des petits pains ». Selon Vincent Drouhet, responsable du département enfants aux Galeries Lafayette : « Un enfant est aujourd'hui capable de réclamer une fringue griffée dès l'âge de 5 ans. » Où va-t-il trouver son information ?

1. Catherine Morin, responsable d'études chez Interdeco Expert.

Il faut croire qu'au-delà de la tendresse et de leur affectivité naturelle, les parents vivent un sentiment de culpabilité né d'une absence imposée le plus souvent par l'exercice d'une profession. L'augmentation de l'argent de poche accordé aux enfants est une forme de compensation, activée par une vague de cadeaux qui montre à quel point parents et grands-parents sont vulnérables aux désirs de leurs chères têtes blondes. Le tableau 2.2 est très explicite dans sa simplicité. 86,1 % des enfants entre 6 et 9 ans reçoivent 11 Euros en moyenne mensuelle. Avec le sérieux coup de pouce des grands-parents, le montant annuel en cadeaux représente un marché de 2,478 milliards d'Euros.

Tableau 2.2 – Pourcentage des enfants recevant de l'argent de poche

Âge	Pourcentage
6-9 ans	86,1 %
10-12 ans	94,5 %
13-15 ans	97,8 %
16-18 ans	98,7 %

Source : Media Generation Office, 1998.

Quels sont les canaux de communication orientés vers les enfants de cet âge ? De quatre à onze ans, l'évolution se fait en paliers successifs, passage obligé d'un stade d'observation à un stade de mimétisme et les enfants montrent pleinement leur talent dans l'une et l'autre situations. Quand ils commencent à prendre leurs propres décisions, ils comparent et reproduisent le comportement de leurs « modèles », parents, célébrités du petit écran, personnages de leur entourage. Leur potentiel prescripteur est largement exploité par les annonceurs ; les campagnes Renault Kangoo ou Peugeot 806/807 en sont de parfaites illustrations. Dans cette génération « Barbie et Nintendo », les enfants grandissent avec quatre fois plus de jouets que n'en avaient leurs parents au même âge. L'industrie du jouet n'est pas une figure de style.

Entre 4 et 7 ans, les enfants identifient la marque pour réclamer le produit. Entre 8 et 10 ans, ils commencent à différencier produits et marque. C'est à cette période que se construit également leur préférence pour certaines marques. Une transition capitale qui est remarquée notamment dans les choix de *soft drinks*, de jeans, de dentifrices, où les choix initiaux se prolongent durant des années si rien ne vient perturber la relation marque/produit avec l'enfant. C'est sur cette tranche d'âge qu'une entreprise doit investir pour réussir à fidéliser sa jeune clientèle. Les choix opérés avant 15 ans ont les plus belles chances de perdurer à l'âge adulte. Le plus souvent, la marque est un instrument qui permet de « faire adulte » par anticipation, donc de se démarquer des plus jeunes et de s'affirmer dans le groupe de copains et copines où règne toujours une forme de compétition.

Tableau 2. 3 – Le top des marques alimentaires

Le top des marques alimentaires	
Ils demandent…	Ils consomment…
1 Kinder surprise	1 Kinder surprise
2 Nutella	2 Nutella
3 Coca-Cola	3 Barquettes de Lu
4 Kinder chocolat	4 Chupa-Chups
5 Chupa-Chups	5 Petits Filous
6 Carambar	6 Coca-Cola
7 Chocapic	7 La Vache qui rit
8 Smarties	8 Kinder chocolat
9 Mini-Babibel	9 Haribo
10 Barquettes de Lu	10 Petit Écolier

Base : enfants de 2 à 7 ans, France.
Source : Conso junior.

• *Le besoin permanent de compétitivité*

Les réactions des préadolescents sont immanquablement « sexuées » si l'on peut dire. Les filles s'inscrivent dans le comportement maternel ; identification et ressemblance physique sont bien présentes. Leur instinct de maternité s'applique aux poupées ou en activités partagées avec leurs frères et sœurs plus jeunes. Le domaine cosmétique est très fréquenté ; Tinkerbell Cosmectics Inc. produit spécifiquement pour les enfants depuis 1952 et son marché totalise 8 millions d'unités par an avec une distribution dans 78 pays.

Les garçons ont d'autres priorités qui s'exercent à travers un besoin permanent de compétitivité, de reconnaissance de leur force physique ou de leurs capacités intellectuelles. Ils ne rechignent pas à s'imposer par la force ; une certaine forme de violence est acceptée comme instrument de positionnement social. Ils sont manichéens dans leur classification du bien et du mal. Le courage est souligné par des cicatrices, des bandages qui ne font pas honte. Individualistes, ils recherchent pourtant une mise en conformité à leur groupe de référence qui reste un repère essentiel. L'effet de la montée hormonale est ainsi très différencié entre garçons et filles. Qui s'en plaindra ?

Ce qui les rapproche dans une évidente cohérence, c'est l'introspection induite par la nécessité d'une réflexion autonome. La volonté aussi de se donner une maturité anticipée (souvent 4 ans de plus que les données de leur carte d'identité). En se cherchant des modèles chez les adultes, ils se dégagent des enfants moins âgés qu'eux. Tout cela procède d'une saine logique.

- *L'enfant acheteur*

On le sait. Il commence tôt à « faire son shopping » lui-même. Cinq millions de Françaises et de Français entre 8 et 15 ans représentent un pouvoir d'achat de 1 830 000 Euros. Des sucreries aux CD, ils suivent les incitations de la grande distribution qui les précède avec ses produits installés aux passages obligés, voire ses mini-caddie qui ne demandent qu'à être remplis.

Tableau 2.4 – Le temps libre des juniors

Comment les enfants occupent leur temps libre ?
Temps passé devant la télé/semaine : 14,06 heures.
Temps passé sur une console/semaine : 4,33 heures.
Temps passé devant l'ordinateur/semaine : 2,25 heures.
41 % des 8-11 ans sont connectés à Internet (15 % en 2000), 59 % des connectés surfent au moins de 2 à 3 fois par mois.

Source : Étude Consojunior, TNS Media Intelligence.

La radio est une passion des enfants et des adolescents. Les chaînes spécifiques annoncent des performances intéressantes. Canal J est leader en part d'audience avec 7,5 % d'auditeurs entre 4 et 10 ans[1] et 7,7 % entre 4 et 14 ans[2]. Station immédiatement concurrente, Superloustic (créée en 1987) a été relancée à l'automne 2002 ; elle vise également les enfants entre 4 et 11 ans.

➤ De 12 à 17 ans, le segment « collège/lycée »

De l'adolescence à la post-adolescence, plus que jamais, la marque est une expression d'affirmation et de différenciation. La consommation est résolument orientée sur la mode, la musique, les loisirs. Paradoxe classique : vers 15 ans, le jeune aborde une phase de critique envers les marques ; les aspects éthiques de la commercialisation sont importants… sans que cela n'influence vraiment les décisions d'achat. Le pouvoir d'achat des 12-17 ans est évalué à 75 Euros par mois, en France. Un montant hors cadeaux des parents et grands-parents et du revenu des petits boulots exécutés çà et là. Il faut compter dans cette tranche d'âge 11,1 millions de moins de 15 ans qui représentent 25,3 % de la population française en 2002. Le profil psychologique de ce segment est dominé par une transformation physiologique : la puberté. Elle se manifeste bien plus vite dans la génération concernée aujourd'hui (entre 9 et 14 ans) que chez les parents. Inévitablement, plus tôt la voix mue, plus tôt l'adolescent se dégage des jeux de l'enfance… et des plus jeunes que lui. C'est un peu l'âge « porc-épic » où la susceptibilité est à fleur de peau. Les goûts alimentaires, les pratiques de l'hygiène, le souci de paraître sont proches des adultes et nécessitent plus d'argent ; cohabitation difficile avec le culte de l'indépendance et le sens des responsabilités.

Ils doivent se confronter à des tabous bien ancrés, le sexe, la violence, les effets d'une économie dépressive. La réflexion les rend plus aptes à l'abstraction, au contrôle de soi, à des activités et des situations plus complexes. Le croiriez-vous ? Les jeunes ont une image assez positive des adultes, deux tiers d'entre eux estiment qu'ils peuvent apprendre beaucoup de leurs parents.

Entre adolescence et post-adolescence, le caractère se forge dans une expérimentation délicate. L'appartenance à une « tribu » choisie est essentielle, l'exercice de la séduction est en représentation constante et le succès se prend comme une récompense. Le choix des marques que

1. Sur les abonnés au câble et au satellite, du lundi au dimanche et sur l'ensemble de la journée.
2. Évolution selon Média CabSat, de septembre 2001 à février 2002.

l'on porte, que l'on fréquente, que l'on consomme est représentatif de tous ces courants, souvent contradictoires.

• *Le culte de l'amitié*

L'amitié est un autre facteur décisif puisque le jeune s'insère (se protège ?) dans un groupe. Les habitudes, les centres d'intérêt partagés, les discussions sans fin, les activités sportives créent un climat stimulant et rassurant à la fois. Que pensent-ils de l'amitié ?

Tableau 2.5 – Le culte de l'amitié

« Les amis sont très importants. »	87,2 %
« C'est important que les autres m'apprécient. »	82,6 %
« J'aime être dans un groupe. »	71,7 %
« J'ai un contact facile avec les autres. »	51,7 %
« Je ne rentre pas dans le groupe. »	18,1 %
« J'aime être seul. »	18,0 %
« Je préfère rester à la maison plutôt que de sortir. »	10,1 %

Source : Medialogue 2000.

L'amour et la sexualité ? Une vraie préoccupation, sinon un problème, pour 35 % des jeunes entre 13 et 15 ans. La musique est un ralliement, une part de soi-même que l'on préfère pour ses rythmes plutôt que pour ses paroles, pour la danse où l'on se fond dans le groupe. Les interprètes, les musiciens deviennent des modèles auxquels on s'identifie. Où est le public de Star Academy selon vous ? Pense-t-on différemment au même âge sous d'autres cieux ? Mindshare a réalisé une étude qui démontre que des jeunes de cette même tranche d'âge, originaires de Sydney, Milan, Tokyo, Berlin, Londres et Mexico attachent une importance identique à la musique et à la mode. Une attitude pluriculturelle qui s'accorde également sur la nécessité impérative de disposer d'un GSM. Une connexion Internet dans la chambre d'un jeune est aussi naturelle que la radio ou la télévision. Lors d'une autre enquête, Mindshare a demandé aux jeunes de photographier les marques les plus représentatives pour eux. Moisson de Nike, MTV, Yahoo ou Zara. Plus inattendues, des marques nettement orientées *design* comme Prada, Dolce & Gabbana, Gravis ou Wu-Wear.

Tableau 2.6 – Les marques et les jeunes

Les marques photographiées à l'échelle mondiale par les jeunes		Marques médias photographiées
Adidas	Lindt	Channel V
Calvin Klein	Nike	Eurosportnews
Cartier	Nokia	FHM
Coca-Cola	Pepsi	FUNTV
Ellesse	Polo Ralph Lauren	ICQ.COM
Ferrari	Puma	MSN
Gravis	Quicksilver	MTV
Green Coast	SDS	Nakarta.net3
Gucci	Sony	Napster
Jack Daniel's	Wu-Wear	Yahoo!
Kamps	Xdye	
Levi's		

Source : M. & M. Europe, novembre 2001.

La mondialisation qui secoue la planète est déjà apprivoisée par les jeunes, à leur façon et selon des comportements culturels parfaitement identifiés. L'individualisme en Australie, aux États-Unis, en Grande-Bretagne, en France ou en Allemagne. L'effet statutaire et l'insertion sociale au Japon, en Espagne, en Italie, au Mexique, à Hong- Kong et en Chine. Des résultats qui ne correspondent pas nécessairement à nos attentes.

• *D'autres territoires pour la créativité*

Dur constat pour les publicitaires, les créatifs : les jeunes ignorent les annonces qui ne sont ni stimulantes ni « marrantes ». Ce qui oblige à bien les connaître, ces empêcheurs de créer en rond, pour arriver à les stimuler ou les faire se « marrer ». Comme ils disent. Partout dans le monde, les jeunes s'accordent sur une forme de créativité : fraîche, capable de sortir des sentiers battus pour se trouver d'autres modes d'expression ; par exemple les tags qui plaisent par leur vocation provocatrice autant que par leur graphisme, les œuvres éphémères tracées au sol, les projections d'images animées sur les façades, les panneaux géants. En Europe, les *flyers* et les autocollants représentent une communication motivante. Il ne s'agit pas vraiment de la génération Gutenberg… Il est donc temps d'innover. Se familiariser avec le marketing viral, par exemple. Attention, chaud devant !

➤ De 18 à 24 ans, le segment « adulescents »

La plupart des jeunes du segment « adulescents » font partie de cette génération gentiment baptisée kangourou. Ils vivent encore chez leurs parents, pour suivre des études sans soucis matériels ou parce qu'ils se lancent dans la vie en ayant tendance à s'accrocher aux « béquilles » de toujours. Même s'ils sont fraîchement installés dans leur premier appartement, ils restent pour un temps encore dans une certaine dépendance financière. La diversité des situations est d'ailleurs remarquable en Europe : à 22 ans, 88 % des Italiens sont incrustés au domicile parental contre 15 % des Danois. Il est assez logique que cette tendance au cocooning structurel soit liée à un niveau d'éducation en hausse constante. En 1999, 21 % des Européens entre 25 à 64 ans sont titulaires d'un diplôme de l'enseignement supérieur. Avec 21 %, la France se situe exactement dans la moyenne. Cette progression de la scolarité, donc de l'éducation, a été constatée dans tous les pays de l'Union européenne depuis une bonne trentaine d'années. En 1999, moins de la moitié des citoyens européens entre 50 et 64 ans avaient leur diplôme de sortie de l'enseignement secondaire supérieur ; dans la génération de 25 à 29 ans, ils étaient plus de 70 % à disposer de ce même diplôme. En dépit de cette amélioration, près d'un jeune sur cinq, entre 18 et 24 ans, quittait le milieu scolaire en ayant achevé au mieux le premier cycle du secondaire.

Ce segment de « l'adulescence » représente en France 5 millions de consommateurs, forts d'un pouvoir d'achat global de l'ordre de 27,4 milliards d'Euros. Ils dépensent 26 % de leur revenu disponible dans l'habillement, 20 % dans les loisirs, 14 % dans la musique, 8 % dans la téléphonie et économisent ce qui leur reste. Quand il en reste.

Ils prennent plus de responsabilités que leurs aînés en ayant moins de temps disponible. Plus vite adultes et autonomes, ils se préoccupent de leur futur. 80 % d'entre eux pensent qu'il est difficile de construire une relation stable alors qu'elle leur paraît très importante. Un chiffre inattendu : 20 % des clients des agences de relations ont entre 20 et 30 ans. La drague n'est plus ce qu'elle était, probablement plus encore pour les jeunes hommes.

Dans le domaine du travail, ils recherchent moins une entreprise connue qu'un travail intéressant et une ambiance décontractée, motivante si possible. Les métiers qu'ils évitent : la restauration, les transports, la vente, la sécurité, le bâtiment et les travaux publics...[1]

Dans les cahots de l'histoire, quels sont les événements qui ont marqué cette population d'adulescents appelée aussi génération « moi d'abord » ?

Tableau 2.7 – Événements symboliques de l'adulescence

1975	Légalisation de l'avortement. Le nombre d'IVG déclarées est passé de 134 000 en 1976 à 163 000 en 1994.
1979	Implantation du premier McDonald's en France. Aujourd'hui, la chaîne compte 870 restaurants en France. Elle emploie de nombreux jeunes et plus de 50 % de ses clients ont moins de 25 ans.
1981	Début de la pandémie du sida. La première campagne d'information sur la transmission par voie sexuelle est lancée en 1988. Les premiers rapports protégés passent de 8 % en 1987 à 50 % aujourd'hui.
1982	Première fête de la musique. Créée par Jack Lang, cette manifestation a attiré 10 millions de spectateurs à travers la France en l'an 2000.
1986	Manifestations étudiantes. Fin 1986, lycées et étudiants manifestent contre la réforme Devaquet sur les Universités. Quatre ans plus tard, ils réclament une rallonge budgétaire pour l'Éducation nationale. En mars 1992, un bachelier sur quinze est au chômage ; en 1993, ce sera un bachelier sur quatre.
1997	Création des emplois-jeunes. En 2001, 277 000 emplois ont été créés sur les 350 000 promis.
1999	Légalisation de la pilule du lendemain. 200 000 femmes l'ont utilisée (en majorité des moins de 25 ans).
2001	Fin du service militaire : la suppression de la conscription est avancée en juin 2001.
	Manifestation contre la loi sur les *rave-parties* En moyenne 450 *rave-parties* ont lieu chaque week-end. Le texte qui visait à les soumettre à une autorisation préalable a été retiré.
	Loft Story : l'émission de M6 a obtenu en moyenne 67 % de parts de marché chez les jeunes.

Sources : Insee, Ined, CEAQ, Mc Donald's, Ministère de l'emploi, Sofres, ABC+ Institut de l'enfant, Médiascore, citation dans *L'Expansion* n° 658, 6 décembre 2001.

1. *Source* : l'*Expansion* n° 658 du 6 décembre 2001.

À voir la nomenclature qui figure dans ce tableau, il faut admettre que cette génération s'intéresse à une énorme diversité de sujets. Ce sont des personnages multiples, individualistes et capables de se mobiliser sur des actions qui les rassemblent. Ils sortent beaucoup, au cinéma, en discothèques, aux concerts. En fait, ils sont plus souvent dans la rue que leurs aînés et plus confinés dans leurs habitudes. La rue, l'endroit où l'on envoyait jouer les enfants quand ils prenaient trop de place dans l'environnement parental. La rue d'aujourd'hui est un lieu de rencontre, de rassemblement et elle est devenue une culture. De l'inattendu, de la nouveauté, un territoire d'expression d'une certaine créativité. Le *street marketing* c'est l'organisation de l'événement dans les lieux fréquentés par la cible choisie. Un instrument de contact performant avec les adulescents. C'est une méthode dérivée du marketing viral, un prolongement du *field marketing*, cette présence de la vente sur le terrain. Si on parle autant du *street marketing,* c'est qu'il permet une adaptation étroite du message, du contenu et de la forme en rapport avec les destinataires.

- *Un défi lancé aux marques*

Certaines marques mettent en place des flottes de véhicules aux couleurs de l'entreprise, accompagnées d'hôtesses qui argumentent en souriant ; d'autres proposent des opérations de distribution d'échantillons, d'informations notamment à la sortie des lycées.

Nous sommes là dans la logique parfaite d'un contact direct avec le consommateur dans son quotidien, une tendance forte du marketing contemporain. Les adeptes du street marketing précisent que cette animation est plutôt bien perçue, sans nier le fait qu'elle peut également provoquer un rejet ou rencontrer une véritable incrédulité. Tout est dans l'analyse préalable pour utiliser les arguments qui s'acceptent aisément avant d'être intégrés. Il vaut mieux influencer les individus dans leur propre environnement, sans trace d'action commerciale. Le défi lancé aux marques est de suivre l'évolution de la culture et des comportements de la cible et d'anticiper les aspirations de la jeunesse. Dès qu'une tendance est repérable dans les quartiers, il est déjà trop tard pour la marque.

C'est aux spécialistes du marketing de descendre dans la rue pour se familiariser avec les styles, les centres d'intérêts sans cesse mouvants des jeunes, comprendre le vocabulaire pratiqué, des mots aux images. De là, naissent les tendances, les mouvements qu'il faudra suivre, sinon organiser. Qui aurait cru il y a dix ans que la mode du surf des plages aurait influencé à ce point des pans entiers de secteurs de l'habillement et des loisirs à la téléphonie mobile ? Regardez le choix de façades amovibles des GSM actuels. Le look flashant des équipements de ski nordique est probablement né sur les spots de Californie !

Chez les adulescents, la culture - la leur - est un véhicule essentiel de la communication. Les événements qu'ils vivent les rassemblent en communauté captive ; une marque peut s'y associer sans que son intervention ne soit perçue comme une action commerciale. La rue est le canal originel de la transmission par le bouche à oreille.

Une marque qui s'adresse aux 18-24 ans doit participer à la vie des rues et des quartiers, c'est pour eux un espace de liberté et d'expression. Deux approches à envisager pour réussir : s'associer à des événements ou investir la culture de rue.

- *S'associer à des événements*

Le sport et la musique sont les deux vecteurs essentiels de rassemblement d'un public homogène et motivé. Le rêve !

> Dans le sport, Nike est un des acteurs les plus actifs et une présence de marque incontournable. Nike a conçu une organisation ayant pour nom PLAY[1]; elle a pour objectif essentiel de parrainer des événements sportifs organisés dans les quartiers, de fournir du matériel et de l'équipement ; le logo est apposé systématiquement sur les différentes installations. Si Nike soutient de longue date la pratique du basket, la marque appuie de véritables sports de rue tels le skate-board ou le hockey sur bitume, avec un succès qui ne se dément pas. Le fabricant Vans équipe une bonne partie de ces sportifs dont le talent est révélé ainsi au lieu d'être ignoré. Chacun d'entre eux est un leader d'opinion dans son environnement.

Les concerts et festivals musicaux sont aussi des relais d'importance pour se rendre visible dans une population sensible aux événements qui animent son « territoire ». Là encore, l'intervention d'une marque peut être perçue comme positive, pour peu qu'elle n'affiche pas ses ambitions commerciales de façon ostentatoire. Des maisons de disque comme BMG organisent également des opérations de proximité dans les banlieues pour promouvoir de nouveaux albums. Dans la communauté

1. *Participate in the live of youth*, participons à la vie de la jeunesse.

ciblée, des personnages sélectionnés échangent opinions et appréciations avec leur entourage concernant l'album, font écouter des plages choisies pour animer le débat. Vous reliez ce type d'action au marketing viral ? Vous êtes dans le bon !

La rue peut être investie différemment. Aux États-Unis, la marque de jouets Hasbro a recruté un peu plus de 1 500 enfants âgés de huit à dix ans ; chacun d'entre eux était identifié comme un leader dans sa classe d'âge. Ils ont été payés trente dollars pour jouer dans les rues avec un nouveau jeu vidéo et en parler à leurs copines et copains… et parents. Au terme de cette campagne, Hasbro a enregistré des ventes records. Oui, on peut faire ici la fine bouche sur la méthode mais l'exemple n'est donné que pour monter la force d'impact du *street marketing*.

- *Investir la culture de la rue*

Un seul mot d'ordre : anticiper les tendances, les mouvements quand ils sont encore informels. Lorsqu'une mode est déjà en place, inutile de vouloir s'y associer. Non seulement l'effet risque de ne pas être à la hauteur des ambitions, mais en plus il peut se révéler négatif. Pour être assimilée à une tendance forte, l'entreprise doit réaliser des actions sur le terrain en s'inscrivant dans des tendances sociétales vigoureuses avant qu'elles ne s'organisent. Remarquable exemple de succès signé par Adidas qui s'est investi dans le développement du hip-hop notamment, bien avant la déferlante de cette culture musicale aujourd'hui. Le phénomène ignore les frontières, la barrière des langues pour créer un véritable univers pluriculturel mais fédéré sur un partage de valeurs affectives. Adidas est désormais l'expression très visuelle d'un engouement populaire hors du commun. Survêtement siglé des trois bandes et baskets délacés ou mieux, sans lacets, signe un code vestimentaire rencontré partout.

Les médias traditionnels suivent vaille que vaille, quand la télévision est déjà passée aux actes. Adidas a longtemps bénéficié d'une forte visibilité dans les clips vidéo passant en boucle sur MTV. Des marques comme Tomy Hilfiger ou Nike se sont également appuyées sur cette culture activée dans les banlieues. Non seulement les jeunes portent ces marques, mais s'habiller autrement serait considéré comme un non-sens, voire une agression contre le groupe. Une marque s'identifie par son logo, c'est la meilleure des raisons de le faire porter par celles et ceux qui comptent, qui ont un pouvoir d'influence sur leur environnement.

Quitte à les payer pour réussir. L'homme est un média, quand il le veut.[1]

Le marketing viral : interactivité et rumeurs à gérer

Le marketing viral exploite les possibilités du courrier électronique. Il est fondé sur une idée que l'on fait circuler dans la cible choisie. Une idée est par nature une nouveauté et c'est l'aspect qui est mis en avant pour informer, influencer tout individu contacté et en arriver, *in fine* à modifier son comportement dans le sens souhaité. L'efficacité de cette forme de marketing tient au respect d'un certain nombre de règles. À commencer par le choix du support, une image, une phrase, un article, un film. Si le marketing viral est impalpable, il existe des critères à respecter pour en assurer la performance :

- Le niveau de récompense des prescripteurs.
- La facilité d'échanger le message entre les individus.
- Le talent des prescripteurs à propager un bouche à oreille positif.
- Le nombre d'expositions d'un individu nécessaires pour la compréhension du message.
- Le nombre de prescripteurs qui doivent transmettre le message.
- Le pourcentage des membres de la cible potentiellement prescripteurs.
- Le nombre de destinataires du message et prédisposés à être recontactés.
- La persistance du message pour que son effet soit durable.
- L'adoption du virus doit se faire sans heurt, il doit être séduisant et présenté de telle sorte qu'il soit adopté instantanément. Le support de transmission détermine la facilité de circulation de l'information[2].

➤ Le marketing viral actif et le marketing viral passif

Le marketing viral actif fait de chaque destinataire un relais de l'information, en le motivant vers un comportement proactif. Chacun recom-

1. Source : www.undercover-marketing.com
2. Source : www.undercover-marketing.com

mande ainsi un produit ou un service à son entourage immédiat, famille, amis ou relations. La récompense qui le pousse à agir peut être matérielle ou immatérielle, une forme de reconnaissance qui peut être diffusée à l'ensemble de la cible.

Le marketing viral passif utilise une transmission de l'information identique à celle du marketing viral actif. À cette différence près - et de taille ! - que le destinataire doit obligatoirement la transmettre. Il trouve dans la boîte de réception de son e-mail une application qu'il est impossible d'utiliser sans la faire découvrir à d'autres internautes. L'argumentaire du produit ou du service ne sera donc transmis qu'avec utilisation de l'application. On parle dès lors de marketing viral sans friction.

L'exemple le plus connu est celui de la messagerie gratuite Hotmail. L'ouverture d'un compte est gratuite, mais lorsque vous envoyez un courriel, un message est systématiquement joint qui indique au destinataire comment ouvrir un compte.

Le parrainage est l'une des formes déjà classique du marketing viral. Tupperware a commencé à exploiter le réseau de ses ambassadrices dans les années cinquante. Une méthode qui a fait ses preuves pour développer la notoriété de la marque et distribuer un maximum de produits. Chaque « militante » devait parrainer le plus de gens possible qui, à leur tour, devaient en parrainer d'autres. Les « soirées Tupperware » étaient conviviales entre personnages qui ne se connaissaient pas nécessairement, ce qui renforçait le centrage sur le sujet. Les exemples plus récents ne manquent pas, l'un des derniers grands succès est la campagne « wassup ! » pour la bière Budweiser. Ce marketing viral à succès a donné à la marque une notoriété puissante auprès de la cible jeune.

➤ Le bouche à oreille en marketing viral

Le bouche à oreille reste un des instruments les plus convaincants de la communication. Il prend un grand coup de jeune avec le marketing viral. Exemple célèbre : le marketing du site d'un film australien, *Blairwitch Project*. L'innovation tient à la différence d'approche par rapport aux sites de films classiques qui présentent des bandes annonces, des photos, des fiches sur la filmographie et la bio des comédiens, des écrans à télécharger. Du travail professionnel mais sans surprise et sans interactivité. Dans sa première version, blairwitch.com relayait un reportage, hors des références classiques, qui retraçait une histoire bien réelle de personnages disparus sans laisser de traces. À la sortie du film, en Australie, la production a recruté des étudiants chargés de coller des affiches similaires à celles signalant des personnes disparues, avec l'adresse du site en signature. La créativité a été largement payante puisque le site a enregistré la connexion de plusieurs centaines de milliers de visiteurs. Un succès d'autant plus formidable que l'investissement consacré à la promotion s'est limité à 1 692 Euros. Cela vous fait rêver ? Vous n'êtes pas le seul ![1]

Autre formule, le *peer to peer* qui est en fait une méthode d'échange d'information. Le cas d'école est représenté par la percée fulgurante de Napster. Ce logiciel permettait de télécharger des plages musicales au format MP3 au départ des ordinateurs d'autres utilisateurs connectés sur le système. Les ressources disponibles sont ainsi en croissance exponentielle puisque l'utilisateur qui télécharge le programme devient également un recruteur d'autres internautes. Et chaque nouvel arrivant augmente le volume de la banque de données.

Succès fulgurant, disions-nous. Un an après son lancement, Napster avait été installé sur plusieurs millions d'ordinateurs dans le monde entier sans jamais avoir dépensé quoi que ce soit en communication. L'industrie du disque et des variétés a reconnu très vite le pouvoir concurrentiel sans limite de Napster, elle l'a combattu dans des joutes juridiques féroces jusqu'à obtenir sa disparition sous sa forme initiale.

➤ « Laissez dire, il en restera toujours quelque chose »

Dans le genre bouche à oreille, les rumeurs ont la vie dure. Sans même évoquer la célèbre « rumeur d'Orléans », plongeons-nous dans le vivier que nous apporte Internet en la matière. Il suffit de consulter quelques sites spécialisés dans le recensement de rumeurs, surtout fausses, pour être submergé d'exemples : hoaxbuster.com est une référence, infoguerre.com en est une autre. La rumeur qui court sur Internet est cause de panique chez les internautes ; on leur annonce toujours une catastrophe imminente en leur conseillant une parade qui est, le plus souvent, la catastrophe elle-même. Méfiance et contrôle sont ici obligatoires.

> Le cas Emulex est resté dans les annales par ses conséquences financières désastreuses… La rumeur, lancée par le magazine *Internet Wire*, annonce la

1. Source : www.cvfm.com

démission du PDG de la société Emulex. L'information est aussitôt reprise dans les médias internationaux, sans guère de souci de recoupement. Le titre Emulex passa de 113 dollars à 43 dollars et la société perdit ainsi près de 2,1 milliards d'Euros. L'origine de cette rumeur était un faux communiqué imaginé par un étudiant qui avait estimé pouvoir éponger ainsi ses pertes précédentes sur le titre. Vous estimerez que les médias ont été très peu scrupuleux dans la diffusion de cette information et, malheureusement, c'est bien ce laxisme qui a provoqué une vraie catastrophe pour des milliers de personnes.

Autre exemple : en novembre 2000, un important producteur d'alimentation organise une opération promotionnelle à l'occasion d'Halloween. Après quelque temps, la société constate un taux beaucoup trop élevé de réclamations. Après enquête, il s'avère qu'il s'agissait d'un site organisé et animé par un mouvement religieux qui faisait des pieds et des mains pour s'opposer à des festivités jugées sataniques. Le site relayait des critiques construites de toutes pièces, contre le producteur. Après avoir identifié la source, l'entreprise a pu réagir. Au prix de quelles pertes financières et de crédibilité ?

En décembre 2001, un internaute curieux découvre une faille dans l'organisation d'un jeu lancé par l'Oréal. Une faille bénéfique puisqu'elle permet de gagner systématiquement. L'internaute se fait machiavélique en diffusant l'information sur différents sites. Au bilan, 600 gagnants, pas vraiment de bonne foi, réclament leur prix alors que seulement 50 lecteurs DVD étaient mis en jeu. En dépit d'excuses de la part de la société, les faux gagnants ont menacé de mener une action en justice contre l'Oréal.

Dans quelle époque vivons-nous ?

Entre juniors et majors, la frontière a été longtemps parfaitement délimitée. Passer d'un territoire à l'autre impliquait des règles, une évolution obstinée et orchestrée, une rupture aussi entre deux stades de la vie. Le passage est infiniment plus brouillé aujourd'hui, dilué par cette génération kangourou qui prolonge certains comportements de la jeunesse au-delà des limites connues jusque-là. Et les majors eux-mêmes manifestent une jeunesse de corps et d'esprit qui déverrouille également les anciens clivages. Dans quelle époque vivons-nous donc ?

La nôtre. Qui oblige aux remises en question constantes, qui force les responsables marketing à éviter les attitudes dogmatiques, à se débarrasser de théories qui ont quarante ans d'âge mais ne mûrissent pas comme les grands crus. Le critère d'âge reste un balisage important parce qu'il induit des cycles de vie différenciés qui doivent être regardés de près.

Le junior marketing reste un territoire codifié, avec ses ouvertures et ses interdits, mais la vie de ceux à qui l'on s'adresse évolue à un tel rythme qu'il faut garder à l'esprit une vérité intangible : on ne réussit à séduire quelqu'un, avant de le convaincre que si on le respecte. C'est du simple bon sens et le bon sens n'a pas d'âge.

CHAPITRE 3

Le major marketing

Pour le *mass marketing*, la population dont l'âge est compris entre 25 et 50 ans constitue le grand public. Autrement dit le cœur de cible d'à peu près tous les programmes marketing, celui en dehors duquel il n'y a point de salut. Aujourd'hui encore, près des trois-quarts des investissements publicitaires leur sont destinés. Exit les jeunes et les vieux. Ils n'auront qu'à s'aligner. Bien sûr, les études concernant les moins de 25 ans sont nombreuses. C'est qu'ils sont l'avenir des marques ! Mais dans la pratique, on en arrive vite à les maltraiter, faute d'une compréhension claire et empathique. Trop complexe. Quant aux plus de 50 ans, à part les spécialistes et quelques pionniers, personne ne s'y intéresse valablement. « Pas assez sexy ! »

Étant donné l'importance (probablement exagérée) des 25-50 ans, il est évident qu'on ne peut se contenter de les considérer comme un magma informe. Ce qui est pourtant fait en les qualifiant de « grand public », ou - pire - de « ménagère de moins de 50 ans », expression réductrice et vouée à une mort imminente. Ce manque de curiosité, proche du mépris, est d'autant plus surprenant que la majorité des responsables marketing et publicité s'inscrivent eux-mêmes dans cette tranche d'âge. Rien ne se passe-t-il donc dans leur propre vie ? Leur indifférence est-elle un signe du *blues* du *businessman* qui voit se creuser ses rides ? La nature ayant horreur du vide, tout comme l'économie, les tentatives d'approche ciblée se multiplient : *baby marketing*, *single marketing, female marketing*… Les consultants spécialisés sont de plus en plus nombreux et leurs réflexions commencent à trouver un réel écho parmi les annonceurs.

Dans la logique d'un marketing de segments, il est évident que les 25-50 ans ne peuvent être négligés. Ce constat nous a décidé à couvrir cette population en lui attribuant un nom distinctif : les « majors[1] ».

Certains diront que le major marketing n'est pas nouveau. Avec raison. Les chiffres et les recherches abondent forcément puisque les 25-50 ans sont l'objet de toutes les attentions. Pourtant, les paramètres essentiels de leurs comportements de consommation sont encore sous-estimés et souvent négligés. Pour commencer, il est fondamental de remettre en question l'image d'Epinal qui définit les majors : une jeune famille heureuse, avec deux ou trois enfants, un joli pavillon fleuri de banlieue, un monospace et une voiture citadine ; elle fait ses courses le samedi et part quinze jours en vacances chaque été. Une famille forcément française de souche, ni trop blonde, ni trop brune. Les parents, autour de la trentaine, éduquent leurs enfants qui s'échelonnent de 1 à 10 ans (ils peuvent être blonds). Caricature absurde : cette virtualité n'existe que dans l'inconscient consensuel collectif.

La crise, la mondialisation, l'évolution des mentalités et la fin du baby-boom sont passées par là. Depuis longtemps. Il serait donc peut-être temps de comprendre que le monde des majors ressemble plus à *Ally McBeal* ou *Friends* qu'à la série *Les Jours heureux*. Les 25-50 ans d'aujourd'hui ont des origines diversifiées, se marient plus tard, ont moins d'enfants, vivent dans des appartements trop petits. Ils subissent une incertitude professionnelle continue qui les exténue et sont souvent surendettés pour faire bonne mesure. Ce n'est pas pour rien que les démographes les ont qualifiés de génération « victime » ou « sacrifiée ». La génération X, disent les Américains. Leur manque d'élan, d'aspirations, ne permet plus de les définir parce qu'ils vivent dans le flou d'une jeunesse prolongée et affadie, coupée des rêves et des certitudes convenues de leurs aînés.

Bien sûr, les « tendanceurs » (ou aussi *trendwatchers*) trouvent toujours des motifs de renaissance. C'est qu'il faut rassurer les entrepri-

1. Voir « majeur », « major de promotion », etc. Appellation de Jean-Paul Tréguer et Jean-Marc Segati.

ses. Recréer de l'enthousiasme et embellir le présent. Ainsi, après le cocoon, on parle désormais de *bobos*, de *prosumers*, de *baboons*[1]... Mais dans le fond, rien de nouveau sous le soleil. Les indicateurs montrent que les majors souffriront encore longtemps du syndrome de la « gueule de bois ».

Les majors, au cœur de la société

La génération X reste encore et toujours la charnière de la vie, le temps des choix les plus déterminants, souvent irréversibles, celle de l'acquisition de l'expérience et de la maturité.

Pensons simplement à deux domaines emblématiques : le sport et le rock. Au sommet de leur carrière, à 25 ans en moyenne, les sportifs envisagent leur reconversion avant 30 ans. Dans tous les cas, à 40 ans, âge de la prime jeunesse pour un directeur d'entreprise, tous les sportifs ont pris leur retraite. Côté rock, si la plupart des idoles « naissent » à 20 ans, elles confirment leur statut de valeur sûre dès 25 ans. À 30 ans et après à peine dix années de carrière, les stars font figure de dinosaures dignes de figurer dans tous les musées Grévin du monde. La pérennité de Johnny Hallyday ou des Rolling Stones représente une superbe exception qui confirme la règle.

Il en va ainsi pour pratiquement tous les métiers sous les feux des projecteurs. Il suffit de regarder sur les plateaux de télé ou dans les agences de publicité où les créatifs sont souvent considérés hors du coup dès la trentaine passée. Ne parlons même pas des *top-models*, recrutées à la puberté et retraitées à peine dix ans plus tard. Ces métiers sont même une des premières origines de la prise de conscience du vieillissement.

Heureusement, la plupart des activités professionnelles nécessitent bien plus d'années d'apprentissage et peuvent être pratiquées plus longtemps, qu'il s'agisse des quadras en politique ou des décisionnaires du marketing et de la communication. Il faut aussi compter avec l'effet du baby-boom qui a prolongé la jeunesse et reculé de nombreuses étapes de la vie. Ne voit-on pas aujourd'hui de plus en plus d'étudiants dans la trentaine ou de jeunes mères dans la quarantaine ?

1. Pour *baby-boomers no savings*.

Quoi qu'il en soit, il est évident que le cap de la cinquantaine sera bien la limite ultime de « l'adulescence », le moment où l'on procède aux dernières remises en question décisives, personnelles et professionnelles. Ensuite viendra le temps des petits-enfants, de la retraite. Cette succession d'années où l'on espère vivre des bénéfices de tous les efforts et des choix assumés jusque-là (voir le chapitre consacré au senior marketing). De 25 à 50 ans, c'est bien la période centrale de la vie.

La logique générationnelle est idéale pour affiner la compréhension de la population des majors. Selon ses critères d'analyse déjà expliqués, trois options complémentaires se présentent : l'âge, le cycle de vie et la génération d'appartenance. Toutefois, comme c'est le cas pour les juniors et les seniors, nous considérons l'âge comme le critère le plus déterminant et le plus opérationnel. Ce qui explique notre organisation des majors en deux sous-segments clés :

- Les *nesters* (25-34 ans : ils construisent leur nid).
- Les *managers* (35-49 ans : ils gèrent l'acquis).

Ces deux sous-segments sont fortement liés par la période de la vie dans laquelle ils s'inscrivent, totalement dédiée à la « production ». Ils forment un continuum dont la caractéristique principale est la double priorité accordée à l'activité professionnelle et à la vie familiale. Il n'existe plus de passage identifié entre ces deux pôles. Le premier emploi, le départ du toit parental, entamer la vie à deux, le ménage, les naissances… l'itinéraire est balisé mais les étapes se fondent sans rythme précis comme c'était le cas encore il y a une vingtaine d'années. Oubliées aussi les grandes ruptures à âge fixe, comme l'entrée au collège ou la retraite. Néanmoins, il est intéressant de les aborder séparément pour au moins deux raisons. D'une part, *nesters et managers* appartiennent à des générations distinctes, qui appréhendent le monde de façon différente. D'autre part, le milieu de la trentaine reste le carrefour de vie où les zones d'incertitudes régressent et où les destins personnels se clarifient.

Bien qu'en recul démographique par rapport aux générations précédentes, issues du baby-boom, *nesters* et *managers* restent évidemment des groupes importants. Suffisamment pour les aborder de façon ciblée dans la majorité des médias à disposition. La chute de la natalité a démarré dès l'arrivée de la pilule, au milieu des années soixante ; elle s'est surtout accentuée à partir de 1980. Ses effets sont réellement visibles sur les jeunes de moins de 25 ans. Ajoutons encore que le vieillissement de la population est un processus constant, accentué depuis 1996 et l'arrivée à la cinquantaine des premiers baby-boomers.

Tableau 3.1 – Répartition *nesters/managers*

Catégorie	Total	%
Nesters	8 065 459	13,6
Managers	12 799 140	21,6

Source : Insee, 2002.

Nesters, *la difficile entrée dans la vie adulte*

Pour des raisons biologiques, le concept de jeunesse est nettement plus flou. Certains diront que c'est avant tout une affaire de mental et que la jeunesse peut durer une vie. Plus objectivement, la jeunesse est généralement supposée s'achever lorsque s'imposent les contingences de la vie adulte. Premier emploi, premier loyer, premières charges payées soi-même, première étape dans la vie à deux… Ainsi les étudiants qui devront quitter le domicile parental pour poursuivre leurs études seront plus rapidement concernés par des décisions habituelles au monde des adultes. À l'inverse, ceux qui seront nettement plus couvés n'auront à s'orienter que des années plus tard, généralement après avoir déjà assuré leurs pas dans la vie professionnelle. Pour clarifier le démarrage de la vie adulte, le premier emploi stable rémunéré est considéré comme une référence. Le premier engagement professionnel se situe aujourd'hui autour de 23 à 25 ans en moyenne, sans surprise puisque, après les études, plusieurs années de stages, de formations complémentaires et souvent de chômage sont programmées. Véritable révolution ! Il y a trente ans à peine, l'immense majorité des jeunes entraient dans la vie professionnelle entre 18 et 20 ans.

Selon l'Insee, la prolongation de la scolarité a été spectaculaire depuis la guerre, mais elle s'est particulièrement accélérée depuis le milieu des années quatre-vingt. Les diplômes obtenus en témoignent : la proportion de titulaires d'un CAP ou BEP parmi les 25-34 ans a triplé en cinquante ans et la part de bacheliers dans une génération est passée de 4 % en 1946 à plus de 60 % aujourd'hui. Les filles ont largement dépassé le niveau de formation des garçons, particulièrement dans les filières générales. Ces évolutions ont été le fruit de la politique éducative depuis la Libération et d'une forte demande sociale. Elles sont allées de pair avec les modifications de la population active : les emplois qualifiés sont plus nombreux et correspondent à des diplômes plus élevés.

Tableau 3.2 – Proportions de chômeurs

Chômeurs	Hommes	Femmes	Total
25-29 ans	265 383	331 458	596 841
30-49 ans	718 789	919 932	1 638 721
TOTAL	984 172	1 251 390	2 235 562

Source : Insee, 1999.

Tableau 3.3 – Premier emploi de plus de 6 mois

Hommes	Âge	Pourcentage	Femmes	Âge	Pourcentage
	Avant 26 ans	17 %		Avant 24 ans	18 %
	26 ans et plus	32 %		24 ans et plus	26 %

Source : *Économie et Statistique* n° 337-338, 2000, 7/8.

➤ Sans diplôme, point de salut

Remarquons que la durée des études s'est considérablement allongée en une génération. Une évolution aux conséquences fondamentales sur les comportements de consommation. L'accès à l'enseignement supérieur s'est généralisé et aujourd'hui les deux tiers des adolescents iront nettement plus loin que le Bac, alors qu'ils étaient moins de 10 % à le passer en mai 1968. Autre fait, pour espérer le même salaire en Euros constants qu'à l'époque de leurs parents : les jeunes adultes actuels doivent étudier en moyenne quatre années de plus. Les études ne sont plus vraiment un choix, mais une obligation. Il suffit de lire les annonces de recrutement dans les pages spécialisées pour se rendre compte à quel point les entreprises réclament des profils « top niveau ».

Sans diplôme, point de salut. Mais aussi trop de médecins, trop d'ingénieurs, trop d'informaticiens… Plus assez de plombiers, de maçons ou d'électriciens. L'intelligence manuelle a pratiquement disparu et, avec elle, l'arrivée sur le marché de jeunes de moins de 20 ans formés et prêts à travailler. Le déficit démographique ne fera qu'accentuer le problème, sujet de débat interminable.

Lorsqu'ils démarrent enfin leur carrière, les jeunes adultes sont évidemment célibataires. Le ménage est de moins en moins connecté au départ du toit parental ou au début de la vie en couple. En 1970, la conquête de la liberté était encore une priorité existentielle. Quitter papa-maman dès 18 ans, ça vous posait quelqu'un ! Aujourd'hui, plus de la moitié des jeunes de 25 ans vivent encore chez leurs parents. Le phénomène devrait encore s'accentuer dans les prochaines années.

Tableau 3.4 – Taux de départ de chez les parents

Hommes	Femmes
Avant 20 ans : 19 %	Avant 20 ans : 16 %
20-25 ans (H) : 19 %	20-24 ans (F) : 20 %
26 ans et + : 12 %	24 ans et + : 18 %

Source : Insee.

Tableau 3.5 – Proportion d'individus entre 20 et 35 ans hébergés, seuls ou en couple

		Hébergé chez ses parents ou grands-parents		Personne de référence ou conjoint vit en couple	
	Âge	**1984**	**1996**	**1984**	**1996**
Hommes	20-23	71 %	71%	18%	13%
	24-27	25%	34%	60%	45%
	28-31	10%	14%	78%	69%
	32-35	5%	8%	84%	79%
Femmes	20-23	44 %	51%	39%	27%
	24-27	11%	20%	73%	60%
	28-31	4%	5%	80%	77%
	32-35	1%	4%	84%	79%

Source : Insee.

➤ Les difficiles rapports des nesters et de l'argent

Vingt ans. Tous les espoirs sont permis sans guère avoir la liberté de les concrétiser. En dix ans, il va falloir assurer à la fois sa vie privée, lancer sa carrière et construire son indépendance financière. Ce dernier challenge devient de plus en plus difficile : le coût de la vie ne cesse d'augmenter, même si l'inflation est plus ou moins jugulée. Double problème matériel : le prix de l'immobilier additionné des tentations de la société de consommation. De plus, l'écart entre les revenus des jeunes adultes et des seniors se marque de plus en plus. Il atteindra un sommet en 2020. Les retraités compteront alors pour un tiers de l'ensemble de la population mais détiendront plus de la moitié du pouvoir d'achat. Pour les *nesters*, les restrictions et l'endettement sont donc la règle. Et quand la situation s'améliorera, ce sera au moment précis où arrivera le premier enfant. Pas étonnant que les majors soient les premiers consommateurs de produits génériques, de véhicules d'occasion et de mobilier bon marché façon Ikea. L'intelligence des marques qui gagnent : miser sur un savant équilibre entre design branché et prix serrés.

Tableau 3.6 – Taux d'endettement des jeunes ménages

	1989	1995	1997	2000	2001
Total des ménages < 30 ans endettés	61,4 %	48,6 %	48,3 %	55,8 %	N/a
Dont crédits de trésorerie	82,9 %	34,7 %	33,7 %	N/a	43,9 %

Source : http://www.sofres.com

Sortis de l'adolescence et des études, les jeunes adultes conservent des habitudes de cette époque. La majorité d'entre eux est encore célibataire et souhaite profiter d'une impression nouvelle de liberté. Ni très argentés, rarement propriétaires, ils ont échappé au contrôle (relatif) des parents, à la pression de la course aux diplômes. Mirage du premier salaire qui semble apporter un confort inédit, presque grisant. Typiquement, vers 25 ans, la gestion financière personnelle est assez chaotique et les parents ou, de plus en plus les grands-parents, doivent souvent intervenir comme « pompiers de service » pour compenser le manque de moyens.

Les priorités sont souvent mal gérées et il est fréquent de succomber à des tentations peu raisonnables. Sorties en boîtes, cinémas, bars et restos, les vêtements griffés et tendance, la télématique (surtout les téléphones portables et les CD-Rom de jeux) et le « brun » (télévision, DVD, hi-fi, CD)… les tentations sont innombrables. Les voyages et l'aménagement intérieur, ce sera pour un peu plus tard.

La voiture est le *nec plus ultra* de l'indispensable déraisonnable. Les transports en commun évoluent pour garantir un niveau élevé de mobilité, mais l'automobile reste l'objet de toutes les convoitises. En seconde main ou neuve (c'est mieux), la voiture est un instrument de transport et de liberté, tout comme elle représente un signe adressé aux autres.

Tableau 3.7 – Possession/Achat de voitures

18-21 ans	21-24 ans	26-29 ans
35 %	58 %	74 %

Source : http://www.automobileclub.org

Les pressions sur l'emploi et les habitudes sociales poussent rapidement les jeunes adultes à prendre leurs responsabilités et à se ranger. La carrière s'impose sans gommer les incertitudes. Si la menace du chômage s'éloigne (un peu), la valorisation de la performance s'accentue. L'époque du premier emploi définitif, des nominations et des contrats irréversibles est bien terminée. Même dans l'administration, on n'est plus sûr de rien. Il faut donc sans cesse investir davantage de son temps et de son énergie pour convaincre, se tailler sa part de soleil. C'est avant trente ans que l'on mène tous les combats pour la survie.

➤ La femme est un homme comme un autre

Et puis il y a le travail des femmes. Aujourd'hui, elles alignent autant d'études que les hommes et partagent les mêmes ambitions. C'est une véritable révolution qui s'est mise en place sur deux générations. Si certains emplois résistent (à commencer par la politique, symbole d'un machisme français quelque peu désuet), l'égalité s'installe progressivement partout. Les derniers écarts auront disparu dans moins de vingt ans. Ainsi les femmes compensent-elles le recul de leur entrée dans la vie professionnelle et le départ anticipé à la retraite. Et il ne faut pas croire que la maternité mettra un terme à leur carrière. Toutes les statistiques démontrent qu'elles sont de moins en moins nombreuses à « lever le pied » professionnellement pour materner. La société se réinvente autour d'elles : chaque mois, on voit se multiplier les services de livraisons à domicile, les garderies, les filles au pair, etc. Ainsi en Allemagne, où les enfants ne vont à l'école que le matin, les femmes se rebellent contre un système qui les oblige à choisir entre carrière et famille. Sous leur pression, c'est tout le système éducatif qui est appelé à changer.

Tableau 3.8 – Diplôme le plus élevé obtenu selon l'âge

	25-34 ans		34-44 ans		45-54 ans	
	Femmes	Hommes	Femmes	Hommes	Femmes	Hommes
Aucun diplôme ou CEP	12 %	16,1 %	20,4 %	22,8 %	31,4 %	29,1 %
BEPC seul	4,6 %	5 %	9,8 %	7,2 %	93 %	7 %
CAP, BEP ou équivalent	22,7 %	29,5 %	27,9 %	37,2 %	25,7 %	33,7 %
Baccalauréat ou brevet professionnel	18,7 %	17,3 %	15,4 %	10,5 %	12,2 %	9,6 %
Baccalauréat + 2 ans	20,5 %	15,7 %	15,3 %	10,1 %	11,8 %	8 %
Diplôme supérieur	18,5 %	14,5 %	10,7 %	11,8 %	9,2 %	12,5 %
Études en cours	3 %	2 %	0,5 %	0,5%	0,3%	0,1%
% de bacheliers ou plus	60,7 %	49,5 %	41,9 %	32,8 %	33,6 %	30,2 %

Source : Insee, enquête Emploi 2001.

Tableau 3.9 – Niveau d'étude selon le sexe

	1994	1995	1996	1997	1998	1999
Ensemble des sortants	667 000	704 000	726 000	732 000	730 000	740 000
Part de femmes parmi les sortants	45 %	46 %	48 %	48 %	49 %	48 %
FEMMES						
Niveau I et II	17,8 %	20,2 %	23,4 %	23,7 %	21,9 %	24,9 %
Niveau III	19,2 %	21,5 %	17,6 %	19,6 %	20,4 %	19 %
Niveau IV (Baccalauréat)	31,5 %	28,9 %	32 %	30,5 %	31,9 %	29 %
Niveau V (CAP-BEP)	22,9 %	22,5 %	20,5 %	20,1 %	18,8 %	19.3 %
Niveau VI, V bis (sans qualification)	8,5 %	6.9 %	6.6 %	6,1 %	7 %	7,9 %
HOMMES						
Niveau I, II et III (Deug et plus)	19,3 %	17,9 %	19,4 %	18,8 %	18 %	18,2 %
Niveau III	14,4 %	15,9 %	16,2 %	14,3 %	16,7 %	13,6 %
Niveau IV (Baccalauréat)	28,2 %	27 %	26,6 %	28,6 %	26,3 %	26,8 %
Niveau V (CAP-BEP)	30 %	30,5 %	28,8 %	29,6 %	30,5 %	33,4 %
Niveau VI, V bis (sans qualification)	8 %	8,8 %	9 %	8,6 %	8,5 %	8 %

Source : ministère de l'Éducation nationale, DPD et Insee, enquête Emploi, 2002.

La conjonction des challenges avant d'entamer la vie à deux provoque bien sûr une modification des comportements de consommation. Moins de temps pour la gestion quotidienne, produits et services moins sophistiqués, le plus souvent par facilité. Homme ou femme, il faut pouvoir s'occuper de tout, tout faire tout seul, même à deux. Voilà une tendance lourde illustrée par ce que les Anglo-Saxons appellent LAT[1]. Bon nombre de jeunes adultes qui ont un partenaire affectif stable ne souhaitent pas vivre ensemble à court terme. Chacun ayant son propre logement ; les achats de mobilier, de vaisselle, de linge sont dédoublés. Quand se concrétise la vie à deux, il faut revenir à l'unicité, racheter mobilier et équipement, selon des goûts qui auront bien sûr totalement changé.

➤ Pour les nesters, la stabilité avant la maternité

Évidemment, il y a toujours des exceptions. Un pourcentage non négligeable de jeunes de 20 ans se marie et quitte la maison des parents en même temps partout en France et dans toutes les couches sociales. Mais c'est de plus en plus rare. Si les cycles de vie se succèdent globalement de façon identique depuis des siècles, ils se décalent vers le haut et chaque grande étape est davantage éloignée des autres. La première naissance est repoussée à plus tard. Les jeunes conjoints (dont à peine la moitié est mariée à ce moment) souhaitent attendre un minimum de stabilité professionnelle et de sécurité affective. Pour eux, le rôle de parents reste important mais sans urgence. Dans la majorité des cas on ne désire qu'un ou deux enfants, rien n'empêche donc d'attendre la trentaine pour se décider. Aujourd'hui, l'âge moyen de la mère au premier accouchement est de 29,4 ans. En Italie, elle est déjà de 31 ans. Soit en moyenne trois ans après le début de la vie en couple. Parmi les cadres, ce délai monte à quatre, voire six ans ! Ce qui bien sûr tend à diminuer d'autant le nombre d'enfants du ménage, si ce n'est carrément la probabilité d'en avoir, vu le nombre de séparations et de divorces intervenant dans les 5 premières années.

1. *Living Apart Together.*

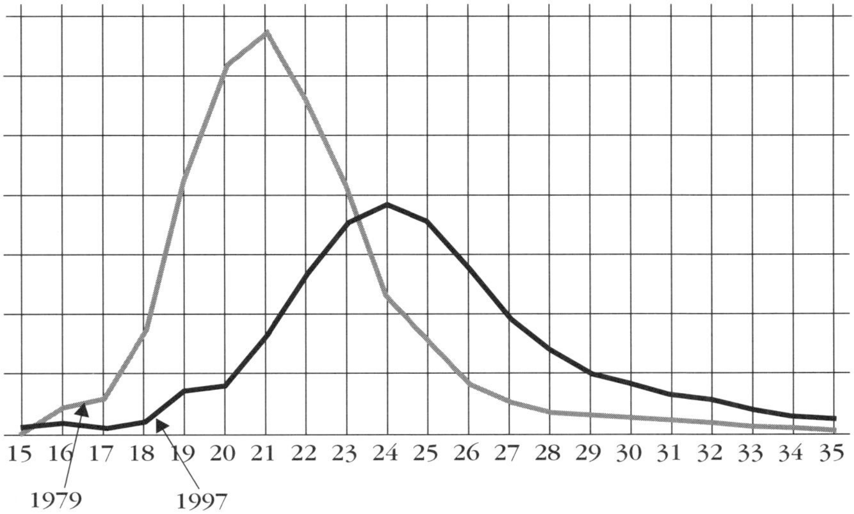

Source : Insee 1998)

Figure 3.1 – Âge au premier mariage

Tableau 3.10 – Âge moyen au premier mariage

Âge moyen	Hommes	Femmes
1997	29,6 ans	27,6 ans
1998	29,8 ans	27,7 ans
1999	29,9 ans	27,8 ans

Source : Insee, 2002.

> « Dans nos sociétés occidentales, le désir d'enfant est de plus en plus tardif. En France, l'âge moyen de la femme lors de la naissance du premier enfant est aujourd'hui de 29,4 ans contre 27,2 ans en 1970. »

➤ Un toit à soi : autre cycle, même histoire

Dans la majorité des cas, à 30 ans, la situation personnelle et professionnelle se stabilise. La carrière se dessine plus précisément et l'arrivée des enfants achève le passage de la jeunesse à la vie adulte. On s'intéresse à une épargne de base, généralement constituée avec l'aide des parents, en pensant à un achat immobilier. Appartement ou maison, le nombre de mètres carrés sera la première priorité car il a fallu vivre avec ses frustrations jusque-là. Particulièrement à Paris et dans les grandes métropoles régionales où les jeunes se contentent d'un studio ou d'un deux pièces onéreux et inconfortable. À propos des nouvelles générations, quand on évoque l'hyper-mobilité, l'expatriation, il ne s'agit que de minorités. Pour l'essentiel, les *nesters* sont fidèles à leur région. Les derniers recensements démographiques indiquent d'ailleurs un retour en force de l'intérêt porté aux villes secondaires et aux banlieues vertes. La décentralisation en marche ?

Lorsqu'ils emménagent enfin dans un logement suffisamment grand, confortable ou pratique, acheté ou non, les trentenaires se sédentarisent. Nouvelle étape de vie, nouvelles contraintes dans un environnement social différent. C'est l'époque de « l'embourgeoisement » mesuré. Se stabiliser n'empêche pas les contorsions financières. La gestion s'est améliorée avec le salaire et la vie à deux facilite bien des choses. Mais les enfants, la maison et la voiture (le fameux cliché du début de ce chapitre) ponctionnent bien plus d'argent que ce que rapportent les deux revenus. La trentaine, c'est l'âge des gros emprunts et du compte à découvert. Le *revolving* fonctionne à plein rendement. Comme les ambitions sont toujours supérieures aux moyens, des choix cornéliens s'imposent très vite. Ce sont les années où l'on reporte le plus de rêves. Et parmi eux l'achat de produits de marques (est-ce vraiment un rêve ?), des vêtements statutaires ou de voyages lointains.

Managers, *la vraie fin de la jeunesse et l'âge de raison*

Dans une ville comme Paris, plus de la moitié des majors vivent seuls avec ou sans enfants. Plus du tiers des mariages aboutissent à un divorce avant 10 ans et, au bout du compte, plus de 60 % des majors divorcent. Depuis le baby-boom et l'évolution des mentalités, la trentaine est l'époque des ruptures. On parle de plus en plus de familles éclatées et, dans la foulée, de ménages recomposés, mais on oublie la période qui précède. Celle des doutes et, souvent, du retour au célibat. C'est la première caractéristique des *managers*. Elle a d'ailleurs donné naissance à ce que l'on commence à dénommer le *single marketing*.

La séparation est évidemment un moment douloureux dans la vie. Un choc affectif, amplifié par le retour obligatoire à de nombreuses habitudes perdues de longue date. Il y a une résidence à trouver, à meubler, des liens sociaux à recréer… s'organiser pour faire les courses, se nourrir, voire simplement dormir. Souvent, il y a aussi des enfants dont il faut s'occuper, en alternance ou en continu. Et puis il faut recommencer à vivre, à sortir. En moyenne, si les personnes seules sortent plus souvent, elles sont aussi plus… seules. Le mythe du célibataire béat et libre prend du plomb dans l'aile.

Tableau 3.11 – Chiffres *single marketing* – activités des *managers* isolés

Heures et minutes par semaine	*Single*		*Avec enfants*	
	Hommes	**Femmes**	**Hommes**	**Femmes**
Travail rémunéré (sur le lieu de travail)	33 h 13	29 h 26	37 h 43	26 h 36
Soins personnels	12 h 26	16 h 59	14 h 49	14 h 23
Travaux ménagers	11 h 49	22 h 12	11 h 58	25 h 24
Cuisiner	2 h 15	5 h 01	1 h 31	6 h 28
Sans activité (hors heures de sommeil)	2 h 58	3 h 25	2 h 40	2 h 30
Shopping	1 h 43	3 h 03	1 h 46	3 h 23
Nouveaux médias	2 h 22	0 h 25	0 h 43	0 h 17
Loisirs	1 h 45	1 h 54	1 h 18	1 h 06
Sport	0 h 34	0 h 11	0 h 57	0 h 19
Regarder la télé	10 h 49	18 h 59	12 h 57	11 h 12
Récréation	3 h 26	2 h 17	2 h 33	2 h 04
Lire	2 h 43	1 h 55	2 h 10	10 h 49
Culture et loisirs	1 h 45	0 h 25	1 h 10	0 h 55

Source : Pocket Marketing ; Sociaal en Cultureel Planbureau (NL) ; Eurostat, VUB, Nationaal Institut voor de Statistiek en Centrum voor Bevolkings-en Gezinsstudie, 2002.

Pour compléter le tableau, reconnaissons que les *managers* font partie de la deuxième génération du baby-boom. Celle de l'après 68, de la non-culture punk et de la disparition des idoles. La première depuis la guerre à avoir entamé sa vie professionnelle dans un contexte moins favorable que les précédentes. D'une certaine manière, les managers ont été mieux préparés à affronter des circonstances difficiles. La quarantaine approchant, cette génération se retourne parfois avec nostalgie vers une enfance perdue. On la voit dans les boîtes chanter par cœur les chansons de Chantal Goya ou de Claude François ; elle remplace ses vieilles bandes dessinées jaunies et collectionne les films de son adolescence.

➤ La séparation, mode d'emploi

La consommation s'adapte aussi aux nécessités d'une séparation. Place à l'émergence du mobilier de remplacement, des plats préparés, des loisirs à organiser, des frais inévitables : un lieu d'habitation, un véhicule, sans oublier l'immobilier et les services financiers (ouverture d'un nouveau compte, modification de l'épargne antérieure, nouvelles dettes…). Tout doit être dédoublé, cadré dans un budget réduit à un unique revenu, amputé encore d'une pension alimentaire d'un côté ou de l'autre. Les familles stables ou les ménages recomposés sont-ils logés à meilleure enseigne ? Les charges d'une séparation peuvent être évitées mais l'éducation des enfants demeure tout de même le premier poste de dépenses, avec le loyer ou le crédit immobilier.

Les managers ont de la ressource ! Si leur cœur est embrumé parfois de nostalgie, ils regardent la vie devant eux. La carrière se stabilise, les pressions et le stress font place petit à petit à une véritable confiance en soi. Mieux équilibré, le manager commence à accepter son destin. Gérer son patrimoine ou simplement son budget devient plus simple, moins risqué dans l'immédiat. Les crises sont mieux maîtrisées, avec moins de passion et plus de positivisme. Les enfants atteignent l'âge où ils peuvent s'assumer ponctuellement, les parents recommencent à envisager sorties et voyages. Il reste du temps pour accomplir ses rêves, atteindre ses objectifs. Si l'approche de la quarantaine est une période de changements et de doutes pour beaucoup, elle marque aussi le début de la sérénité.

➤ La crise de la quarantaine

Quarante ans est un anniversaire souvent mal vécu. Surtout par la femme qui laisse derrière elle les deux décennies idéales pour la maternité. Bien avant les hommes, la femme comprend l'inéluctabilité du parcours ; elle est mieux armée pour en accepter les conséquences. Mais 40 ans, c'est aussi le début paradoxal de la plénitude. Ainsi la majorité des hommes et des femmes dans la quarantaine affirment-ils se sentir mieux dans leur peau qu'à 20 ans. Le revenu professionnel approche de son apogée, un nouveau confort s'installe progressivement, alors que chacun peut vivre sa vie librement. La relation avec les parents, qui vivent leur soixantaine, s'améliore nettement. Finis les conflits de génération, les luttes de territoires. La connivence s'installe quand on comprend enfin que papa-maman sont des adultes comme les autres, juste un peu plus proches.

Plus la quarantaine avance et plus la conscience de l'âge se précise. Des proches disparaissent, la fréquence des contrôles médicaux augmente. L'idée de la fin de carrière prend corps peu à peu… Certains hommes découvrent le « démon de midi », la plupart adoptent les lunettes pour voir de près (la presbytie frappe dès le début de la quarantaine, et de façon quasi générale à partir de 45 ans). Dans la famille, les adolescents échappent à tout contrôle. La deuxième télévision s'impose. Pillé régulièrement, le frigo semble toujours trop petit. Les études coûtent plus cher que prévu et on sait que le plus dur est encore à venir. Pas question de se reposer sur ses lauriers. Pas encore. Un nouvel emprunt remplace un ancien, d'autres rêves sont reportés. Mais le bout du chemin s'éclaire. La cinquantaine frappe à la porte. C'est alors le départ des enfants, la fin des gros remboursements, l'arrivée des premiers petits-enfants… le début de l'âge senior. Une autre histoire.

Les grands challenges du major marketing

La publicité vise principalement deux objectifs : un saut créatif qui permet la diffusion la plus efficace possible de l'argumentation et une ambiance « affective » qui met le consommateur dans de bonnes dispositions pour écouter et intégrer le message. Ce deuxième paramètre est typiquement guidé par les idées préconçues que l'on se fait de la cible, tout comme on se contente souvent d'une scène de rollers et d'un « eh, toi qu'es cool » lorsqu'il s'agit d'adolescents Et quand on veut séduire des seniors, on se contente de couples aux cheveux blancs, promenant un chien sur la plage. Sous prétexte d'optimisation, les campagnes ne font que répéter des règles apprises on ne sait où, il y a plus de trente ans. Ou alors la publicité joue souvent de la transgression totale, visant d'abord la reconnaissance de ses pairs. Projection classique d'un microcosme qui commence même à irriter les annonceurs les plus branchés…

L'audace est effectivement nécessaire face à des chefs de produits davantage animés par leur propre carrière que par l'intérêt de l'entreprise qu'ils sont supposés défendre. D'accord pour la prise de risque, mais au moins à condition de comprendre à qui l'on s'adresse. Tout le problème est là : quoi que l'on fasse, on semble oublier systématiquement le cadre de vie du consommateur. Il est essentiel de comprendre que n'importe quel acte d'achat est concurrentiel par rapport à tous les autres. Négliger cette évidence, c'est risquer de réduire la connaissance du consommateur à son plus creux et, en corollaire, les erreurs les plus flagrantes. Avez-vous attentivement comparé les spots publicitaires des marques de portables depuis deux, trois ans ? Étonnamment, ils occultent la fonction de téléphone. Chacun veut être plus moderne que le concurrent, plus compétitif sur la seule cible jugée digne de la marque : les jeunes urbains. Au bilan, le secteur se retrouve en crise tandis que la moitié des seniors n'a toujours pas adopté le GSM, ce qui laisse sur le bord de la route des millions de consommateurs potentiels.

Le major marketing n'est que le reflet de cette problématique. Il se positionne en vitrine d'une certaine philosophie de notre métier. On peut parler de marketing segmenté ou de marketing comportemental. Peu importe. Ce que nous défendons c'est l'idée - subversive ? - que le marketing et la communication commerciale ne valent que dans la mesure où ils défendent les intérêts des entreprises. Ce n'est le cas qu'en voulant comprendre, à chaque instant et toujours humblement, le rapport entre le consommateur et la marque. En partant systématiquement du consommateur car il est d'office la variable incontrôlable. La compréhension du contexte de vie des deux sous-segments *nesters* et *managers* est en fait assez simple. Il est bien plus difficile de se mettre dans la peau d'un adolescent ou d'un senior quand on a une trentaine ou une quarantaine d'années. Ici, les majors, c'est nous, nos voisins, nos proches… L'exercice intellectuel ne devrait donc pas poser trop de problèmes. Alors pourquoi ne tient-on pas davantage compte de nos propres spécificités ? En laissant passer des campagnes dont on sait qu'elles « vont dans le mur ».

D'accord, le marketing et la publicité n'ont pas pour vocation de refléter la réalité. Ce n'est pas du reportage de guerre. Mais à force de se cantonner aussi loin de la vraie vie, ils répondent de moins en moins aux préoccupations des vraies gens. Traduction pratique : des campagnes créatives de plus en plus appréciées pour elles-mêmes, mais un retour sur investissements en chute libre, des parts de marché stagnantes, le syndrome du *me-too*[1] et des objectifs financiers revus à la baisse tous les six mois. À l'heure de l'actionnaire tout puissant, voilà qui fait mauvais genre. Pour inverser la tendance, trois challenges doivent être relevés sans tarder : proposer des produits et services réellement adaptés, tenir un langage en adéquation et aller à la rencontre du consommateur là où il se trouve vraiment. Il y a urgence ! Les majors sont la première cible de la plupart des annonceurs. C'est donc d'abord avec eux qu'il faut réussir ces trois challenges. La segmentation proposée ici s'exprime en tendances. Tous les *nesters* et tous les *managers* ne partagent pas le même calendrier, les mêmes moyens ou les mêmes aspirations. En travaillant sur les deux segments retenus, il est possible de faire un sérieux pas en avant.

Des produits et services adaptés

La plupart des initiatives commerciales visent massivement les majors. Avec une approche marketing classique, il devient difficile d'encore innover. À première vue, tout existe déjà, dans tous les domaines. On retrouve donc des linéaires entiers de produits similaires, de plus en plus pointus, devant lesquels il devient pratiquement impossible de choisir. Bon exemple : des dizaines de variantes de shampoings pour les cheveux secs, ultra-fins, abîmés, fatigués, les anti-pelliculaires, régénérants, colorants, vitaminés, deux en un, etc. La meilleure marque est forcément la plus chère, celle qui a le plus bel emballage ou qui « crie » le plus fort. Ah bon ?

Il existe pourtant une série d'innovations intéressantes qui débarquent continuellement sur le marché et qui changent les habitudes. Swiffer vous convaincra d'avantage qu'un simple produit ménager. Il propose une nouvelle façon de nettoyer, nettement plus rapide et

1. Tout le monde copie tout le monde et personne ne va nulle part…

confortable. Innovation parfaite pour la cible des *nesters*, à condition de les convaincre de mettre le prix. Les rois du détergent ont-ils vraiment tenu compte de la situation financière de leur cœur de cible ? Conséquence, alors qu'ils sont les premiers à vouloir bénéficier du produit, les jeunes adultes sont les derniers à se l'offrir, laissant aux plus âgés le soin de jouer les pionniers. Ce paradigme est courant dans le marketing : on vise une cible prête à suivre le courant de l'innovation et on s'étonne de la voir adoptée par une autre. Dans un tout autre domaine, Renault a connu le cas avec la Twingo. C'est qu'il faut avoir vécu pour oser l'inédit.

Les 25-35 ans font partie de la première génération qui a toujours connu la publicité à la télévision, donc le *zapping*. Elle a commencé sa carrière avec les ordinateurs, sa musique a toujours été le rock. Elle peut donc plus naturellement s'adapter aux évolutions technologiques qui lui sont proposées. Elle est plus moderne, plus ouverte, moins méfiante mais avec un sérieux bémol... elle est désargentée.

« Je dépense, donc je suis » dit Jean-Jacques Goldman. Oui, sauf que les *nesters* en sont déjà à l'après-société de consommation. Ils ont été préparés à faire le tri par eux-mêmes et à favoriser les achats qu'ils jugent réellement utiles. Ceci dit, il est possible de les séduire tout en se différenciant, à condition de réussir sur l'axe prix-qualité.

> Ainsi Zara, la marque de vêtements espagnole, a-t-elle « explosé » en se positionnant entre les marques jeunes, comme H & M. et les griffes hors de prix des couturiers qui visent totalement les *nesters*. Zara a développé principalement trois concepts : un style de vêtements à la fois très à la mode et suffisamment sages pour être portés plus d'une saison, un prix légèrement plus élevé que les marques jeunes compensé par une plus grande longévité, des magasins à l'ambiance inspirée des boutiques mais suffisamment grands pour donner l'impression d'un processus d'achat et d'un prix plus proches des grands magasins. Spécialiste conquérante des *nesters*, Zara a pris de sérieuses parts de marché à des concurrents plus anciens et plus généralistes, tel C & A. Les jeunes adultes sont autant soucieux de leur apparence que de leur porte-monnaie.

La réussite d'une stratégie dédiée aux *nesters* dès la création du produit est aussi manifeste dans l'alimentaire et la distribution.

> Depuis quelques années, des chaînes de supermarchés telles que Sainsbury en Grande-Bretagne, Albert Heijn aux Pays-Bas, Delhaize en Belgique ou Esselunga en Italie ont osé le pari des *nesters*. Une génération qui gère ses

achats ménagers selon sa propre logique de prix alors que les grandes marques établies s'acharnent à la séduire. Ces grands distributeurs ont progressivement étendu et amélioré leurs gammes génériques dans une offensive à trois niveaux. Le « *convenience* » d'abord, vite prêt mais bon ; puis le choix avec des gammes plus complètes, pour tous les goûts, grâce au contrôle des linéaires ; la qualité enfin, affirmée par une pléiade de labels. En même temps, ils ont aussi multiplié les gabarits des portions de viande, de pain, de légumes préemballés, sortant ainsi les premiers du tout familial. Par conséquent, chez Sainsbury, les deux tiers de l'assortiment sont à « marque propre ». En moins de dix ans, Delhaize a pris le contrôle des confitures en Belgique, jusqu'à détenir aujourd'hui une part de marché supérieure au leader national, toujours braqué sur sa stratégie de recrutement de jeunes adultes. Comme les autres « vraies marques ».

➤ L'évolution des services par le Net

En ce qui concerne les services, la rapidité est la première priorité. Personne n'aime franchement faire la queue à la Poste ou à la Banque (sans parler de la mairie ou des mutuelles) et les heures d'ouverture sont la source d'énervement le plus souvent mise en avant par les *nesters*. Alors qu'ils peinent à assurer leur situation, on les oblige à s'absenter une demi-journée pour attendre le relevé du gaz ou pour aller chercher un recommandé. À l'ère de la privatisation, des compressions, de la rationalisation, cela ne risque pas de s'arranger. Heureusement, Internet commence à fournir des solutions. Le taux des connexions est encore trop faible, mais les majors en sont les premiers utilisateurs, près de la moitié d'entre eux a un accès au Net au bureau. Ce sont aussi les plus demandeurs. Malgré ce que peut laisser penser la crise technologique, le net a fait un grand pas en 2002 en franchissant le cap des 100 milliards d'Euros au niveau du commerce électronique. Après les services de livraison à domicile, les banques ont été les premières à avancer de façon significative dans ce domaine. Aujourd'hui, le taux de fréquentation des agences est en régression constante et les *nesters* en particulier les visitent trois à quatre fois moins que les seniors.

Il reste tout de même beaucoup de choses à faire. Pour quelles raisons l'assurance en direct française représente-t-elle moins de 10 % du volume total, contre plus de 50 % en Grande-Bretagne ? Voilà typiquement un secteur où l'insatisfaction des jeunes adultes est criante. Notons au passage que tout ce qui contribue à favoriser la fluidité des services est fondamental pour les *nesters*. Si Internet et l'accès à distance sont de vrais jokers, l'extension des heures d'ouverture et la désacralisation du dimanche sont tout aussi importantes, sinon plus.

➤ *Nesters*, le temps de la débrouille

Dès qu'on s'adresse aux *nesters* de la tranche supérieure, il faut considérer la dimension intergénérationnelle. La plupart des jeunes trentenaires sont parents et ont encore leurs parents, voire leurs grands-parents. Parmi leurs priorités de consommateurs, les enfants passent avant tout le reste et deviennent la première charge, au même niveau que l'immobilier, devant la voiture. Parmi leurs frais principaux, on trouve les vêtements, l'alimentation, le mobilier, les jeux et les loisirs, l'éducation et la scolarité, la santé… parfois déjà la pension alimentaire sans oublier la garde des tout-petits. Il y a d'abord l'époque des crèches puis celle des baby-sitters et jeunes filles au pair. Dès que l'enfant a un an, les parents veulent recommencer à sortir et les grands-parents sont trop éloignés ou trop occupés. Les allocations familiales sont insuffisantes. Jusqu'à 35 ans en moyenne - le seuil d'entrée chez les *managers* - c'est une fois de plus le règne de la débrouille. Il faut envisager un logement plus spacieux, si possible plus près d'une école, dans un quartier sécurisant. La naissance d'un enfant est aussi un bon prétexte pour envisager une nouvelle voiture, avec un gros coup de cœur pour les monospaces. En fait, l'ensemble de la consommation est touché car tous les besoins changent. Les jeunes parents font l'impasse notamment sur tous les produits destinés au confort personnel, la décoration ou, de façon plus évidente, l'habillement.

Tableau 3.13 – Évolution des dépenses *single*/couple/couple avec enfant

Foyer	Indice de consommation
Célibataire (1 personne)	100
Couple sans enfant (2 personnes)	190
Couple avec bébé (3 personnes)	360

Source : B. Tiburce, Baby Adgency.

➤ *Managers*, la maturité donne le goût du plaisir

Les enfants des *managers* terminent l'école primaire et se forgent leurs propres cercles. Les parents redécouvrent progressivement une liberté et une vie de couple un peu négligée. Stabilité professionnelle et l'épée de Damoclès du divorce aidant, le cocktail des *managers* est fait de vie familiale, de loisirs et de confort. On nage en plein cocooning... plutôt par pragmatisme que par idéal. La consommation de produits déjà préparés et de services à domicile diminue. Les achats les plus urgents au niveau de l'équipement ayant été faits, les dépenses de plaisir reprennent. On le constate d'abord au niveau alimentaire. Les goûts se sont forgés et la génération est plus ouverte à l'expérimentation : cuisine italienne, vietnamienne, sushis, vins fins du monde...

Autre secteur où la consommation explose après 35 ans, les cosmétiques. Qui parle encore d'exclusivité féminine ? Les hommes évoluent eux aussi et achètent de plus en plus de revitalisants pour la peau, de baumes après-rasage, etc. C'est en fait tout le secteur « beauté » qui rencontre un succès accéléré dans cette tranche d'âge. Surtout les soins du corps, qui prennent le pas sur une mode jugée plus superficielle. Mais le prix reste un critère fondamental. Il faudra attendre la quarantaine, voire la cinquantaine, pour que le budget familial permette de s'offrir régulièrement des Clinic, Estée Lauder ou autres Shisheido. Démarche identique côté santé où le préventif prime sur le curatif. Les managers sont de grands consommateurs de produits de régime, équilibrés, allégés, de médecines douces, de vitamines... Les dépenses familiales restent bien sûr élevées. La croissance des enfants nécessite une nouvelle chambre, un bureau, le renouvellement rythmé des vêtements, rapidement trop petits ou démodés. En bonne logique, les familles de managers sont nettement plus endettées que les *nesters*, les fidèles clientes des périodes de soldes, des produits à bas prix et des offres promotionnelles. Autre facteur d'influence, les grands-parents se fragilisent avec l'âge et assument moins aisément leur indépendance. Il va donc falloir les aider, matériellement et dans l'organisation de l'intendance. Pour les managers, le luxe, l'original, c'est pour plus tard ou avec ce qui reste sur le compte en fin de mois, pour les plus chanceux. À l'approche des 45 ans, le capital-santé devient une préoccupation quotidienne : presbytie, douleurs musculaires (« Ah, ce mal de dos ! »), fatigue nerveuse, cholestérol... le médecin devient une figure plus familière.

➤ Majors, marché d'équipement et de remplacement

On le voit bien avec ces quelques exemples, les besoins des majors-*nesters* et *managers* en matière de produits et de services sont très largement conditionnés par des circonstances qui leur échappent, plutôt que par des choix. Les *nesters* représentent dans leur majorité un marché de premier équipement. Il faut tout là où il n'y a rien.

Les *managers* représentent bien plus un marché de remplacement. Les goûts se sont affirmés et la vie est tracée. Il reste à gérer l'acquis au mieux de son intérêt et de ses devoirs. La génération d'appartenance intervient relativement peu, elle prend nettement plus d'importance dans la perception des campagnes publicitaires.

La publicité

➤ Nesters et managers : des attitudes différentes face à la publicité

En 2001, nous avions réalisé une étude comparative entre les *nesters* et les *managers* pour évaluer leurs préférences publicitaires et les marques qu'ils consommaient le plus. L'analyse qui portait sur deux échantillons de 500 personnes mit en évidence un manque de lien entre les deux. Rien de très surprenant jusque-là. Les spots publicitaires ont leur propre vie et sont de plus en plus vécus comme des spectacles à part entière, totalement indépendants des produits qu'ils défendent. Ainsi les managers interrogés citaient-ils en premiers les spots Evian (les bébés) et Air France (le petit avion), alors qu'ils achetaient de l'eau bon marché et s'alignaient en matière de voyages sur les options des tour-opérateurs : de nouveau un choix lié au prix. Le lien le plus fort entre publicité et achat apparaissait surtout quand jouait l'argument du prix. Typiquement le cas d'un Ariel ou d'un M. Propre, pratiquement jamais cités, mais dont les courbes de ventes suivent de très près celles des investissements média.

Plus surprenant, l'étude révéla une dissociation franche entre les *nesters* et les *managers*. Sur 10 marques soutenues publicitairement et citées spontanément, les *nesters* n'en consommaient que 3, contre 6 chez les *managers*. Nous avons voulu creuser cette question avant d'en tirer un double constat :

- Premièrement, les *nesters* zappent davantage entre les chaînes radio et télévision que leurs aînés. Ils fréquentent également un peu plus souvent le cinéma mais lisent un peu moins de magazines et de quotidiens. Leur « pratique » média les confronte plus souvent à des créations publicitaires émotionnelles et créatives ; l'effet de répétition

(« bourrage de crâne »), les marque peu malgré une sur-sollicitation des annonceurs. Ceci est d'ailleurs bien connu, la cible des 25-35 ans étant la plus chère en termes techniques de coût-contact.

- Deuxièmement, les managers, qui sont aussi d'une génération familiarisée à la publicité (ils y ont toujours été confrontés, notamment à la télévision), ont tendance à mieux décoder les messages, à « lire entre les lignes ». Ils sont plus vite énervés agacés par des campagnes dites créatives mais dont les promesses leur semblent irréalistes, impossibles ou simplement non adaptées à leurs besoins. L'expérience aidant, ils font preuve d'un sens critique plus affûté, plus mordant aussi. Ceci se confirmera d'ailleurs avec les seniors, encore plus méfiants et irritables.

Cette conclusion à double détente est très intéressante, elle souligne que l'avancée en âge modifie le rapport du consommateur à la communication commerciale ; il en devient moins passionnel, mais aussi plus pointu. *Nester*, il accepte l'argumentation sans en être dupe. *Manager*, il mémorise et préfère des campagnes qui lui sont destinées et apportent une vraie valeur ajoutée à sa vie. À bon entendeur...

Vu sous cet angle, et contrairement à ce qui est généralement supposé, investir sur une cible un peu plus expérimentée se révèle plus efficace. Plus difficile aussi, car l'erreur est éliminatoire. Il faut viser juste et tenir un discours pertinent pour convaincre. Bien sûr, il reste le grand débat de l'impact à long terme. En créant un univers fort, la publicité génère de l'impact et les conditions nécessaires pour une valorisation de la marque. C'est vrai et bon nombre d'annonceurs, surtout préoccupés de consensus, feraient bien de se le rappeler lorsqu'ils imposent aux agences des corrections qui aboutiront invariablement à des messages édulcorés et sans véritable force de frappe. Quand on cherche à toucher tout le monde, on n'intéresse personne.

➤ Ce qui a fait le succès de certaines campagnes

Dans la foulée de l'étude, nous avons voulu savoir quelles étaient les clés du succès des campagnes qui étaient préférées et généraient en même temps davantage de ventes. Évidemment, le volume de l'échantillon et le nombre de marques retenues étaient faibles. Malgré tout, ils nous ont suffit pour retenir l'importance de l'adéquation à la génération d'appartenance, à l'âge et au cycle de vie.

D'une génération à l'autre, les différences apparaissent très rapidement. Les *nesters* sont encore typés 20-25 ans, tandis que les *managers* s'identifient plus aux 50-55 ans. Ainsi, les réalisations façon MTV, très clip-flash et ultra décalées agacent très vite les plus de 35 ans. Le premier argument qui ressort est l'impression de vide. « Ca ne m'apporte rien », « Je ne comprends pas »... Autre point très rapidement relevé : la façon d'utiliser la langue française. Les *managers*, principalement des baby-boomers ayant fait leurs études dans un contexte classique, restent très attachés au sens et à la valeur des mots. Leurs références, en matière de détournements, sont largement littéraires. Cela va de Frédéric Dard à Michel Audiard, en passant par Goscinny, Gotlib ou Patrice Leconte. Références pour l'essentiel mal connues des *nesters* qui parlent plus facilement anglais tandis que leur orthographe a perdu ses repères. Leur culture du zapping les a rapidement entraînés à décoder des messages ultracourts. Ils ont aussi développé une autre forme d'humour, moins française, plus internationale et visuelle, moins rhétorique aussi. En quelques années, on est passé de Devos à Bedos, puis de de Caunes à Jamel. Idem côte cinéma, où *Matrix* a remplacé *Star Wars*. Côté musique, la *world-music* et le rap ont remplacé le rock et la pop. Il devient donc de plus en plus difficile de développer une campagne motivant deux groupes dont les goûts et les habitudes de consommation média sont radicalement différentes. Comme la création passe souvent par un rajeunissement ou par la transgression des codes, elle utilise plus souvent les valeurs des *nesters* pour performer. Ce qui explique la perception plus immédiate des campagnes innovantes par les *nesters* que par les *managers*. Ceci en dehors de toute considération d'achat. On en revient toujours à la question essentielle : à qui souhaite-t-on s'adresser ?

Sur le plan de l'âge, les évolutions physiques et psychologiques modifient les besoins et, par conséquent, la perception des messages diffusés. Ainsi, les jeunes, de l'adolescence à la vingtaine, qui pratiquent plus régulièrement des activités sportives que les *managers*, sont-ils plus sensibles aux campagnes Nike ou Reebok. Les « quadras » s'intéresseront plus facilement aux campagnes pour des tenues plus habillées. Bien sûr l'influence générationnelle est importante, mais elle n'est pas la seule. Pour de nombreuses marques, elle agit davantage au niveau de l'exécution créative qu'au niveau de la vente du produit lui-même. Ainsi, Mars ou Coca restent-ils depuis des décennies des marques destinées aux moins de 25 ans, alors que leurs premiers acheteurs sont aujourd'hui passés chez les seniors. Les signatures ont changé ainsi que les consommateurs. Mais la cible demeure. Voilà typiquement un facteur qui influence la perception des messages. Face aux milliers de publicités qui envahissent l'univers quotidien, rien d'étonnant à ce que le cerveau enregistre d'abord les messages qui lui sont à peu près destinés. C'est le critère de préférence qui soutient le tri parmi les dizaines d'informations enregistrées. Dans notre étude, le très beau spot de la CNP, « la rue de la vie », sur la valse de Chostakovitch a été cité parmi les premiers par les *managers*, tandis qu'il n'apparaissait même pas dans le top 10 des *nesters*. Question de goûts ou de tri inconscient ?

➤ Le cas du baby marketing

Au plan du cycle de vie, la différence principale de perception se situe entre les gens qui ont des enfants et ceux qui n'en ont pas. Abordons le sujet du baby marketing, première étape d'un changement d'attitude qui aura des répercussions irrémédiables sur toutes les habitudes de consommation. Bertrand Tiburce, fondateur de l'agence BabyADgency et premier spécialiste marketing français de ce sujet, a mis en place un observatoire des jeunes familles (*nesters* principalement) et en a tiré un ensemble de conclusions opérationnelles. En voici les grandes lignes.

Il y a un peu plus de 2 100 naissances par jour en France, soit près de 800 000 par an. Chacune concerne directement un million et demi de parents et indirectement quatre à cinq millions de proches (grands-parents, parrains et marraines, etc.). Malgré le recul de la natalité, les naissances sont à l'origine d'un immense marché de consommation. Trois indices : quand un célibataire sans enfant dépense 100, un couple sans enfants dépense 190 et un couple après la naissance dépense jusqu'à 360. L'ensemble des achats liés au nouveau-né tourne autour de 3 milliards d'Euros. Aucun autre événement dans la vie n'occasionne une augmentation aussi brutale de la consommation. Les crédits à la consommation sont d'ailleurs près de doubler à cette occasion. En parallèle, de nouvelles responsabilités doivent être prises et les valeurs féminines prennent le pas sur les valeurs masculines. Une évolution qui favorise la stabilité et, d'une certaine manière, la sérénité. Les parents, comme les proches, deviennent aussi plus sensibles, plus critiques envers des produits et des campagnes qui leur sont proposées. Dévaloriser, avec humour ou inconsciemment, la grossesse, la naissance, les parents ou la famille est immédiatement sanctionné. Même réaction envers les marques qui ne respectent pas totalement la réglementation ou les indications des pédiatres. Car les parents, surtout la jeune mère, s'informent énormément et développent une prudence inattendue. Partout, dans toutes les sociétés et toutes les générations, les sentiments filiaux sont similaires. Le baby marketing est ainsi universel et transgénérationnel.

De toute évidence, la rupture provoquée par la naissance est annonciatrice d'un comportement durable. Avec la croissance des enfants, de plus en plus de secteurs échappent à l'influence des parents quoiqu'ils restent les acheteurs et, jusqu'à un certain point, les décideurs. Par exemple, même fortement indépendants, les adolescents accompagneront généralement papa et/ou maman en vacances jusqu'à 15 ans ou plus. Ce qui oblige à choisir la période, la durée et la destination du séjour en fonction de cette charge. La rigidité des congés scolaires réserve encore de belles années à Bison Futé.

Outre la question des enfants, il est évident que le démarrage dans la vie professionnelle, le premier appartement ou le (premier ?) divorce sont autant de ruptures de vie qui influencent la perception des campagnes. Les divorcés et les veufs sont instantanément crispés devant les images de familles unies, jusqu'au rejet instinctif. Qui les en blâmerait ? Nous avons pu nous-mêmes constater un rapport très clair entre la situation personnelle et l'impact des messages diffusés. Ils sont rares les annonceurs qui osent sortir des sentiers battus pour aborder directement ces segments supposés marginaux qui représentent pourtant la moitié des majors.

Les médias

Lorsqu'on pense segments et baby marketing, le premier vecteur qui vient à l'esprit pour les toucher, ce sont les médias ciblés ou le marketing direct. En ce qui concerne les majors, le premier choix est tout naturellement l'ensemble des supports spécifiques, destinés aux jeunes parents. La France en compte 36 en tout, sans oublier l'influence des gynécologues et obstétriciens, des sages-femmes, des maternités, des crèches, des pédiatres ou plus tard des écoles. Autant d'opportunités pour toucher la cible de façon ultra-sélective. Mais évidemment, cette liste ne concerne que les parents (et dans une moindre mesure les grands-parents), c'est-à-dire une partie seulement des 25-50 ans et uniquement sous l'angle intergénérationnel.

➤ Tous les médias classiques sont bons… et mauvais

En dehors de ce cas précis, la question des médias ciblés pose systématiquement problème. Les 25-50 ans sont considérés comme le grand public et constituent aussi la tranche « par défaut ». À peu près tout les concerne, sans réel discernement d'âge ou de préoccupations. A priori très sélectifs sur les femmes entre la vingtaine et la trentaine, les magazines féminins recrutent des lectrices de plus en plus âgées. Ce qui est d'ailleurs logique dans la mesure où ils ont été globalement développés sur des bases générationnelles, donc évolutives en termes d'âge. Il en va de même pour les magazines d'information ou les hebdos télé. Ne parlons même pas des quotidiens, avant tout lus par les seniors, malgré d'innombrables tentatives de rajeunissement. Conséquence : ces supports ont des coûts d'espace très élevés et des courbes de lectorat relativement plates. Idéal pour un marketing de masse, nettement moins pour un marketing ciblé.

La solution, pour les annonceurs qui veulent se concentrer sur les *nesters* ou les *managers*, consiste dès lors à jouer sur les affinités entre les contextes rédactionnels à l'intérieur de ces supports et leurs cœurs de cibles. Ou encore à opter pour des magazines en marge, moins prestigieux mais aussi proportionnellement moins chers, comme ceux consacrés à l'immobilier ou aux véhicules d'occasion. Ce qui n'est pas idéal bien sûr… Plusieurs supports, généralement récents, réussissent bien sûr un segment major particulier, jouant de nouveau l'affinité générationnelle, mais cette fois « post baby-boomers ». Par exemple *Technikart*, ou encore la nouvelle presse masculine, en plein essor depuis quelques années : *FHM*, *Men's Health*, *Entrevue*…

Les radios, par contre, réussissent bien dans la recherche d'une forte sélectivité et une faible déperdition budgétaire. À côté des grandes généralistes (Europe 1, France Inter, RTL et RMC, principalement), au public assez âgé, de nombreuses stations sont entièrement dédiées à des générations spécifiques, à commencer, évidemment, par les moins de 25 ans (Fun, NRJ, Skyrock…). Sur les majors, il y a au moins trois chaînes importantes : Nostalgie, Chérie FM et Europe 2. Elles attirent notamment beaucoup de *managers*. Il faut dire que les 25-50 ans sont les premiers à passer des heures dans leur voiture. Mais ici aussi la sélectivité est loin d'être parfaite. Probablement parce que les choix musicaux proposés sont très consensuels, à l'inverse de ce que font les stations destinées aux adolescents. La musique adoucit-elle les mœurs ? Ou devient-on un vieil auditeur dès l'âge de 25 ans ?

La radio reste bien un média idéal pour toucher les majors. Messages courts, rapides, directs, offres claires... Idéal, à condition de pouvoir garantir un niveau de fréquence élevé. Il faut donc jouer la répétition pour espérer que la personne visée ait pu entendre et, si possible, mémoriser le message. Surtout quand s'y ajoute un volet marketing direct, de plus en plus fréquent. Problème : les numéros de téléphone sont bien plus difficiles à faire passer, tout comme l'adresse d'un site web dont on ne sait jamais comment elle s'écrit. Heureusement, avec la généralisation du portable et des SMS (bientôt les MMS), des codes simplifiés peuvent être proposés, ce qui devrait de plus en plus favoriser la radio.

Le média le plus puissant et le plus utilisé pour communiquer vers les majors est forcément la télévision. Les investissements progressent d'ailleurs chaque année, malgré le nombre croissant de chaînes concurrentes. La cible est pourtant extrêmement chère, car pour être sûr de la toucher, il faut privilégier le « *prime time* », c'est-à-dire les heures de plus forte audience, comme 20 h 30. La déperdition est à ce moment particulièrement grande. Non seulement parce qu'à peu près tout le pays regarde TF1, France 2 ou France 3, mais aussi parce que l'allongement des écrans publicitaires jusqu'à l'overdose (il n'y a pas grand-chose d'autre avant 20 h 55 !) favorise un niveau de zapping inégalé. On estime qu'il peut atteindre 80 % de l'audience et l'analyse de l'audimétrie démontre que les 25-50 ans sont les premiers à s'impatienter devant la multiplication des spots. Les programmes les plus regardés visent le grand public dans son acception la plus large et tous proposent des tarifs dissuasifs pour la majorité des annonceurs. Quant aux chaînes plus ciblées, comme MCM, F5 ou Paris Première, leurs audiences sont majoritairement des juniors ou des seniors. Les majors sont les premiers abonnés de Canal + et du câble, donc ceux qui ont accès au plus grand nombre de programmes ; ce sont eux aussi qui consacrent le moins de temps à la télévision ; dans ce contexte, les coûts utiles deviennent carrément prohibitifs. Tout ceci explique probablement les alternatives envisagées, telles que l'insertion de publicités sur les vidéos et les DVD.

En fait, le paradoxe du paysage média tient au fait que tous les leaders se veulent généralistes, et donc calibrent leurs contenus sur les goûts d'une hypothétique cible familiale de plus en plus en plus fragmentée et de moins en moins existante. Les majors, en particulier les *nesters*, sont les moins bons consommateurs tant de télévision que de quotidiens, de magazines et même de cinéma. Reste l'affichage, à commencer par le 4 x 3, qui a l'avantage de jouer sur la mobilité du public. Évidemment, une personne que se rend tous les jours en voiture à son bureau passe devant des dizaines de panneaux, qu'elle voit plusieurs fois jusqu'à une possible mémorisation. Mais comment convaincre une population pressée, stressée et hautement éduquée de l'utilité de tel produit ou tel service via un message de quatre ou cinq mots à peine ? De plus, le chaos urbain est tel que la visibilité même des affiches chute.

➤ La montée inéluctable des médias électroniques

Du mailing au télémarketing, du point de vente à l'événementiel, les autres vecteurs de communication sont aussi d'un rapport coût-efficacité douteux sur les majors. Toujours pour la même raison : quand tout est fait pour eux, ils n'ont pas le temps et s'organisent sur d'autres priorités. Toucher l'ensemble des majors n'est plus abordable. Trop de concurrents, trop de tout et de n'importe quoi. Seuls les plus grands annonceurs peuvent encore s'imposer. Les autres se contenteront des miettes, ou il leur faut trouver des solutions alternatives, plus ciblées, plus rapides, plus efficaces. Peut-être est-il simplement temps de repenser le concept même de « généraliste » ?

Internet offre une première option. Les majors en sont les principaux utilisateurs. Parce qu'ils travaillent souvent sur ordinateur et bénéficient de plus en plus d'une connexion Internet. De plus, les *nesters* font partie d'une génération qui, si elle n'est pas « née avec un PC dans les mains », a en tout cas rapidement adopté l'informatique. Les plus âgés y viennent, mais plus lentement, et les plus jeunes l'emploient (quand ils en ont les moyens) de façon plus ludique et bien moins rentable pour les investisseurs. Malgré la crise du web, le nombre d'utilisateurs continue de progresser, plus rapidement que pour tout autre média et toute autre technologie. Et il y a encore de la marge, la France ne faisant pas partie du peloton de tête en la matière (à titre de comparaison, il y a deux fois plus de population connectée en Scandinavie ou aux Pays-Bas). Bien sûr Internet est une jungle en pleine déforestation, un labyrinthe périlleux pour un annonceur. Cependant, l'institutionnalisation du web est inéluctable. En fait, on pourrait comparer sa situation à celle de la télévision dans les années soixante. À l'époque, la plupart des spécialistes, Mac Luhan en tête, prédisaient qu'elle deviendrait le média absolu dans la décennie suivante, tandis que la majorité des professionnels du marketing la snobaient. Qui a finalement tiré son épingle du jeu ? Les grandes entreprises américaines qui avaient compris, bien avant leurs homologues européennes, que le succès d'une marque passerait forcément par le petit écran. Tous les annonceurs qui investissent aujourd'hui sur le web de façon stratégique, sans faire n'importe quoi et sans y aller juste « parce qu'il le faut bien », sont en train de prendre une sérieuse longueur d'avance. Ceci est particulièrement vrai dans l'optique d'une relation avec les majors, premiers consommateurs et meilleurs utilisateurs. *Nesters* ou *managers*, ils sont pressés, veulent des solutions financièrement avantageuses, très accessibles et si possible personnalisées. Quel autre média répond aussi bien à tous ces critères ? Aucun. Maintenant qu'il commence à être combiné avec d'autres (pensons notamment au succès de la plate-forme multimédia d'un Loft Story), le Net installe de façon irrémédiable une nouvelle culture de la consommation. Dans les prochaines années, on verra ainsi des spots TV jumelés avec des sites personnalisés, permettant à partir d'une simple touche de confirmer une commande, de profiter d'une offre, de s'inscrire pour un voyage, etc. L'instantanéité : voilà ce que demandent les majors et voilà ce que leur offre l'Internet.

N'oublions pas aussi l'e-mail, surtout dans un contexte professionnel. À condition de ne pas en abuser. Une réglementation devrait se mettre en place pour éviter les boîtes électroniques débordées en permanence par des offres publicitaires des quatre coins du monde. Et puis il y a aussi le SMS et le MMS, qui ne sont pas réservés aux adolescents, contrairement à ce que semblent croire la plupart des spécialistes marketing. Deux vecteurs de contact régulier idéal puisqu'ils touchent quasi instantanément à peu près tout le monde. Les possibilités de sous-segmentation sont pratiquement infinies, selon les informations stockées dans les bases de données marketing. Le SMS, le MMS, l'e-mail et le web combinés forment le noyau du marketing viral, abordé dans le chapitre consacré au junior marketing, sorte de turbo des campagnes, largement popularisé aux États-Unis et évidemment sous-employé chez nous. Bien que le viral soit encore peu en adéquation avec les besoins spécifiques des majors, qui ne prennent pas souvent le temps de relayer les messages reçus, gageons qu'il explosera très prochainement, grâce notamment aux nouveaux standards de la mobilophonie. Le Wap fut un échec et l'UMTS est toujours dans les cartons, mais les opérateurs et les fabricants mettent en place d'autres options, accessibles à tous, notamment le GPRS, qui permet déjà d'accéder au web, d'échanger des e-mails, etc. Un exemple concret : certaines entreprises envoient maintenant des codes-barres sur les écrans de portables qui peuvent être scannés tels quels dans tous les magasins équipés. Peut-on imaginer une action promotionnelle plus individualisée, immédiate dans ses effets, plus mesurable dans ses résultats ? De quoi ravir tous ces majors pressés, peu disponibles mentalement, qui ne demandent pas mieux que de disposer d'une communication simple, personnelle, qui arrive au bon moment et, surtout, qui va droit à l'essentiel. Qui sait si le multimédia, dans son acception étymologique, ne tuera pas à terme le *mass marketing* ? En offrant tous les outils de la segmentation… On y est presque.

Chapitre 4

Le senior marketing

Nous étions en réunion avec la direction générale d'une grande banque. Le département marketing avait déjà approuvé notre plan d'actions, preuves chiffrées à l'appui. Tout démontrait de façon évidente que les seniors étaient bien la cible clé pour les développements envisagés. Tardivement dans la discussion, la notion de « senior » fut rappelée comme s'agissant des gens de 50 ans et plus. Le directeur général, 56 ans, qui semblait approuver le raisonnement, se vexa immédiatement. Dans son esprit, quelles que soient les données, les images rassemblées, les exemples évocateurs, il ne pouvait être question d'être assimilé à un senior. En cinq minutes, le programme était mort. La banque se concentra sur un Xième rajeunissement de son image de marque. Un an plus tard, une autre institution financière, la racheta et lança avec succès le programme précédemment recommandé.

Une autre anecdote typique : le même blocage apparut après plusieurs mois d'efforts et d'investigations pour une grande multinationale alimentaire. La direction générale (on parle ici du niveau européen), dont tous les membres avaient bien sûr la cinquantaine, acceptait le programme à condition que l'on se concentre sur les retraités. Or le bon sens dictait de viser un peu plus jeune. Notre contact eut alors l'excellente idée de gommer le mot « senior » de son vocabulaire et de parler plutôt de *boomers*. Lors de la présentation suivante, un film évoquant la jeunesse de la cible, principalement les événements joyeux des années soixante, fut montré pour bien expliquer qui étaient ces *boomers*. Le projet fut cette fois accepté sans difficulté.

Comment se fait-il que des professionnels expérimentés, spécialistes reconnus du marketing, puissent être aussi réticents face au senior marketing ? Le problème viendrait-il du mot ? « Beurk… un senior ! » Mais alors quelle alternative utiliser ? « Mature » ? L'âge de la maturité citoyenne est fixé à 18 ans. Un peu jeune. « Troisième âge » ? Sauf qu'entre-temps, le quatrième âge s'est ajouté. Un dicton amusant dit d'ailleurs qu'il y a quatre âges dans la vie : celui où l'on croit au Père Noël, celui où l'on ne croit plus au Père Noël, celui où l'on est le Père Noël et celui où l'on ressemble au Père Noël. Si les seniors tels que nous les envisageons sont bien des représentants de ce troisième âge-là, tout va pour le mieux. Mais il est évident que les professionnels les situent plutôt dans le quatrième.

Il faut apprendre à appeler un chat un chat. Et un senior… un senior. C'est le terme le plus exact sur le plan étymologique ; et le terme sur lequel à peu près tout le monde s'accorde à coller une définition plus ou moins cohérente (encore une difficulté !)… Et puis, parce que, surtout, c'est le terme dans lequel les citoyens de plus de 50 ans se reconnaissent le mieux.

Ce qu'est un senior

À l'origine, « senior » faisait référence aux soldats les plus expérimentés des légions romaines. À la longue, le mot évolua différemment selon les pays. Simple Monsieur en espagnol et en italien, il devint Seigneur en français. Quant à l'anglais, il fut sans doute le plus fidèle à l'acception latine puisqu'il le maintint comme distinction de maturité et d'expertise. D'ailleurs, dans nos professions semblables aux armées mexicaines, il est mis à toutes les sauces : Account Executive Senior, Senior Brand Manager… Senior Vice-President ! Que de belles connotations…

Aujourd'hui, le mot « senior » désigne, majoritairement, la population de 50 ans et plus. Pourquoi si jeune ? Ce serait tellement rassurant de la jumeler au concept de retraite. Ou mieux encore, à la maison de repos (souvent rebaptisée « seigneurie » ou « seniorie »). On pourrait aussi demander : Pourquoi si âgé ? Après tout, les grands sportifs prennent leur retraite vers 30 ans.

Il y a à cela quelques raisons objectives :

- D'abord, pour les gens de marketing, 50 ans est l'âge de la mort du consommateur. Ne parle-t-on pas en effet, lorsqu'il s'agit de grand public, de « ménagère de moins de 50 ans ». Horrible expression machiste d'ailleurs, à laquelle les anglo-saxons préfèrent le très technique « *Principal responsible of purchase aged from 18 to 49* ».
- Ensuite, pour les divers experts de la population, il y a une succession d'événements importants qui interviennent à la cinquantaine et qui, clairement, changent la vie. À 49 ans en moyenne, les femmes deviennent grands-mères pour la première fois. Trois ans plus tard, en général, elles sont en pleine ménopause et leur époux s'entend dire qu'il est largement temps d'arrêter de fumer et de veiller à son alimentation. À 50 ans, les ménages finissent de rembourser leur emprunt de résidence principale et à 52 ans leurs derniers enfants quittent le « nid familial ». Quelques années plus tard, leurs propres parents décéderont. À une triste nouvelle succède souvent un héritage non négligeable (vers 57 ans, en moyenne).

Indépendamment de l'étrange vocable commercial, il est évident que tout pousse à considérer 50 ans comme un âge charnière. Celui qui est le plus commode à prendre comme point de départ pour une stratégie dite de « senior marketing ». Évidemment, il ne faut pas remplacer un dogmatisme par un autre. Chaque entreprise, chaque produit peut avoir son propre âge charnière. Ainsi, pour une limonade, on peut très bien devenir senior à 25 ans… Peu importe dans le fond, du moment que l'on comprend bien qu'il n'y a pas simplement une vie avant 50 ans et rien après. Pour notre part, nous en resterons à cet âge repère.

Ce que n'est pas un senior

Avec Senioragency, nous avons eu l'occasion d'animer des centaines de séminaires en entreprises. Jamais nous n'avons présenté les seniors comme un tout. Au contraire, nous insistons systématiquement sur la nécessité de mettre en place des critères de segmentation cohérents par rapport aux spécificités de l'entreprise. Il y a diverses options et elles seront présentées plus loin. Une chose est certaine : les seniors tels qu'on les représente dans la majorité des publicités n'existent pas ! Oui, il y a des gens de plus de 50 ans, qui sont systématiquement négligés par les politiques commerciales de l'immense majorité des entreprises, une population expérimentée, plus exigeante, globalement aisée financièrement et qui a souvent davantage de temps libre. Mais il n'y a pas un seul grand groupe de « vieux » qui s'endorment gentiment sur une chaise longue en sirotant une eau de Seltz.

Cela fait sourire, mais n'oublions pas, une fois de plus, que lorsqu'il est question d'âge, tous les a priori sont de mise. Il est étonnant de constater à quel point il y a une différence sur ce point précis entre le citoyen et le spécialiste marketing. Le premier voit très bien ses parents, jeunes retraités se balader en Provence à moto ; le deuxième ne se souvient plus que des films en noir et blanc, tels que « Les Vieux de la Vieille », qui le rassure en lui livrant une image faussée d'hypothétiques grands-parents. Celui-là s'est arrêté à la Mère Denis, quand le monde passait à Sean Connery et Catherine Deneuve.

Pourquoi autant de freins ?

- La vieillesse est l'anti-chambre de la mort. Regarder dans cette direction fait toujours peur, particulièrement dans la culture judéo-chrétienne. En outre, la plupart des décideurs en matière de marketing ou de publicité ont – largement – moins de cinquante ans, la vieillesse commence ainsi très tôt lorsqu'il s'agit de consommation ; puisque « la vieillesse, c'est toujours quinze ans au-delà de notre âge. ». Souvenez-vous de l'impression que vous faisaient les trentenaires quand vous étiez adolescents. Cette règle est universelle. S'il devait y avoir une barrière marquant le début de la vieillesse, elle serait de toute façon largement au-delà de 50 ans. Une étude internationale, menée auprès de gens de tout âge, l'avait fixée à 78 ans. L'influence de Tintin, « pour les jeunes de 7 à 77 ans » ?
- Après la mode et le sport, la publicité est probablement le métier où l'on est vieux le plus tôt. À 30 ans, un créatif est vite considéré comme *has been*. S'il ne devient pas vite directeur de création ou s'il ne se recycle pas rapidement dans le cinéma ou l'écriture de romans, il est fichu. Tout le monde n'est pas Séguéla ! Et si vous rencontrez dans une agence quelqu'un de plus de 40 ans, il est probable que ce soit le patron… ou un visiteur. Pas étonnant, dans un monde où le diktat de la jeunesse branchée (souvent parisienne) fait et défait les fortunes, que les seniors inspirent si peu d'intérêt.

- Il n'y a pas que les publicitaires qui soient responsables. Il y a aussi le poids d'un phénomène démographique qui continue, 35 ans après sa disparition, à nous hanter : le *baby-boom* ! Depuis 55 ans, la jeunesse mobilise toutes les énergies. Au début, c'était normal. Il fallait bien créer des crèches et des écoles, inventer des loisirs et des raisons de se plaindre. Seulement, à la longue, la volonté de création est devenue paralysie. Elle s'est muée en tyrannie du « toujours jeune » jusqu'à l'absurde. Et maintenant, « tout le monde se lève pour un bon lifting »...
- Le voici le grand terroriste de la pensée marketing : le spectre du rajeunissement ! « Tout ce que vous dites sur les seniors est très juste, et certainement valable dans pratiquement tous les cas. Sauf pour ma marque. Car vous comprenez, ma marque souffre de l'âge de sa clientèle. Ma marque doit recruter de jeunes consommateurs. Ma marque a besoin de vitalité. Ma marque s'affaiblit. Ma marque risque de disparaître... » Devant cet argument massue, la raison s'endort.

> Lors d'une présentation chez un grand producteur de confitures, cet argument fut utilisé pour expliquer que tous les efforts devaient rester concentrés sur l'acquisition de jeunes consommateurs. Le lendemain, nous devions donner une conférence dans une grande école. Quelques centaines d'étudiants étaient présents. À la question « qui mange de la confiture ? », pratiquement aucun bras ne s'est levé. Où sont donc passés les résultats des années d'efforts de rajeunissement ? Et s'il n'y avait simplement pas d'espoir parce que la nouvelle génération d'adolescents ne mangera jamais de confiture ? Et si dans le fond l'obsession du rajeunissement était une erreur stratégique ?

- Le marketing générationnel, comme on l'a vu précédemment, apporte une réponse claire : oui, il s'agit bien d'une erreur stratégique ! Considérer qu'une marque ne peut vivre à long terme qu'en acquérant des nouveaux consommateurs âgés de moins de trente ans, c'est ignorer à la fois la démographie, les cycles de vie et même la biologie humaine. Ce n'est pas parce qu'un adolescent ne mange pas de confiture qu'il n'en mangera jamais. De même, il n'achètera pas de véhicule familial avant la trentaine, n'appréciera pas les grands vins avant la quarantaine, ne verra pas la nécessité de lire un quotidien avant la cinquantaine, ne dégustera pas de mini-chocolats fourrés avant la soixantaine...

- Comme si cela ne suffisait pas, la tyrannie du jeunisme se complète d'une deuxième plaie, celle qui pousse à ringardiser la marque. Il est devenu automatique pour tous ces enfants du baby-boom (donc en âge d'être les décideurs) de penser qu'il y a conflit de générations et donc que les « jeunes » n'accepteront jamais l'idée que leurs aînés puissent – comble de l'horreur – consommer les mêmes produits qu'eux. Évidemment tout ceci est faux. Il y a bien longtemps que les enfants se sont confortablement installés dans le nid douillet que représente le logis familial (la fameuse génération kangourou), dans un rapport complice où maman et papa sont davantage des amis que de réels parents. Une recherche récente menée par Joël-Yves Le Bigot[1] montrait d'ailleurs très bien le fait que les jeunes adultes ne voient plus du tout d'un mauvais œil que leurs parents consomment les mêmes marques.

> « De plus en plus, les entreprises proposent des produits/services, ainsi que des campagnes de publicité pour les seniors (50-70 ans). Qu'en pensez-vous ? »[2]
>
> **36 %** « Je trouve que c'est normal que les marques s'intéressent aux seniors. »
>
> **27 %** « Je trouve que ces marques deviennent plus sympas en s'intéressant à toutes les générations. »
>
> **32 %** « Ça m'est égal, ça n'a pas d'importance pour moi. »
>
> 2 % « Je trouve que cela vieillit ainsi les marques. »

Pourquoi s'étonner ? Ne voit-on pas les mères emprunter les jeans de leurs filles ou les enfants réécouter les vieux Claude François de leurs parents ? Il n'y a aucune raison pour que la connivence ne fonctionne pas au niveau des marques courantes. À condition bien sûr d'exploiter correctement les codes de communication de chacun de ces groupes. Ce qui est malheureusement rarement le cas, surtout en matière de senior marketing.

1. IED.
2. Source : Institut de l'Enfant (France) juillet 1997, étude réalisée auprès de 400 jeunes adultes de 18 à 25 ans.

Le senior marketing est une évidence

Les jeunes, c'est le passé !

Encore aujourd'hui, les produits s'adressant aux seniors sont dits « de niche ». Drôle de niche qui ne contient pas moins du tiers de la population française et de toutes les populations des nations industrialisées. Quitte à pratiquer une analogie canine, il serait alors plus correct de parler de « chenil » ! Tout le monde sait qu'il y a davantage de gens de plus de 50 ans que de gens de moins de 20 ans. Notre société est en plein basculement et le vieillissement va encore s'accélérer dans les prochaines années. Avant 2040, les seniors européens représenteront la moitié de la population. Nous mériterons alors vraiment le surnom de « vieux continent ».

Tableau 4.1 – Poids des – 20 ans et des + 60 ans

	1962	2000	2010	2020
-20 ans	32 %	25,6 %	23,8 %	22,5 %
+ 60 ans	17 %	20,6 %	23,1 %	27,3 %

Source : Ined d'après l'Insee avec un taux de fécondité à 1,8.

➤ La combinaison de 3 phénomènes

Trois phénomènes bien connus expliquent ce basculement : l'allongement de l'espérance de vie, la chute de la natalité et l'arrivée en masse des baby-boomers à l'âge de 50 ans :

- Nous vivons en moyenne jusqu'à 75,6 ans pour les hommes et 82,8 ans pour les femmes, c'est-à-dire que nous avons gagné 30 années de vie depuis le début du XXe siècle, soit plus que pour tous les siècles précédents réunis. Et ce n'est probablement pas terminé. Nous gagnons encore chaque année trois mois à la naissance. La plupart des experts pensent d'ailleurs qu'une fille sur trois née aujourd'hui vivra centenaire. N'oublions pas en outre qu'il s'agit là d'espérance de vie à la naissance ! Qui intègre donc les accidents de parcours… Autrement dit, plus nous avançons en âge et plus nous avons de chance de vivre plus vieux. Ainsi, un homme qui a atteint 60 ans vivra généralement jusqu'à l'aube de ses 80 ans, ce qui lui garantit une vingtaine d'années de retraite. Où est la limite ? À ce jour, le meilleur repère est Jeanne Calment, décédée à 122 ans.

- À l'automne 2001, le magazine *Marianne* titrait sur la reprise de la natalité en Europe et notamment en France. Il est vrai qu'en deux ou trois ans, nous avons récupéré un peu de notre « vigueur procréatrice ». Mais dans tous les cas, de Dublin à Athènes et de Lisbonne à Helsinki, les chiffres de la natalité restent largement sous le seuil de *statu quo* de la population, soit 2,1 enfants par femme. Et aucune politique nataliste ou aucun facteur nouveau ne vient étayer la thèse d'une reprise plus forte dans les prochaines années. D'autant que les enfants apparaissent de plus en plus tard dans la vie (29 ans en moyenne en Europe), ce qui limite forcément la période de fécondité. Ainsi, à l'heure actuelle, il y a en France plus de décès que de naissances ;
- Le baby-boom est loin derrière nous, à tel point que ses premiers enfants ont aujourd'hui largement entamé la cinquantaine. Certains ont même déjà pris leur retraite. Comme il s'agit de générations qui ont pu éviter la guerre ou les grandes épidémies, tout en profitant les premières des progrès alimentaires, sanitaires, médicaux et sociaux, elles arrivent à peu près intactes à l'âge de 50 ans et engendrent le *papy-boom*. Un renversement inédit de la pyramide des âges, qui donne naissance à un nouveau senior toutes les 30 secondes.

Par la combinaison de ces trois phénomènes, l'augmentation du nombre de seniors est spectaculaire. On pourrait même parler d'un véritable raz de marée, sans précédent dans l'histoire de l'humanité. Réellement sans précédent ! Parce qu'autrefois, l'espérance de vie n'allait simplement pas jusqu'à 50 ans (45 ans en moyenne en 1900). C'est probablement une des raisons clés qui expliquent le manque de connaissance de la cible : nous manquons de recul. En fait, nous ne savons même pas ce qu'est réellement le vieillissement. Les seniors eux-mêmes sont les premiers étonnés d'arriver en bonne forme à la soixantaine. Et même le corps médical n'est pas prêt ! D'ailleurs, de toutes les spécialisations, la gériatrie est de loin la moins populaire. Une anecdote très révélatrice à ce sujet : dans une publication très sérieuse, un article s'inquiétait de l'augmentation du nombre de cancers du sein chez les femmes. Trou dans la couche d'ozone ? Pollution ? OGM ? De toutes les hypothèses, la plus évidente et la plus vraisemblable n'a jamais été envisagée. Il y a plus de cancers du sein aujourd'hui simplement parce qu'il y a une plus grande population de femmes en âge de le subir. Dans un tel contexte d'ignorance, comment s'étonner de l'aveuglement des professionnels du marketing et de la publicité ?

➤ Une santé florissante

L'idée même du vieillissement est désagréable, reconnaissons-le.

> « Mourir cela n'est rien, mais vieillir… Ah, vieillir ! » disait Jacques Brel.

Très tôt dans la vie, le corps se dégrade et, bien sûr, tous les organes sont concernés. Il est donc normal d'envisager les seniors comme physiquement diminués. Mais sur ce point particulier, davantage encore que sur les autres, les idées préconçues sont bien loin de la réalité. Heureusement pour nous tous, l'allongement de l'espérance de vie s'est accompagnée d'une importante amélioration de la santé. De sorte que les indicateurs des maladies essentiellement liées à l'âge pointent-ils presque tous vers le bas : cancer, infarctus, alzheimer, ostéoporose… On estime d'ailleurs généralement que sur les 28 années de vie gagnées depuis 1900, 18 l'ont été grâce aux progrès de la médecine.

Si le corps est programmé pour vivre environ 120 ans, il est probable que l'espérance de vie continue d'augmenter en même temps que la durée de relative bonne santé. Il ne sera donc plus étonnant de voir des octogénaires pratiquer un sport intensif, partir pour des voyages lointains ou encore s'occuper activement de leurs arrière-petits-enfants. Il y a d'ailleurs aujourd'hui déjà quelques exemples frappants. Pensons notamment à Compay Segundo, le guitariste-chanteur du Buenavista Social Club qui, à plus de 90 ans, continue ses tournées de concerts à travers le monde.

Évidemment, la majorité des progrès liés à la santé étant intervenus après la Seconde Guerre mondiale, nous manquons de recul pour juger. Les jeunes retraités se souviennent bien de leurs propres parents, fortement diminués au même âge. Un grand sujet d'étonnement pour eux, mais aussi pour les générations actives professionnellement, encore toutes imprégnées de l'image de leurs grands-parents nés avant guerre. Ce manque de recul a évidemment des conséquences ravageuses pour le senior marketing ! Lorsque le concept d'une retraite vécue pour l'essentiel en bonne santé sera banalisé, il est probable que les campagnes publicitaires dynamiques et positives à l'attention des seniors se multiplieront.

Attention tout de même à ne pas tomber dans l'excès d'optimisme. Même si la vie est vécue plus longtemps en bonne santé, nous ne sommes pas sur le point de devenir immortels ! Tôt ou tard, « l'intendance ne suit plus », pour reprendre une phrase du Général de Gaulle. À un âge avancé, il deviendra toujours nécessaire d'être suivi médicalement, de disposer d'une assistance pour l'entretien de sa résidence, voire de s'installer chez ses enfants ou dans une maison de retraite. Avec l'évolution démographique, les spécialistes de ce type de services auront encore de beaux jours devant eux. Simplement, ils constateront d'une part que l'âge de leurs clients est sans cesse plus élevé et d'autre part que leurs exigences en matière de qualité de vie sont de plus en plus importantes. Ce n'est pas pour rien que l'on voit fleurir les *sun cities*, villages pour seniors âgés où toute la logistique nécessaire est rassemblée, de façon confortable et sans entrave à la mobilité. Ces concepts, comme ceux de services à domicile (notamment via Internet !) devraient exploser dans les vingt prochaines années.

> « Selon le ministère de l'Emploi et de la Solidarité, 9 % des personnes âgées de plus de 80 ans et un tiers des personnes ayant atteint 90 ans sont confinés au lit ou au fauteuil, ou bien doivent impérativement se faire aider pour la toilette et l'habillage. En 1995, on estimait à 700 000 le nombre des personnes âgées de plus de 65 ans (soit 8 %) qui étaient lourdement dépendantes. En 2000, le député maire d'Orléans chiffre à 1,3 million le nombre de personnes âgées dépendantes dont environ 900 000 à 950 000 vivent chez elles. On estime que l'augmentation de 60 % prévue du nombre de personnes de plus de 60 ans entre 1990 et 2020 pourrait induire un doublement du nombre de cas d'Alzheimer au cours de cette période. »[1]

La bonne santé relative et leur capacité d'indépendance ont des conséquences tangibles sur l'activité des seniors. On a déjà vu qu'ils pratiquaient davantage de sports. Ils sont aussi de plus en plus nombreux à voyager, se cultiver[2], aider les autres[3], réapprendre un métier… Plus question de vivre une retraite pantouflarde !

1. *Vive le Papy Boom*, R. Rochefort, Ed. Odile Jacob, Paris, 2000.
2. Il y a plusieurs centaines de milliers d'inscrits dans les universités du troisième âge.
3. Près d'un retraité sur deux est impliqué dans la vie associative.

"It's where the money is !"

Le mythe de la petite dame qui vit chichement de sa maigre pension de veuve a la peau dure. Il est vrai qu'il garde malheureusement un fond de vérité. Parmi les couches les plus âgées de la population, rares sont les ménages où les deux conjoints étaient occupés professionnellement et qui avaient les moyens de se préparer un vrai plan d'épargne-retraite. Heureusement, dès l'après-guerre, l'évolution des mentalités a permis de changer rapidement la donne : assurances complémentaires, travail des femmes, accès à l'enseignement supérieur… Aujourd'hui, grâce à tout cela, la majorité des retraités est constituée de citoyens dont l'aisance financière est la meilleure. Est-ce étonnant ? Après tout, ils ont travaillé plus de quarante ans, se sont souvent serré la ceinture pour pouvoir rembourser leur emprunt hypothécaire[1] et assurer l'éducation de leurs enfants. Ils ont aussi payé des impôts, cotisé à la Sécu, etc. Si tous ces longs efforts n'aboutissaient pas à une quelconque amélioration de la situation matérielle, on pourrait se poser de sérieuses questions sur notre modèle de société…

Tableau 4.2 – Répartition du revenu disponible en fonction de l'âge

Âge	Revenu disponible par unité de consommateurs en pourcentage
- 26 ans	81,8
26 - 30	92,5
31 - 40	97
41 - 50	99,4
51 - 60	104,9
61 - 65	107,8
66 - 70	112,5
+ 70	103,8

Source : CERC et Insee.

1. 70% sont propriétaires !

➤ Pouvoir d'achat...

Comme le montre le tableau 4.2, les retraités bénéficient du revenu disponible le plus élevé. Ce n'est d'ailleurs qu'à partir de 50 ans que l'indice de revenu devient positif. Ce qui signifie que les plus jeunes, cible de tous les efforts marketing, ont moins, voire nettement moins, d'argent que leurs aînés. Un écart qui se creuse. En 2002, les seniors, c'est-à-dire un tiers de la population, détenaient la moitié du pouvoir d'achat des Français. En 2040, ils devraient en détenir les deux tiers. On peut regretter l'appauvrissement des jeunes, mais ignorer l'aisance des aînés ne modifiera pas cette réalité.

D'autre part, n'oublions pas que les seniors ont un comportement financier nettement plus sain que les jeunes. Ils sont non seulement moins endettés (17,5 % des plus de 65 contre 78,5 % des 35-44 ans), ce qui est normal vu l'augmentation de leurs revenus disponibles ; en outre leurs comptes courants sont bien plus rarement en négatif, et ils disposent de sérieuses réserves financières, investies en bourse, sur le marché de l'art, dans l'immobilier... Bref, ce sont globalement de bons payeurs. quel meilleur profil d'acheteur pourrait rêver une entreprise ?

Tableau 4.3 – Taux de détention d'actifs patrimoniaux

	Répartition des livrets	Ensemble des produits d'épargne	Ensemble d'emprunts logements	Obligations ou FCP	Sicav	Ensemble Actions
- 50 ans	51,2 %	84,2 %	45.5 %	2,7 %	6,6 %	10,3 %
50-59 ans	15,9 %	82 %	47,6 %	5,6 %	12,6 %	16,7 %
60-69 ans	13,4 %	81,7 %	38,4 %	7,2 %	14,6 %	16,4 %
70 et plus	19,5 %	85,2 %	26,3 %	9,6 %	16,4 %	14,4 %
Total des + de 50 ans	48,8 %	82,9 %	37,4 %	7,5 %	14,5 %	15,8 %

Source : *Le Marketing Book Seniors* – Secodip 2000.

➤ ... et consommation

Évidemment, l'aisance financière n'est pas une garantie de consommation. Nombreux sont encore les annonceurs qui pensent que les gens de plus de 50 ans conservent leur argent sur des comptes bancaires, voire sous leur matelas. L'idée la plus répandue est que si les charges diminuent effectivement avec l'âge, les dépenses font de même. Le senior type serait prévoyant. Hormis pour sa santé, il aurait irrémédiablement un profil d'avare et laisserait en contrepartie un bel héritage à ses descendants. Un consommateur âgé aurait peu de besoins ou d'envies et se satisferait perpétuellement du même produit, si possible le moins cher. Les faits sont bien sûr tout autres. L'aisance financière se traduit réellement par une volonté de se faire plaisir à tout âge en tant que consommateur. Avec la montée en puissance des générations d'après-guerre, nettement moins marquées par une époque de privations, les seniors deviennent les premiers clients d'un grand nombre de produits et de marques. Ainsi ils représentent les premiers acheteurs de véhicules privés, d'eaux minérales, de produits laitiers, de cosmétiques, de voyages de luxe, d'électroménager, de griffes… Les tableaux 4.4 et 4.5 montrent d'ailleurs de façon évidente que les seniors sont des consommateurs positifs et dynamiques.

Tableau 4.4 – Plus de 65 ans : achat par plaisir ou par nécessité ?

Achat par	Ensemble	Plus de 65 ans
Nécessité	33 %	34 %
Plaisir	9 %	15 %

Source : Credoc, France, janvier 1995.

Tableau 4.5 – Évolution de la sensibilité aux prix des 18-24 ans et des + 65 ans

Sensibilité au prix	1993	1994	1995	1996
18-24 ans	79 %	81,5 %	85,3 %	84,5 %
65 ans et plus	74,8 %	73 %	76,7 %	65,3 %
Sensibilité des jeunes au prix	+ 5,2 pts	+ 8,5 pts	+ 9,4 pts	+19,2 pts

Source : Credoc, France, 1998.

Quant au principe d'une consommation frileuse, il est totalement contredit par tous les chiffres et toutes les études. Évidemment, à

50 ans, bon nombre de biens d'équipement ont déjà été achetés. Évidemment avec les années les goûts se forgent et deviennent plus difficiles à modifier. Le bon sens indique que les seniors auront, quelle que soit leur situation financière, un comportement plus rationnel que les plus jeunes. Cela ne les empêche absolument pas de consommer. Avec davantage d'exigences et de discernement. Ce qui, en fait, est intéressant pour les sociétés qui décident de s'intéresser à eux.

« Je prends toujours le temps de réfléchir avant de me décider.[1] »

15-24 ans : 54 %

50-64 ans : 29 %

« Je suis prêt à acheter de nouveaux produits, à condition qu'ils soient utiles. »

50-59 ans : 58 %

60-74 ans : 64 %

75 ans et + : 81%

Les tableaux 4.4 et 4.5 montrent bien le côté rationnel des seniors, ils ne concluent absolument pas à une quelconque fidélité absolue, ni à une attitude conservatrice à outrance. S'ils sont certes un peu plus fidèles, expérience et habitude aidant, ils n'en sont pas moins ouverts au changement. Car leur fidélité a besoin de motifs sérieux. Selon une enquête publiée en 2002 par le magazine anglais *Saga*, 72 % des plus de 50 ans sont en permanence à la recherche de produits de qualité supérieure et 59 % sont toujours prêts à essayer de nouvelles marques.

> D'après une étude réalisée par Goldring & Co portant sur la consommation des plus de 50 ans pendant 12 mois : 45 ; % ont testé une nouvelle marque de céréales, 34 % une nouvelle marque de glace, 30 % une nouvelle marque de soupe, 30 % une nouvelle marque de soft drink, 22 % une nouvelle marque de jus de fruit surgelé.

Derrière chaque senior, il y a un acheteur pour autrui.

Nous avons déjà abordé la question du marketing intergénérationnel dans un chapitre précédent. Sans revenir en détail sur ses principes et sur son fonctionnement, rappelons tout de même que les jeunes seniors

1. Source : Démoscopie, 1999.

sont au centre des familles. Plus de 80 % d'entre eux sont parents et grands-parents. De même, près de 70 % ont encore des parents vivants. Au moment où ils ont enfin une certaine aisance financière, ils se retrouvent dans l'obligation (généralement acceptée de bonne grâce) de fournir une aide tangible, aux générations qui les entourent. Pas étonnant qu'on les globalise souvent sous l'appellation « génération sandwich » !

Les grands-parents sont en particulier sensibles à l'éducation et au confort de leurs petits-enfants. Ils consacrent ainsi jusqu'à un mois de revenu par an (plus de 3 milliards d'Euros) en cadeaux divers, plans d'épargne, achats scolaires... Notons par exemple que les seniors comptent pour plus de 30 % dans l'achat de jouets pour enfants, tous secteurs confondus. Outre l'aide matérielle, il faudrait aussi valoriser le temps consacré aux enfants et aux petits-enfants : garde, loisirs, éducation, administration... Contrairement à une idée reçue, la grande majorité des membres d'une même famille vivent dans des zones géographiques proches et se voient régulièrement. Les grands-parents peuvent donc assumer pleinement le rôle actif qu'ils souhaitent jouer. Selon l'Insee, 49 % des 68-92 ans aident financièrement leurs enfants et leurs petits-enfants.

> « En général, on constate que les trois quarts des aides reçues par les enfants ou petits enfants descendent les générations, c'est-à-dire qu'ils partent des parents et grands parents à destination des foyers d'enfants et petits-enfants. Les seniors jouent le rôle de donateurs. Avant 40 ans, le niveau de vie est amélioré de 7 % grâce à ces aides. Après 40 ans, il est diminué de 3 % (...) A 60 ans, un couple consacre 6 % de son revenu en moyenne à aider ses descendants tandis qu'à partir de 80 ans, ce taux atteint 12 %. »[1]

Toutes ces aides contribuent à faire des jeunes seniors le groupe le plus important en matière de consommation. On oublie toujours qu'ils sont acheteurs, décideurs ou du moins prescripteurs pour l'achat d'un grand nombre de produits dans le ménage. Parce qu'ils en ont les moyens, la crédibilité et, bientôt, le temps. Inutile de dire qu'avec l'arrivé des papy-boomers ce groupe sera encore plus influent. Dans les cinq prochaines années, il sera clairement devenu, démographiquement,

1. *Vive le papy-boom*, R. Rochefort, Paris, Odile Jacob, 2000, p. 203.

économiquement et culturellement, la première clientèle d'à peu près tous les produits et services existants.

Il n'y a pas que l'argent !

Lorsqu'on analyse les dépenses de marketing et de communication, on constate que moins de 10 % d'entre elles ont réellement pour cible les seniors. Pour le reste, soit elles sont consacrées aux jeunes, soit, au mieux, elles visent un pseudo grand-public (« la ménagère de moins de 50 ans ») auquel les seniors sont supposés se rattacher, par extension.

Certains diront que ce n'est pas plus mal de traiter nos aînés comme n'importe quel autre consommateur plus jeune, voire de les laisser en paix. Mais l'argument ne tient pas la route. D'abord, croire que les « rattacher » aux segments plus jeunes leur évite de se sentir enfermés dans un ghetto, c'est commettre une sérieuse erreur de jugement par rapport aux conséquences du vieillissement. Quelle que soit la génération d'appartenance, l'évolution physique et psychologique est constante. Les besoins et les goûts ne sont plus les mêmes à 60 ans ou à 20 ans. Sans oublier la succession des cycles de vie, qui impose des circonstances matérielles déterminantes dans tous les actes de consommation. Ensuite, considérer que la diffusion commerciale opère d'elle-même un tri qui finit par toucher autant les seniors que leur cible primaire, plus jeune, c'est largement surestimer la force de la publicité. Chaque jour nous sommes confrontés à des centaines de produits, d'affiches, de spots TV. Le tri est automatique, permanent et inconscient. Notre cerveau est bien forcé de choisir ce qu'il retiendra ou non. D'autant qu'il est évident que la publicité est une de nos moindres priorités, surtout si elle est en surnombre et si elle ne nous concerne pas directement. Enfin, ignorer une population aussi expérimentée que les seniors, c'est risquer de la voir se retourner tôt ou tard contre la marque. Pas nécessairement par esprit de revanche, mais plus souvent par simple lassitude ou parce que tel concurrent a eu l'intelligence de proposer mieux.

Négliger la population senior a donc des conséquences négatives sur les plans de marketing de nombreuses entreprises et fait peser sur plusieurs d'entre elles un vrai risque à long terme. Mais cette négligence est tout aussi problématique du côté des consommateurs : les produits et les services sont rarement adaptés à leurs besoins, de sorte qu'ils doivent en permanence chercher des palliatifs et sont rarement satisfaits de leur situation de consommateurs. N'avez-vous jamais entendu un senior de votre entourage se plaindre de tel magnétoscope inutilisable, de telle voiture inconfortable ou de telle posologie incompréhensible ? Et que vous disent-ils des campagnes publicitaires ? Ne sont-elles pas souvent choquantes, bizarres, voire idiotes ?

Tableau 4.6 – Ce que l'on attend de la publicité en fonction de l'âge

J'attends d'une campagne qu'elle :	25-34 ans	50-64 ans
soit claire, facile à comprendre	28 %	47 %
m'informe d'un produit nouveau	35 %	33 %
m'informe des caractéristiques produit	32 %	33 %
soit drôle	47 %	25 %
soit belle	21 %	22 %
soit créative	31 %	20 %

Source : Sofres.

Bien sûr la dictature boursière impose des résultats à court terme. Bien sûr, les décideurs des grandes multinationales ont de plus en plus une épée de Damoclès au-dessus de leur tête. Mais le refus cynique de se remettre en question et de regarder le vieillissement de la population en face est plus qu'une négligence économique. C'est une faute sociale. Tôt ou tard, cette faute devra être payée. N'oublions pas que nous faisons partie des futurs seniors. Nous serons 30 millions en France… Un jour, les laissés-pour-compte de la consommation, ce sera nous. Intégrer la problématique du vieillissement, travailler au confort de nos parents, permet donc à la fois de faciliter leur vie et de préparer notre propre avenir. Soyons égoïstes dans le bon sens. Ouvrons les yeux !

Une opportunité de « sur-pétition »

Heureusement, depuis que l'on parle du senior marketing, les choses ont eu le temps de s'améliorer. Cela a commencé aux États-Unis, avec le coup de pouce de l'American Association of Retired Persons qui, dans l'intérêt de son magazine (*Modern Maturity*[1]), avait développé des cours d'initiation pour la communauté marketing. On a ainsi vu apparaître dès les années quatre-vingt des packagings plus pratiques (Tylenol, Good Grip...), des produits technologiques adaptés aux plus âgés (les téléphones d'AT & T, la caméra vidéo avec écran-viseur de Sharp...) et même des campagnes publicitaires ciblées, de la part des grands emblèmes de la jeunesse (Mac Donald's, Nike, Coca-Cola, Kellogg's...).

L'Europe, comme souvent quand il s'agit de pragmatisme commercial, a mis longtemps à s'adapter. Mais dans les années quatre-vingt-dix plusieurs annonceurs, qui jusque-là se contentaient au mieux d'une timide apparition dans des supports ciblés, ont commencé à repenser leur stratégie en profondeur. C'est ainsi qu'en Grande-Bretagne, par exemple, Ford a étudié de près la morphologie des gens âgés pour concevoir la Focus. En Allemagne, un des premiers grands déclics est venu de Beiersdorf, avec le lancement de la gamme Nivea Vital, dont l'icône était, comble de l'horreur pour un cosmétique, une femme de 53 ans. Plus près de nous, il y a par exemple la RATP qui a fait un gros effort sur l'accessibilité et la sécurité ; Avis, qui a créé une Carte Senior ; Bongrain, qui a lancé Fine Bouche, un fromage gourmand allégé...

Ces initiatives restent peu nombreuses. Mais dans tous les cas, on constate au moins une prise de conscience. Il y a 5 ans, le senior marketing se cantonnait aux produits pour malentendants ou incontinents, aux assurances dépendance et aux conventions obsèques. Pour les entreprises « généralistes », les raisons mêmes de s'intéresser aux seniors étaient au cœur des débats ; aujourd'hui, ce sont plutôt les moyens à mettre en œuvre pour les convaincre. Il reste, ceci dit, un sérieux chemin pour passer de la compréhension à la mise en pratique !

Les directions générales commandent de fait des études, des réflexions et des propositions d'actions. Hélas ! Rares sont les entreprises qui en tirent vraiment profit. Combien de *task-forces* n'avons-nous pas animé ces dernières années, à grands frais, sans que rien de concret n'en ressorte ? Comme si le sujet n'existait que par pure curiosité intellectuelle, ou comme s'il était complexe au point de mériter des années

1. Tirage de 22,6 millions d'exemplaires.

de recherches tous azimuts. Pourtant, au pays des aveugles, les borgnes sont rois. Il nous semble donc évident qu'une mise en pratique, même imparfaite, de données qui ne font souvent que confirmer le bon sens, serait déjà un grand pas en avant. D'autant que les seniors ont tellement pris l'habitude d'être négligés qu'ils en deviennent bien plus indulgents qu'on ne le pense. « Ah ! enfin une entreprise qui pense à moi... » est une phrase qui revient régulièrement dans les enquêtes qualitatives que nous menons pour le compte de sociétés qui ont décidé de se lancer.

C'est cette obsession à avancer lentement qui offre le plus d'opportunités aux décideurs incisifs. Leurs concurrents en sont encore à timidement publier une annonce « grand public » dans *Notre Temps* et *Pleine Vie*, éventuellement écrite dans une typographie un peu plus grande. Pourquoi ne pas en profiter pour occuper la place laissée vacante ? Et ainsi devenir le premier sur la cible, position imprenable ne l'oublions pas. Que ce soient Nivea ou Avis, la RATP ou Ford, toutes les entreprises qui ont développé des produits, des services ou des stratégies marketing réellement dédiées aux seniors ont pu construire des succès commerciaux importants. Ce sont ces entreprises qu'il faut prendre comme modèle. Pas celles qui en sont restées aux schémas de pensée des années quatre-vingt.

Un exemple intéressant à citer ici : Axa Belgique, qui a décidé de prendre le leadership sur la question fondamentale du financement privé des retraites. Pour cela, la compagnie a rassemblé tous ses produits de capitalisation et de rente sous un concept unique nommé *Happy Life*, destiné à proposer des plans financiers globaux et personnalisables. Pour garantir un réel contenu à son discours publicitaire, la compagnie a pris la peine de former sa force de vente et de lui offrir de nouveaux outils de simulation. En outre, comme le nom *Happy Life* le suggère, Axa a décidé de positionner le concept en « champion de la qualité de vie », ce qui était une première dans ce domaine. Enfin, pour garantir une efficacité optimale, Axa a segmenté ses campagnes selon qu'elles s'adressent aux jeunes seniors, pas encore retraités, ou aux seniors plus âgés, généralement retraités. Inutile de préciser que *Happy Life* a d'emblée rencontré un immense succès. Il a d'ailleurs reçu diverses récompenses, dont celle de concept financier le plus innovateur de l'année 2000. Entretemps, le chiffre d'affaires d'Axa Belgique, sur ses produits financiers, a explosé ! Une coïncidence ?

Comprendre les seniors

Une population hétérogène

Pour réussir un programme de senior marketing efficace, il est d'abord nécessaire de comprendre que la population senior proprement dite n'existe pas. Les plus de 50 représentent en effet un groupe bien trop nombreux et diversifié pour pouvoir le résumer à un stéréotype. Sans aller jusqu'au *one-to-one*, idéal lointain du marketing, il faut donc au moins poursuivre la logique de segmentation, déjà longuement détaillée dans les autres chapitres. L'approche générationnelle est une des options. Elle offre l'avantage du dynamisme et de la compréhension socio-culturelle. Nous pourrions donc parler maintenant des générations « mai 1968 » (née entre 1945 et 1955), « Algérie » (née entre 1935 et 1945), « libération » (née entre 1925 et 1935), « Krach » (née entre 1915 et 1925), « Années folles » (née entre 1905 et 1915) et « Verdun » (née entre 1895 et 1905). C'est d'ailleurs une vision des choses que de notre côté, nous soutenons de plus en plus, notamment comme facteur explicatif de la différence de comportement entre les nouveaux seniors et leurs aînés.

Mais il y a de nombreuses autres façons de segmenter et chacune a ses mérites : âge, santé, activité, temps disponible, classe sociale... Aucune n'est bien sûr parfaite et chacune peut servir à enrichir les autres. Pour notre part, nous optons généralement pour l'âge comme base de segmentation. Il s'agit bien d'une approche artificielle des choses, mais elle offre quelques avantages non négligeables :

- **la simplicité**. Tout le monde comprend son principe et son contenu. Ce qui n'est déjà pas mal sur un sujet aussi méconnu que celui des seniors. Combien de méthodes de segmentation plus justes et plus originales n'ont-elles pas rencontré le succès mérité parce qu'elles n'étaient pas comprises ;
- **l'applicabilité.** L'âge est une notion que l'on retrouve au cœur de presque toutes les études de marché et tous les outils de planification. Il est donc compatible, par exemple avec les outils médias, ce qui est fondamental ;
- **l'universalité**. L'âge est une variable dont l'impact est similaire et relativement objectif, quel que soit le secteur ou le pays concerné. Il

participe de façon déterminante aux cycles de vie et même aux générations. C'est donc une méthode de segmentation approximative, mais moins partielle et souvent plus objective que la plupart de ses alternatives,

- **la durabilité**. La génération est un concept séduisant et très dynamique. Mais, parce que les générations sont en mouvement, il est impossible de les gérer de façon stable à travers le temps. Ainsi, une personne de 50 ans d'aujourd'hui est extrêmement différente sur le plan générationnel d'une autre personne du même âge il y a 20 ans ;
- **l'efficacité**. La segmentation par âges est appliquée depuis des années dans de nombreux programmes commerciaux. Alors que les autres méthodes se succédaient et se remettaient en question, l'âge continuait à s'imposer à peu près partout. Faut-il donc réellement vouloir réinventer la roue ?

Pour Senioragency, nous avons créé et nommé quatre segments d'âge. Ceux-ci sont exploités de façon profitable depuis plus de huit ans et il est probable qu'ils demeurent inchangés quelques années encore. Soit :

- les masters (personnes âgées de 50 à 59 ans), population évaluée à 7 047 672 ;
- les libérés (personnes âgées de 60 à 74 ans), population évaluée à 7 929 186 ;
- les paisibles (personnes âgées de 75 à 84 ans), population évaluée à 3 284 421 ;
- les grands Aînés (personnes âgées de 85 ans et plus), population évaluée à 1 422 671.

Tableau 4.7 – Exemples de masters

Jean-Jacques Goldman	52 ans
Phil Collins	52 ans
Richard Gere	54 ans
Michel Sardou	56 ans
Pascal Sevran	57 ans
Eric Clapton	58 ans
Alain Souchon	59 ans

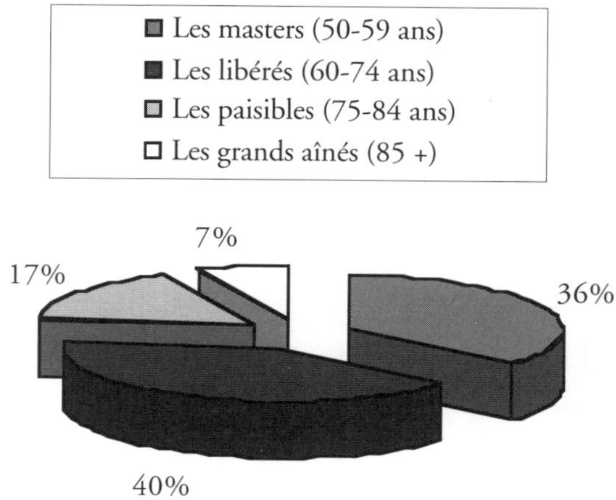

Source : Insee, 2000.

Figure 4.1 – Segmentation de la population senior

Les masters, selon notre terminologie, sont des gens qui se situent entre 50 et 59 ans. Ils sont 7 047 672 en France et leur segment est en rapide croissance. Aujourd'hui, pour plus de la moitié, ils sont des enfants du baby-boom, représentants de la génération « mai 1968 ». La majorité d'entre eux travaille encore, bien que notre pays soit l'un de ceux où le taux d'activité des 50-60 ans soit le plus faible (28,9 % en 2000). Les jeunes seniors français considèrent d'ailleurs 58 ans comme l'âge idéal pour prendre sa retraite. Tout en n'étant pas aveugles, ils savent très bien que le vieillissement de la population imposera au contraire un recul de l'âge légal. Ainsi, en Suède, pays pourtant considéré comme modèle social, il est déjà passé de 65 à 68 ans pour les hommes.

Ayant franchi le cap fatidique de la cinquantaine, ils n'ont donc plus, sauf cas exceptionnel, d'enfants à charge ni de maison à rembourser. Bien que leur corps ne les suive plus aussi facilement que dans leur jeunesse, ils sont en pleine forme et découvrent une nouvelle plénitude. Ils peuvent enfin s'offrir ces choses dont ils rêvaient quelques années auparavant et qui leur paraissaient hors de portée. Comme ils ont déjà à peu près tout le nécessaire, ils peuvent se permettre le superflu. Pas étonnant qu'ils soient les principaux acheteurs de produits de luxe :

cosmétiques, grands vins, électronique de haut niveau, meubles et accessoires design, vêtements « griffés », voitures ultra-équipées… Attention, ceci dit à ne pas les caricaturer. Les *masters* ne sont pas tous riches et dépensiers. Loin de là ! Mais dans chaque catégorie sociale, ils se sentent plus à l'aise qu'auparavant, moins stressés et davantage tournés vers la recherche d'un plaisir immédiat. En outre, comme ils deviennent ce pivot familial sur lequel les autres comptent, ils prennent une nouvelle dimension, à la fois hédoniste et responsable.

Tableau 4.8 – Équipement des 50 ans et plus

	Ensemble de population	Ensemble des plus de 50	50-59 ans	60-69 ans	Plus de 70 ans
Lave-vaisselle	40 %	41 %	55 %	41 %	22 %
TV couleur	95 %	97 %	97 %	98 %	97 %
Magnétoscope	72 %	59 %	78 %	59 %	37 %
Congélateur	57 %	62 %	68 %	65 %	51 %
Four à micro-ondes	59 %	50 %	64 %	52 %	31 %
Ordinateur	21 %	12 %	24 %	8 %	1 %

Source : Credoc Enquête « Conditions de vie et aspirations des Français », 1998.

En même temps, parce qu'ils ont eu le temps de profiter de la vie et d'accumuler les expériences, les *masters* se sentent souvent blasés. Si l'on devait leur attribuer un syndrome, ce serait celui du manque d'inédit. « Ce ne sera plus jamais la première fois » est une phrase appropriée pour les jeunes seniors, celle qui conditionne le plus leur perception de la qualité de vie. Ils sont ainsi nettement moins conservateurs qu'on ne le pense généralement, simplement parce qu'ils ont – existentiellement – besoin de nouveauté. Un tri s'impose naturellement parmi tous les produits qui pourront améliorer leur qualité de vie, car ils sont déjà bien équipés.

Par ailleurs, la cinquantaine est aussi un cap difficile à plusieurs égards. Tout d'abord, il y a le syndrome du nid vide. Se retrouver en couple, lorsqu'on a été pris par l'éducation des enfants et peut-être par la nécessité de se construire une carrière, est souvent un choc brutal. Puis, il y a l'imminence de la retraite. Jusque-là, on n'y pensait guère. Ce n'était qu'une hypothèse théorique, maintenant c'est une certitude. À 50 ans, la majorité des gens font le bilan de leur épargne et de leurs charges, essayent de prédire les revenus sur lesquels ils pourront compter dans une dizaine d'années. Généralement, ils se rendent compte qu'il va encore falloir être un peu « fourmi », au moment où ils espéraient enfin pouvoir devenir totalement cigales. Enfin, il y a la santé. Les femmes arrivent à la ménopause ; les hommes s'entendent dire qu'il est grand temps de manger moins gras ou d'arrêter de fumer. L'armoire à pharmacie commence à s'étoffer et l'alimentation change.

À ces chocs s'ajoutent encore ceux causés par la publicité, subitement moins adaptée et plus pessimiste. Un client nous racontait un jour que 50 ans avait été son plus mauvais anniversaire. Pas tellement par le poids de la symbolique, mais plutôt à cause des mailings qu'il avait reçus dans les jours suivants : assurances dépendance, conventions obsèques, magazines du troisième âge… Tout lui confirmait qu'il était devenu senior et, ce qui est bien dans la culture publicitaire, que ce ne serait pas une partie de plaisir.

Évidemment, un tel discours fonctionne de moins en moins bien avec les masters. La nouvelle génération se sent encore beaucoup plus jeune que la précédente et n'a pas du tout envie de se voir rappeler son âge. Bien sûr la retraite se rapproche ; bien sûr la santé devient un capital précieux à protéger coûte que coûte. Mais les ambitions restent nombreuses et chacun souhaite rester mentalement jeune encore de nombreuses années. On voit ainsi se radicaliser les comportements alimentaires, de plus en plus innovants parmi les masters. En parallèle, les médecines préventives, généralement douces, explosent, de même que les cosmétiques anti-vieillissement, voire la chirurgie esthétique. Chose impensable il y a dix ans, les crèmes pour les peaux masculines matures prolifèrent et engendrent des succès commerciaux inédits. Ces *masters*-là sont seniors parce qu'ils ont l'âge de leurs artères, mais ils comptent bien vieillir autrement que leurs parents. *There is no age for rock'n roll !*

➤ Les libérés

Tableau 4.9 – Exemples de libérés

Robert de Niro	60 ans
Catherine Deneuve	60 ans
Michel Fugain	61 ans
Harrison Ford	61 ans
Tina Turner	65 ans
Claude Lelouch	66 ans
François Pinault	67 ans
Alain Delon	68 ans
Michèle Cotta	68 ans
Luciano Pavarotti	68 ans
Philippe Noiret	72 ans
Annie Girardot	72 ans
Jean Rochefort	73 ans

Ils avaient déjà les moyens, dorénavant ils ont aussi le temps. Finis le stress du travail, les embouteillages, les files aux caisses… À 60 ans, l'immense majorité des femmes et plus des deux tiers des hommes ont pris leur retraite. Ils sont 7 929 186 en France (un peu plus de femmes que d'hommes), ont entre 60 et 74 ans et se sentent encore et toujours en bonne forme. Désormais, rien ne s'oppose plus à ce qu'ils consacrent tout le temps qu'ils souhaitent à ce qui leur tient à cœur : hobbies, voyages, petits-enfants, spectacles, voire à une deuxième carrière, comme cet homme d'affaires français qui, à peine retraité, a pris le contrôle d'une chaîne d'hôtels en Asie, ou comme cet autre, qui a créé une société de logiciels à plus de 70 ans.

Nés juste avant la guerre, les libérés d'aujourd'hui, représentants de la génération « Algérie » et de la génération « Libération », comprennent parfaitement la chance qu'ils ont eue de vivre les « Trente Glorieuses ». Ils ont davantage de revenus disponibles que par le passé, c'est vrai, mais ils connaissent la valeur de l'argent. Ils se souviennent très bien, soit directement, soit à travers les récits de leurs parents, que la vie n'est pas toujours confortable. On les taxe de conservateurs alors qu'ils sont simplement prudents. Ce n'est pas tant qu'ils soient allergiques à la nouveauté ou au changement. Ils demandent simplement à en être convaincus.

Leur respect pour les institutions étant supérieur à celui des classes d'âge plus jeunes, cela se traduit tout naturellement, en matière de consommation, par une préférence pour les grandes marques anciennes, connues et réputées (« de père en fils », « depuis 1732 »...). Ce sont les plus grands « adorateurs » de la notion de marque (et les plus faibles acheteurs de marques distributeurs, très logiquement).

La « réussite » est pour eux synonyme de possession de biens matériels (immobilier ou équipement de qualité). Il faut dire qu'ils ont pleinement profité des progrès domestiques apportés par une démocratisation spectaculaire des biens d'équipements venus soulager des mères de famille souvent nombreuses. Le tableau 4.10 sur la possession d'équipements du foyer en témoigne :

Tableau 4.10 – Équipement des libérés

En pourcentage	1950	1960	1965	1970	1975	1980
Automobile	15	30	48	58	64	69
Lave-linge	8	24	41	57	72	80
Lave-vaisselle	-	-	-	2	8	17
Réfrigérateur	5	26	59	80	90	95
TV	1	13	46	70	84	90
Téléphone	6	8	12	15	30	66

Source : BIPE.

Aujourd'hui, les libérés constituent le groupe le plus aisé sur le plan du revenu disponible. C'est aussi celui qui, comme on l'a vu, consomme avec le plus de plaisir. Majoritairement en couples, ils savent que rien n'est éternel. Le syndrome qui les distingue le mieux des masters est celui-là. Alors que leurs cadets pensent que « ce ne sera plus jamais la première fois », eux se disent que « ça pourrait être la dernière fois ». Dans cinq ans, dix ans, quinze ans peut-être, leur santé déclinera et ils ne pourront plus profiter activement de leur retraite. Les femmes en particulier, ont conscience de la probabilité d'une période de veuvage programmée (11 ans en moyenne). Cette prise de conscience de la mort contribue à faire bouger les libérés. Finie l'époque où on ne les voyait que dans les rues de leur quartier. Maintenant, ils sont dans les gares et les aéroports, dans les galeries commerçantes et les boutiques. Ainsi, 80 % des croisières sont vendues à des retraités.

Pourtant, le premier constat que font les décideurs, lorsqu'ils pensent aux plus de 60, ce n'est pas ce nouveau dynamisme, mais bien la lenteur excessive de toutes leurs décisions. Ce problème est tout à fait exact et a pu être vérifié dans tous les secteurs d'activités pour lesquels nous avons développé des campagnes. Telle cette banque qui récupérait des coupons de demande d'information plus de deux ans après leur distribution. Difficile évidemment pour les responsables marketing d'attendre une éternité pour savoir si leurs actions auprès de la cible ont été couronnées de succès. Et comme nous vivons dans un monde pressé, faute de résultats rapides, la majorité d'entre eux conclue à l'échec. Ou se contentent de ne rien faire. Malheureusement pour eux, pour les forces de vente et pour les *call-centers*, la lenteur des seniors ne disparaîtra pas avec l'arrivée à l'âge de la retraite de la génération du papy-boom. À travers nos études, nous avons pu vérifier qu'elle dépend essentiellement de trois facteurs universels et durables.

- **Le rapport temps/risques**. En fait, ce ne sont pas les retraités qui sont lents à se décider, mais bien nous, les actifs, qui sommes rapides. Comme nous disposons de très peu de temps en dehors de notre carrière, notre famille, notre sommeil et nos loisirs, nous sommes obligés d'accepter les conséquences d'une consommation risquée, qui nous entraîne souvent à commettre des erreurs. Parfois même au niveau d'achats très importants comme par exemple une résidence ou un véhicule. Il est évident que si nous disposions également du temps nécessaire pour choisir, nous adopterions également un comportement plus prudent. Surtout si entre-temps nous avons pu accumuler l'expérience nécessaire pour éviter les erreurs.
- **Le rapport revenus/ambitions**. Même si la retraite est vécue majoritairement dans l'aisance financière, il est évident que les seniors ne deviennent pas Crésus pour autant. De sorte que pour une immense majorité, ils sont obligés encore et toujours de revoir un grand nombre d'ambitions à la baisse. Cette frustration est particulièrement visible chez les seniors dans la mesure où la gestion du patri-

moine familial est devenue une de leurs principales responsabilités, mais elle est bien sûr vécue quotidiennement à tout âge.

- **Le rapport nécessité/agrément.** Les diverses étapes de la vie fournissent autant d'occasion de s'équiper. Après la cinquantaine, l'essentiel des ménages dispose de l'ensemble des biens dont ils ont réellement besoin. Ils peuvent donc d'une part consacrer une partie de leur budget à acheter des produits vitaux (alimentation, habillement, hygiène et santé) de meilleure qualité, et une autre à améliorer la qualité de l'équipement dont ils disposent déjà. Ceci correspond bien à une modification du comportement de consommation, laquelle implique un accroissement de l'exigence. En bref, tout consommateur à la recherche d'une qualité supérieure considérera qu'il est tout à fait justifié de prendre davantage de temps pour comparer… et pour se faire mieux servir !

Compte tenu de l'évolution démographique, et donc de l'explosion du nombre de retraités dans les prochaines années, toutes les entreprises seront bien obligées de s'adapter à une consommation plus lente, plus prudente, mieux réfléchie et moins impulsive. Un sérieux challenge, quand on pense que la vitesse est un des piliers de ce début de millénaire !

Corollaire de leur temps disponible et de leur exigence accrue, les retraités se *shootent* à l'information. Non seulement dans leur recherche de nouveaux produits et services, mais aussi, ce qui est bien plus confortable pour les publicitaires, dans leur vie citoyenne. Toutes les études médias démontrent d'ailleurs sans ambiguïté qu'ils sont les premiers consommateurs de quotidiens et de télévision, tout en faisant partie du peloton de tête pour les magazines, les radios et les mailings adressés. Il est donc très facile de les toucher et souvent très économique. Qu'on songe par exemple aux heures creuses en télévision, en particulier en journée, ou à des magazines ultra-sélectifs tels que *Notre Temps* ou *Pleine Vie*. Et bientôt s'ajoutera à la série Internet, qui est en pleine explosion sur les jeunes seniors. Il est vrai que ce média est, si l'on veut bien sortir du jeunisme dogmatique, idéal pour les retraités. Le succès du portail seniorplanet.fr confirme d'ailleurs l'engouement des seniors. Avec 400 000 visiteurs mensuels acquis en moins de deux ans et une durée moyenne de visite de 11 minutes, il se place d'emblée au même niveau que certains des meilleurs sites destinés aux jeunes, pourtant considérés comme la cible naturelle du Net.

➤ Les paisibles

Tableau 4.11 – Exemples de paisibles

Paul Newman	76 ans
Charles Aznavour	78 ans
Tony Curtis	78 ans
Georges Bush	79 ans
Charles Bronson	82 ans
Jean-Paul II	83 ans

Les paisibles ont entre 75 et 84 ans et sont tous retraités (moins de 1 % d'actifs). Pour beaucoup d'entre eux, c'est le début de la vieillesse. Ils sont 3 284 421 en France, mais leur nombre va rapidement augmenter dans les prochaines années. Particulièrement au niveau des femmes, dont l'espérance de vie moyenne dépasse 80 ans. À partir de 2020, ils formeront un groupe suffisamment important pour s'imposer au marketing. Pour l'instant, ils n'intéressent encore que les entreprises spécialisées, comme les maisons de repos, les fabricants d'appareils auditifs ou les constructeurs de chaises électriques pour escaliers. Il est vrai que 75 ans est un âge charnière, autour duquel le corps commence à sérieusement se dégrader. La santé est dès lors une préoccupation centrale. Il ne s'agit plus de se protéger contre les effets de l'âge, mais bien de les combattre au quotidien. De nombreux gestes de la vie deviennent de plus en plus difficiles et comme le monde n'a pas été pensé pour eux, l'activité des paisibles et leur mobilité s'en trouvent considérablement réduites. Selon l'Ifop, les activités devenues plus difficiles avec l'âge (plus de 60 ans) sont : monter ou descendre un escalier, coudre ou enfiler une aiguille, attraper les objets placés en hauteur, suivre une conversation à plusieurs, lire les prix des étiquettes et rapporter les courses à la maison.

D'autre part, les paisibles d'aujourd'hui sont des enfants de la guerre. Nés dans les années vingt, ils ont connu une jeunesse faite de privations et d'angoisses, qui les a marqués à vie. Ils font aussi partie d'une génération moins favorisée et au sein de laquelle peu de femmes ont eu la chance de faire une vraie carrière. Naturellement, leur patrimoine est nettement plus faible que celui des plus jeunes. Bon nombre de veuves ne disposent d'ailleurs que d'une pension de reversion, largement inférieure à 1 000 Euros par mois. Leur consommation, qui a toujours été prudente, se réduit progressivement pour se concentrer sur l'essentiel. Majoritairement, les paisibles ont peu d'aspirations et considèrent qu'ils ont déjà accompli tout ce qu'ils souhaitaient ou tout ce qui était à leur portée. Ils ont pleinement conscience de la mort et même lorsqu'ils sont encore en bonne santé, ils privilégient surtout les projets à court terme. Mis à part leur propre santé, leur principale préoccupation pour l'avenir concerne le conjoint, les enfants et les petits-enfants.

Ceci dit, il faut rappeler que les paisibles sont une première dans l'histoire de l'humanité. Il n'y a en fait aucun recul pour appréhender la vieillesse dans la mesure où elle n'a jamais existé à grande échelle. Ainsi, sans le vouloir, ils constituent à la fois l'arrière-garde mal gérée d'un monde disparu et l'avant-garde du monde de demain. Par cela, et aussi parce qu'ils sont les parents des jeunes seniors, ce groupe dont nous avons vu qu'il était le plus influent de tous, les paisibles devraient en fait intéresser bien plus d'entreprises. D'autre part, il faut noter que les limites de la vieillesse sont sans cesse repoussées et qu'il y a de plus en plus de personnes de 70 à 80 ans qui ont un comportement similaire à celui des libérés. Il serait donc peut-être utile de ne plus fixer d'âge butoir aux programmes commerciaux, à l'inverse par exemple de ce que font les compagnies d'assurances en refusant le recrutement de nouveaux conducteurs à partir de 75 ans. Enfin, il faut signaler que nous souhaitons tous bien vieillir et que les Paisibles en bonne forme constituent de réels modèles pour les générations plus jeunes. Encore une bonne raison de réfléchir à la façon de les intégrer dans les plans marketing et dans la communication, comme l'a fait Unilever pour sa marque internationale Bertolli.

➤ Les grands aînés

Tableau 4.12 – Exemples de grands aînés

Henri Salvador	86 ans
Michaelangelo Antonioni	88 ans
Ronald Reagan	89 ans
Jules Dassin	92 ans
Edwige Feuillère	93 ans

Les 85 ans et plus, population essentiellement féminine, sont 1 422 671 en France. Ils forment une nouvelle classe d'âges, qui va connaître la progression la plus incroyable dans les prochaines décennies. Entre 2000 et 2050, le nombre des personnes âgées de 60 et plus aura doublé, celui des 75 et plus triplé et celui des 85 et plus quintuplé ! Le nombre de centenaires quant à lui devrait être multiplié par sept (ils étaient 39 334 en 2000). Si l'âge du premier enfant ne recule plus, nos cellules familiales passeront alors de trois ou quatre générations co-existantes à quatre ou cinq. Le sujet a d'ailleurs déjà été étudié par le groupe Novartis, qui a identifié 500 familles composées de 5 générations.

Issus d'une population qui a participé à la Seconde Guerre mondiale, majoritairement fragilisés, voire dépendants (70 % des personnes vivant en institution ont plus de 80 ans), les grands aînés représentent un groupe à part entière. Un groupe généralement pris en charge par les enfants, âgés d'une soixantaine d'années. Parmi eux, ceux qui ont pu conserver une relative mobilité considèrent comme fondamental d'assumer eux-mêmes les nécessités de la vie quotidienne. Aussi refusent-ils le plus longtemps possible les services de livraison à domicile ou tout ce qui pourrait leur signifier une quelconque perte de leur indépendance.

Outre les questions liées à la mobilité, les grands aînés souffrent par exemple d'une vision déficiente qui les empêche de lire correctement leur journal ou de regarder la télévision. Les initiatives d'amélioration du confort de lecture, pas nécessairement destinées à cette classe d'âge, ont d'ailleurs toutes rencontré un vif succès. À noter que les gens les plus âgés se sentent tellement exclus de notre société qu'ils n'hésitent pas à prendre contact avec les entreprises qui essayent d'améliorer leur qualité de vie, ne fut-ce que pour les remercier.

Quelques pièges à éviter

Comme on l'a vu, le senior marketing en est à ses débuts. Il souffre encore d'un nombre incalculable de préjugés et l'immense majorité des annonceurs comme des agences ne connaissent pratiquement rien de la cible. Conséquence : alors même que notre société bascule dans le papy-boom, les – trop rares – campagnes à destination des seniors sont généralement inadaptées, voire désastreuses. Pourtant, avec un peu de bon sens et même sans être expert, il est possible de produire une communication valable. Voici six pièges à éviter absolument pour réussir à « percer leur carapace » :

➤ Confondre senior marketing et visualisation des seniors

Lors d'une interview pour un magazine télé, le patron d'une grande agence parisienne, interrogé sur le senior marketing, balaya le sujet d'un revers de la main en affirmant que « montrer des seniors dans une publicité ne fonctionne que pour un petit nombre de produits ». Bel exemple de l'aveuglement général ! Qui a dit que le senior marketing correspondait au fait de « montrer des seniors » ? Beaucoup d'annonceurs croient pourtant qu'il suffit de montrer quelques vieux bien portants et d'utiliser une typographie plus grande pour réussir à convaincre les plus de 50 ans. Inutile de dire que la plupart du temps cette approche n'engendre que des déceptions.

Être senior, c'est d'abord être expérimenté. Un sexagénaire quelconque a 60 ans de consommation derrière lui. Il peut très facilement décoder les plate-formes créatives derrière les campagnes qui lui sont proposées. Comment peut-on imaginer dans ces conditions que la visualisation de ses pairs suffira à le séduire ? Sans une argumentation valable, capable de démontrer la vraie valeur ajoutée du produit, n'importe quelle exécution sera condamnée à échouer. Elle pourra même porter préjudice à la marque, dans la mesure où elle sera souvent vécue comme du pur opportunisme. Une phrase qui revient souvent dans nos enquêtes qualitatives est la suivante : « Maintenant qu'ils ont fini de plumer les jeunes, c'est notre tour... ».

Par ailleurs, les seniors ont tellement pris l'habitude de ne pas être concernés par la publicité que même lorsqu'ils voient des gens de leur âge dans des campagnes, si le message n'est pas d'emblée adapté, ils les considèrent comme destinées aux jeunes. On voit ainsi une très grande distorsion entre ce qu'ils considèrent comme sympathique, créativement réussi, et ce qui leur parle réellement. Ainsi, le ballet aquatique des seniors d'Evian, quelle que soit sa qualité filmique, n'a rien à voir avec du senior marketing. Dommage, quand on pense que les 50 ans et plus sont les premiers clients d'eaux minérales.

Attention, ceci dit, à ne pas tomber dans l'excès inverse. L'utilisation de seniors dans la publicité, si elle s'appuie sur une vraie stratégie, peut sérieusement contribuer au succès d'une campagne ciblée. En particulier à destination des plus âgés, qui pourront ainsi à la fois se reconnaître et comprendre instantanément que le message leur est destiné. À cet égard, le témoignage d'une personnalité appréciée par leur génération est particulièrement intéressant car il ajoute une vraie base de crédibilité. Précisons qu'il ne s'agit là en aucun cas d'une panacée, mais juste, une fois de plus, d'une piste possible.

➤ Ignorer les conséquences du vieillissement

Les créatifs d'agence sont des terroristes, c'est bien connu. Surtout de la part des concepteurs-rédacteurs, qui s'acharnent à peaufiner des textes destinés à devenir illisibles, inaudibles, invisibles. S'il existe bien une règle du senior marketing que tout le monde comprend aisément, c'est pourtant celle-là. Le vieillissement nous atteint tous. Quelle que soit notre génération d'appartenance et quel que soit notre âge. Vision, audition, goût, toucher, mobilité… Toutes les fonctions de notre corps atteignent leur apogée à la vingtaine pour régresser lentement, jusqu'à l'échéance finale. Sachant cela, pourquoi tant de publicitaires s'acharnent-ils à rendre leurs créations inaccessibles ? Surestimeraient-ils leur métier ? Ils devraient pourtant savoir que la publicité n'est jamais qu'une forme de pollution nécessaire, au mieux une distraction entre le JT et la météo.

Les seniors n'aiment pas notre métier. On leur a promis trop de choses qui ne se sont jamais réalisées. Et comme aujourd'hui on s'intéresse rarement à eux, ils ferment leur esprit. Si aucun effort n'est fait pour aller dans leur direction, inutile d'espérer le moindre intérêt de leur part. Une campagne, même stratégiquement juste n'aura donc aucune chance de les toucher si elle ne commence pas avec le BA-ba. Un exercice amusant : procurez-vous un magazine senior et analysez-le. Vous serez surpris du nombre d'annonces aux typographies minuscules, aux coupons trop petits pour pouvoir être complétés, aux textes en rose sur fond bleu pastel… Faites le même exercice devant votre télévision. Dans la majorité des spots diffusés, la voix est couverte par la musique, le montage est trop rapide, le numéro de téléphone est impossible à noter, etc. Les annonceurs sont-ils vraiment obligés d'accepter de telles erreurs ?

➤ Les utiliser comme sujet de moquerie

Les aînés, c'est bien connu, sont un excellent sujet de plaisanterie. Les présenter aigris, ridicules, dépassés par les événements ne date pas d'hier. Il s'agit probablement là d'un règlement de compte avec l'âge. La publicité en particulier, dans son obsession de jeunisme, se paye « une tranche de vieux » à chaque occasion. Bien sûr, dans la majorité des cas, elle n'utilise pas ce genre de procédé pour cibler les seniors. Ce serait le comble ! Mais cela ne veut pas dire pour autant qu'ils soient aveugles ou insensibles. Tant de spots, d'affiches, d'annonces les ont présentés sous cet angle négatif qu'aujourd'hui la coupe est pleine. Non, vraiment, cela ne les fait plus rire. Les plus âgés se sentent carrément rejetés. Quant aux plus jeunes d'entre eux, ces quinquagénaires au sommet de leur vie, au mieux ils ne se sentent pas concernés, au pire ils ont l'impression qu'on s'en prend à leurs parents.

➤ Mettre le doigt où ça fait mal

À la cinquantaine, les conséquences du vieillissement sont davantage perceptibles. Ménopause, presbytie, cholestérol, décès des parents, approche de la retraite… Inutile d'en rajouter. Et pourtant, voilà encore un jeu où les publicitaires excellent. Celui de la culpabilisation de l'âge. Avec ou sans moquerie, on montre des corps abîmés, des performances diminuées, des esprits ralentis… Parfois il s'agit simplement de faire prendre conscience d'un problème. Mais à quoi bon une approche négative ? Les seniors ne sont pas des conducteurs dangereux auxquels il est nécessaire de rappeler que la route tue. Chaque jour ils combattent le vieillissement avec la plus grande énergie. Leur rappeler que ce combat-là est perdu d'avance n'est peut-être pas la meilleure façon de créer de la sympathie pour telle ou telle marque. D'autant que la vie, heureusement, est vécue de façon positive.

➤ Se tromper de génération

Les erreurs qui consistent à enfermer les seniors dans le groupe homogène dit des « vieux » sont relativement simples à identifier. Par exemple, on sait bien que même si le confort de lecture est important pour les gens de plus de 50 ans, les plus jeunes d'entre eux n'ont absolument pas besoin d'un confort de lecture allant jusqu'à une typographie de taille 18. Dans le même esprit, chacun comprend que montrer un grand-père montant les escaliers sans difficultés n'est absolument pas parlant pour quelqu'un de 55 ans. Une erreur qui est par contre plus difficile à maîtriser, car elle fait appel à une connaissance dynamique de la population senior, est la non application des principes du marketing générationnel. Elle peut être parfois subtile, mais sur le plan de l'adéquation du message, cela peut faire toute la différence. C'est par exemple croire qu'un *master* sera sensible à un air d'Édith Piaf, alors qu'il est fan des Beatles. C'est aussi, en sens inverse, espérer fédérer toutes les classes d'âges autour des valeurs des baby-boomers. Les libérés d'aujourd'hui ne faisaient pas partie des étudiants de mai 1968. Et, plus de 30 ans plus tard, ils n'ont toujours pas – et n'auront jamais – la moindre nostalgie pour l'époque Hippie. Bien sûr, l'émergence d'une nouvelle génération de seniors va faire voler en éclats de nombreuses barrières. Mais pour autant, les conséquences de l'âge et des cycles de vie, de même que les différences culturelles vis-à-vis des plus jeunes ne disparaîtront pas. On voit d'ailleurs aujourd'hui apparaître une nouvelle forme de conflit entre les trentenaires et leurs parents, pourtant supposés d'une génération très ouverte et complice. C'est ainsi que le magazine *Technikart* avait pu affirmer il y a deux ans :

> « Les quinquagénaires qui voulaient "interdire d'interdire" ne supportent plus l'idée qu'on se révolte. Ils sont devenus aussi réactionnaires et suffisants que leurs pères. »[1]

Maîtriser les variables générationnelles dans leur ensemble, savoir gérer les éléments de rapprochement et de différenciation, anticiper la façon dont les consommateurs évoluent à chaque âge de leur vie, c'est probablement ce qui fondera le senior marketing de demain. Mais vu le retard pris sur les questions les plus évidentes, il est probable que cela prenne encore de nombreuses années. Contentons-nous donc déjà de communiquer valablement vers les seniors d'aujourd'hui.

1. Patrick Williams, 30 ans.

Chapitre 5

Le gay marketing

La totalité des homosexuels, hommes et femmes, qui se reconnaissent comme tels, ne représente qu'une minorité de la population française. Au regard du marketing de masse, cette population est évidemment négligeable. D'autant que l'homosexualité est vécue de façon très diverse selon les origines géographiques, sociales ou culturelles. Sans oublier qu'elle englobe les gays et les lesbiennes qui n'ont en fait pas grand-chose en commun. L'homosexualité masculine est d'ailleurs bien plus visible que son équivalente féminine, pour des raisons qu'il serait trop long d'aborder ici. Sachant cela, on pourrait supposer que l'intérêt pour les annonceurs de développer des programmes de gay marketing (qui intègre donc les lesbiennes également) est mineur, voire nul.

Mais alors pourquoi des constructeurs automobiles aussi importants que Subaru, Mazda, Saab ou Saturn (General Motors) choisissent-ils de s'adresser, de façon volontariste et visible, à la communauté gay et lesbienne américaine pour vendre leurs nouveaux modèles ? Pourquoi IBM, Apple, America On Line, Levi's, Calvin Klein, AT&T, Continental Airlines, American Express, Ikea, Absolut vodka, Perrier, Evian, Nike, Procter & Gamble, City Bank, Miller et tant d'autres annonceurs en font-ils autant dans leur domaine ? La publicité auprès des homosexuels américains est le fait de marques de plus en plus importantes qui ne recherchent pas à faire un coup médiatique mais bel et bien à prendre position, de façon durable, auprès de cette catégorie de consommateurs.

La publicité ciblée à destination des gays et lesbiennes n'est pas à proprement parler une nouveauté. Dans les années 1970-1980, les homosexuels ont attiré les entreprises dont l'activité était naturellement liée à leur mode de vie, plus volontiers tourné vers les sorties et les voyages. Mais, depuis dix ans déjà, le gay marketing est en plein essor aux États-Unis et les grands annonceurs n'en sont plus à se demander s'il est judicieux ou non d'y investir : ils doivent y aller au plus vite.

Le développement fulgurant de la publicité dans la presse homosexuelle américaine et sur les sites Internet dédiés aux communautés gay et lesbienne n'est plus seulement dû à des annonceurs pionniers, mais bien plutôt à l'arrivée massive de leurs concurrents qui bâtissent des stratégies défensives pour récupérer un marché qui paraît assez « idéal ».

> « Chacun sait que l'argent n'a pas d'odeur et, à défaut de considérer les gays comme des citoyens à part entière, la société semble disposée à les considérer au moins comme des consommateurs. C'est ça aussi l'intégration et mieux vaut peut-être en tirer les avantages que de s'en plaindre. »

Dans le monde capitaliste, le fait d'être considéré comme un marché de consommateurs attractifs est une forme importante de reconnaissance qu'il ne faut pas sous-estimer ! Kevin Ray, président de AKA Communications, agence américaine de publicité et de relations publiques spécialisée sur le marché gay, va même plus loin en affirmant :

> « Notre *business* est en train d'exploser, les entreprises ne veulent plus continuer à ignorer le marché homosexuel, sous prétexte de risquer d'être boycottées par les consommateurs hétéros. Aujourd'hui, au contraire, elles craignent d'être boycottées par les gays qui les considéreraient comme des entreprises homophobes. »

Il est clair que les gays et lesbiennes sont, en majorité, des consommateurs plutôt aisés en quête de reconnaissance et, somme toute, assez faciles à atteindre en raison d'une vie communautaire relativement bien balisée avec ses lieux de vie, ses événements et ses propres médias. Une étude réalisée par le site Citegay en 2001 a montré que les homosexuels sont par exemple plus nombreux que la moyenne à se connecter sur le net, bénéficient d'un revenu mensuel supérieur à 4 573 Euros et appartiennent à une catégorie sociale professionnelle élevée. Ils sont de plus en plus reconnus comme partie prenante de la société qui, désormais, les tolère et accepte de mieux en mieux leur influence grandissante. La génération des 20-30 ans, qui a grandi avec ces combats, a toujours vécu dans une société qui accepte relativement bien l'homosexualité. Cette génération commence à arriver à des postes de décision au sein des équipes marketing et publicitaires et considère qu'il est aussi normal de cibler les homosexuels que les jeunes, les sportifs ou les autres cibles marketing plus conventionnelles.

Rappel historique

Il y a encore seulement trente ans, l'homosexualité était considérée au mieux comme un sujet à éviter et bien souvent comme une perversion. Les homosexuels étaient raillés, fichés, condamnés voire internés. Ils avaient dû trouver des moyens pour vivre leur sexualité en se cachant. Cela supposait de bénéficier d'un certain statut, du privilège de l'argent ou de l'art et, surtout, de ne pas chercher à s'afficher, à revendiquer son homosexualité. Oscar Wilde, condamné à deux ans de travaux forcés en 1895, en fit l'amère expérience dans une Angleterre où les élites élevées dans les mêmes pensionnats non mixtes condamnaient plus le scandale que les actes eux-mêmes. En quelques années, l'identité homosexuelle est passée du statut de problème individuel à une réalité sociale. Prenant exemple sur la minorité noire, le mouvement homosexuel américain a utilisé la revendication par une poignée d'activistes (émeutes de Stonewall à New York en juin 1969) et créé un mouvement de masse en faveur de l'égalité des droits. Le développement de communautés homosexuelles dans certaines villes, à commencer par San Francisco, a abouti à la naissance d'un mode de vie homosexuel et d'un commerce homosexuel. La vie communautaire homosexuelle est devenue une réalité de masse dans les années soixante-dix. Le mouvement américain s'est traduit par la naissance d'une culture spécifique, fort éloignée de l'image traditionnelle de l'homosexuel efféminé de style « Zaza » dans *La Cage aux folles*. Un groupe s'affichant comme gay, The Village People, se plaçait même en tête des hits parade au début des années quatre-vingt avec son tube *YMCA*. Naturellement, dans un pays où l'on ne méprise les dollars de personne, cela a très rapidement abouti à la naissance du gay marketing.

Ce qui est aussi très caractéristique du mouvement homosexuel aux États-Unis (comme, d'ailleurs pour beaucoup d'autres groupes d'intérêt), c'est sa forte capacité à se mobiliser et à faire du lobbying pour défendre sa place dans la société. Une bonne illustration de cette puissance : il y a quelques années, l'importante Union des producteurs d'agrumes américaine avait confié la promotion de son jus d'orange à Rush Limbaugh, un présentateur très connu pour ses prises de position violemment homophobes ; le lobby gay a appelé au boycott... avec un verdict rapide : chute des ventes de 38 millions de litres en l'espace de quelques mois. Jusqu'au moment où l'annonceur a stoppé cette action jugée offensante par les homosexuels américains ! On ne contrarie pas impunément une catégorie aussi puissante de consommateurs aux États-Unis.

L'histoire du mouvement homosexuel français est légèrement différente. Très lié à l'extrême gauche et à mai 1968, il a dans un premier temps cherché à donner naissance à des modes de vie communautaires « expérimentaux » en étant porté par des groupes comme le FHAR[1]. L'influence du modèle américain va très vite apporter une transposition en France d'un mode de vie et d'une revendication : droit de vivre l'homosexualité dans les mêmes limites que n'importe quelle sexualité, droits équivalents pour le couple homosexuel à ceux reconnus aux couples mariés, droit au mariage. Le but n'est plus d'inventer « autre chose » mais de bénéficier des droits reconnus par la société à l'individu et à la famille.

Une précision en ce qui concerne les couples homosexuels : il ne faut pas surestimer le nombre des co-résidents. Plusieurs études montrent une liberté sexuelle plus élevée que parmi les hétérosexuels. Ainsi, la majorité des répondants à une vaste enquête sur les pratiques sexuelles des homosexuels reconnaissent vivre seuls et sans relation stable : 11 % vivent une relation de couple stable exclusive en habitant séparément, 16 % vivent une relation de couple stable en habitant séparément « avec des écarts », 16 % vivent avec quelqu'un dans une relation de fidélité et 16 % vivent avec quelqu'un en se permettant des écarts. Les couples eux-mêmes sont souvent de courte durée (moins de 26 mois dans la moitié des cas). Mais il y a un attrait pour la vie sous le même toit. En 1980, 20 % des homosexuels vivaient ensemble contre 34 % en 2000. Notons ceci dit que ces chiffres concernent essentiellement la population masculine. Pratiquement aucune donnée n'est disponible

1. Front Homosexuel d'Action Révolutionnaire.

pour la population féminine, apparemment plus stable (mais aussi plus discrète) au niveau des relations affectives.

Dans les années quatre-vingt, le quartier du Marais à Paris devient le centre d'une économie gay qui a ses lieux de rencontres et sa presse, dont la plus belle réussite est *Gai Pied*, lancé en 1979 et qui culminera à une diffusion de 30 000 exemplaires.

C'est au moment où l'homosexualité commence à être tolérée qu'apparaît le Sida. Dans un premier temps, du fait de l'importante présence dans les milieux homosexuels[1], des réactions homophobes s'exprimèrent. Elles ont certainement été mieux gérées aux États-Unis qu'en France[2]. Aux États-Unis, le problème n'a pas été nié mais simplement remis à sa place : le sida est une maladie virale qui s'attrape de différentes façons et non une « punition divine ».

En France, de peur de jeter l'opprobre sur une communauté à peine sortie de l'ombre, on a dans un premier temps essayé d'éluder le problème et du même coup desservi les communautés dites « à risque » (homosexuels, toxicomanes, polytransfusés...). Néanmoins, à partir de 1984, l'action de groupes comme Aides, Act Up ou Arcat Sida a eu un impact bénéfique au sein et en dehors de la communauté homosexuelle. Le sida n'a pas gêné un mouvement de fond vers une plus grande tolérance, avec cependant des limites qu'il ne faut pas sous-estimer.

Les homosexuels, une cible justifiant un marketing spécifique ?

Rappelons que si les homosexuels ne sont généralement pas considérés comme une cible marketing à part entière, ce n'est pas seulement du fait qu'ils sont minoritaires. Il faut aussi chercher une explication dans l'ostracisme qu'ils ont subit depuis des siècles. Malgré la libéralisation des mœurs, le poids de l'éducation est tel que la plupart des responsables marketing hétérosexuels ne voudront pas s'intéresser au *gay* marketing soit parce qu'il ne fait pas partie de leur champ de réflexion, soit

1. Avant de découvrir son origine virale, on en parla comme du « cancer gay ».
2. Voir l'ouvrage de F. Martel, *Le Rose et le noir* aux éditions du Seuil.

par peur d'être eux-mêmes assimilés à une communauté jugée un peu honteuse. Un exemple révélateur : nous avons participé à la première conférence sur le sujet à Bruxelles, à l'automne 2001. À un moment donné, nous avons demandé à la centaine de participants qui était homosexuel. Il ne fut guère surprenant de constater que 80 % des personnes présentes l'étaient, alors que statistiquement, ils/elles auraient dû représenter moins de 10 % de l'audience. Comme quoi, lorsqu'il s'agit de gay marketing, l'inconscient met le mot « gay » en très grand et le mot « marketing » en tout petit. Il faudra de toute évidence encore plusieurs années de lobbying et « d'évangélisation » pour que le sujet soit dépassionné.

L'existence d'une communauté homosexuelle

Les homosexuels, à des degrés différents, qu'il s'agisse de gays ou de lesbiennes, ont un mode de vie spécifique ainsi qu'une forte conscience communautaire, pratiquement inexistante chez les hétérosexuels. Ceci s'explique notamment par le fait que les homosexuels, hommes et femmes, passent par des étapes similaires (à commencer par le difficile *coming out*[1]), ce qui les rapproche considérablement. Bien que ce mode de vie spécifique ne soit pas aussi affirmé dans les zones rurales que dans les centres urbains, il favorise des rituels et des codes essentiels pour tout plan de gay marketing.

La première raison qui incite les homosexuels à se regrouper autour d'une vie communautaire tient au fait qu'ils ne rencontrent pas de partenaires aussi simplement que les hétérosexuels. Lors de l'adolescence, quand le but de la majorité des camarades de classe est de concrétiser une sexualité hétérosexuelle, il est très difficile de découvrir puis d'accepter, et encore plus de déclarer une différence. Pour des raisons pratiques, afin de trouver ses « semblables », il a toujours existé des lieux de rencontres, surtout dans les grandes villes où l'anonymat favorise les modes de vie différents. Il existe maintenant des zones où l'homosexualité s'exprime franchement, différenciée du modus vivendi des *straights*[2]. Il est clair que vivre dans des territoires de tolérance, loin des parents, est une source de tranquillité pour les homosexuels.

1. L'aveu public de son homosexualité.
2. Les non homosexuels ou non bisexuels.

En théorie, la tolérance affirmée des Français (malgré certains débats d'arrière-garde) est assez élevée depuis des années déjà. Elle ne cesse de croître dans le temps. Plusieurs études en témoignent :

- Un sondage BVA de février 1995 indiquait que 78 % des Français considéraient les gays comme des gens ordinaires, 72 % étant prêts à reconnaître aux couples gays les mêmes avantages en matière d'héritage et 63 % regrettant aussi que la société ne fasse pas plus pour leur intégration.
- Une enquête réalisée par l'Ifop/*Le Monde* en juin 1996 montrait que 48 % des femmes et 39 % des hommes accepteraient l'homosexualité de leur enfant… mais 47 % des pères n'étaient pas au courant de l'homosexualité de leur enfant, du moins tant que celui-ci vivait encore sous le toit familial.
- Un autre sondage BVA de janvier 1999 révélait que 54 % de la population ne trouvait pas choquant qu'un membre de la famille soit homosexuel.
- Une étude réalisée en février 2002 affirmait que 73 % des citoyens ne trouveraient pas choquant qu'un homosexuel devienne président de la République. Ce pourcentage s'est amélioré de 27 % depuis 1997. Citons au passage l'exemple de Bertrand Delanoë, élu Maire de Paris alors qu'il avait rendu publique son homosexualité bien avant les élections municipales.

En France, certains homosexuels contestent le bien-fondé d'une vie communautaire gay. Ce débat est alimenté par l'idéologie républicaine qui refuse tout corps intermédiaire entre l'individu et la nation et par une tradition de gauche assez forte chez les intellectuels homosexuels, hostiles à ce qui peut paraître mercantile dans les bars, restaurants, journaux, discothèques, voyages et tout ce qui ce qui constitue la vie communautaire gay. Cela ne reflète pas forcément le sentiment de la majeure partie des homosexuels. C'est qu'il s'agit avant tout d'un choix personnel. Travailler, vivre, sortir dans un milieu exclusivement homosexuel peut rassurer et suffire à certains. D'autres homosexuels vont maintenir des relations professionnelles, familiales et amicales dans les normales et ne fréquenteront la communauté qu'à des moments précis. C'est en général le cas en France, en partie parce qu'il est plus difficile de vivre en autarcie dans une communauté beaucoup plus petite qu'aux

États-Unis, mais aussi parce que les homosexuels sont globalement bien acceptés dans les métropoles françaises.

La vie communautaire homosexuelle, même quand elle semble enfermée « en ghetto », permet de trouver des espaces privilégiés. Évidemment, si un homosexuel veut réussir sa vie professionnelle, il peut aussi bien s'affirmer dans n'importe quelle entreprise que dans une entreprise gay ; son combat sera un combat de droit : celui de ne pas être défavorisé pour des raisons extra-professionnelles.

Il existe d'ailleurs en France un syndicat qui regroupe un millier d'entreprises gays : le Sneg, Syndicat national des entreprises gays dont l'objectif est de fédérer et défendre les entreprises qui affichent leur « position gay ». Lors de l'émission Zone Interdite sur M6 de novembre 1998 consacrée au marché gay, un reportage fut consacré à une entreprise de rénovation de bâtiment installée dans le quartier du Marais à Paris dénommée GMR[1]. Ses responsables expliquèrent leur succès par la pertinence de leur positionnement :

> « C'est naturel pour nous quand on entre dans un appartement d'y trouver un couple d'hommes ou un couple de femmes, cela n'entraîne ni clins d'œil ni rigolade. »

Citons aussi la publication en mai 2003 pour la première fois en France des « pages arc-en-ciel », premier annuaire commercial pour la communauté gay et les *gay-friendly* sur le modèle des *pink pages* nées aux États-Unis.

Tous les gays n'ont pas forcément la « chance » d'appartenir à une entreprise tolérante. Quand un homosexuel souhaite aborder certains sujets et exprimer ses sentiments librement, il est évident qu'il aura besoin de structures communautaires.

Au début du XXIe siècle, on assiste à une évolution spectaculaire : l'apparition d'une communauté qui n'a plus besoin de réel ghetto géographique pour exister. C'est un des effets de la révolution électronique, de la capacité de joindre les individus en temps réel : la « e-revolution ». Internet a initié les rencontres sans lieux de rendez-vous géographiques, une circulation immédiate des informations pouvant faire vivre une communauté de gens apparemment éparpillés. Internet

1. Gai Marais Rénovation.

va peut-être contribuer à rendre obsolètes les communautés circonscrites géographiquement tout en augmentant la fréquence, voire l'intensité, des liens entre les membres de la communauté. La richesse considérable en sites Internet dédiés aux gays est impressionnante et en très forte croissance, depuis les sites de discussion, jusqu'aux sites de vente de produits ou littérature, aux sites consacrés aux conseils de santé, sans oublier les « incontournables » sites pornographiques. On considère souvent que les gays comptent parmi les internautes les plus nombreux et les plus dynamiques. Selon une étude réalisée par le cabinet Simmons Market Research Bureau, 51,5 % des gays américains utiliseraient régulièrement Internet, contre seulement 15,8 % pour le reste de la population.

Des caractéristiques économiques et géographiques intéressantes

Les gays apparaissent de plus en plus aux yeux des spécialistes marketing comme un marché potentiel que l'on ne peut négliger. Les entreprises américaines ont identifié chez eux un nombre appréciable de « DINK »[1]. Leur disponibilité financière est logiquement très attractive. Cette typologie de consommateurs, déjà jugée à très fort potentiel lorsqu'il s'agit de couples hétérosexuels, est encore plus intéressante lorsqu'il s'agit de couples gays, du fait de leur comportement de consommation.

On estime traditionnellement que le nombre total d'homosexuels, hommes et femmes, ne dépasse pas 10 % de la population, en incluant les personnes ayant des tendances homosexuelles ou ayant eu des pratiques homosexuelles. Une évaluation qui indiquerait un marché de près de six millions de gays en France. Cela dit, pour prendre en compte l'homosexualité comme critère spécifique d'appartenance à une communauté, il est nécessaire d'être plus restrictif. Une étude considérée comme la référence, réalisée par l'université de Chicago, a estimé que 2,8 % des hommes s'inscriraient dans un mode de vie homosexuel. Aux États-Unis, on compterait ainsi entre 6 à 9 millions d'homosexuels de sexe masculin. En France, cette hypothèse basse de 2,8 % équivaudrait à environ 1,6 million d'hommes exclusivement gays.

1. *Double Income No Kids (*deux revenus pas d'enfant).

C'est une population bien ciblée géographiquement. 70 % à 86 % des homosexuels vivraient dans des villes de plus de 100 000 habitants en France, la capitale attirant une très grande partie des homosexuels français (1 sur 5). Ainsi, Paris comprendrait près de 100 000 hommes gays et pratiquement autant de femmes lesbiennes. Elle est à ce titre la première ville gay d'Europe. On estime que 35 000 d'entre eux fréquentent quotidiennement les deux cent et quelques établissements gays de la capitale (à 50 % des restaurants).

Le niveau d'éducation et les revenus des homosexuels sont globalement supérieurs à la moyenne nationale. Les classes moyennes ou supérieures sont surreprésentées. En termes de revenus, différentes études commanditées par le plus grand salon gay au monde, le salon Outloud à New York, créditeraient les homosexuels américains de plus de 500 milliards de dollars de revenus annuels.

Pour ce qui concerne la France, selon le cabinet d'études BSP spécialisé dans le marché homosexuel qui est à l'origine d'un baromètre annuel gay, 31 % des gays et 17 % des lesbiennes ont des revenus annuels supérieurs à 25 000 Euros.

L'influence de plus en plus étendue aux autres milieux

Il est incontestable que notre société accepte de mieux en mieux les homosexuels, dont l'influence croît de façon très nette, au point que l'on parle de plus en plus de « pouvoir gay ». Nombre de gays ont des emplois hiérarchiquement importants et sont intégrés dans des réseaux d'amitié qui ne se limitent pas à la communauté homosexuelle (20 % seulement n'ont que des amis homosexuels selon la presse gay). Le succès de certains lieux de rencontres homosexuels, devenus des lieux à la mode où il est de bon ton de se montrer, ou de la Gay Pride dépasse très largement la seule communauté.

On peut assister depuis quelques années à la montée en puissance de modes issues des milieux homosexuels : la coupe « près du corps » façon Calvin Klein, le style des *boys bands*, le *bodybuilding* ne sont pas sans rappeler de façon flagrante des aspects de la culture gay. Ainsi, les attributs vestimentaires et le look historique des gays tels que le T-shirt moulant, les chaussures de chantier (Caterpillar ou Timberland), le blouson bombers, un bouc ou un crane rasé sont de plus en plus copiés.

Le « look Fabien Barthès » depuis la victoire de l'équipe de France à la Coupe du monde de football trouble parfois les milieux gays, qui se plaignent d'être imités.

Ayant des revenus plus élevés, moins de charges puisque les enfants sont rares, souvent hauts placés dans les entreprises, les homosexuels influencent incontestablement l'opinion et ont généré des élites connues. Des secteurs comme la mode, le cinéma et théâtre, la musique sont très influencés par des figures homosexuelles : le couple gay « mythique » composé par Yves Saint Laurent et Pierre Bergé occupe une place de premier plan. L'entreprise YSL est née, il y a un peu plus de quarante ans, du « coup de foudre » entre ces deux hommes, leur histoire est emblématique pour les gays du monde entier, aucun créateur de mode ou homme d'affaires n'avait osé avant eux exprimer aussi fortement son homosexualité. Ils ont mis leur célébrité au service de la défense de la cause gay en soutenant un nombre considérable d'associations homosexuelles, en sponsorisant la Gay Pride ou en prenant fortement partie récemment pour le Pacs.

D'autres personnalités sont connues pour leur militantisme affiché : tels Christophe Girard (directeur général de YSL), Jean-Paul Gaultier, Jean Cocteau et Jean Marais, le groupe Queen et son leader décédé Freddy Mercury, Elton John, George Michael... Si elle n'est pas née dans le milieu homosexuel, la musique techno est très écoutée par les gays. Précurseur en techno, Radio FG dépasse largement l'auditorat purement homosexuel. Radio FG s'est d'ailleurs auto-décernée dans ses *jingles* le titre de « fournisseur officiel des autres radios ». A contrario, la radio Voltage FM, qui n'est pas une radio gay mais diffuse de la techno, a un large auditorat dans le milieu gay et sponsorise des événements gays comme la Gay Pride.

Rentabiliser une campagne auprès des gays

Le fait d'être homosexuel et surtout d'être engagé dans la vie de la communauté gay est souvent synonyme de consommateur de prédilection. Bien sûr, les homosexuels sortent, voyagent beaucoup et prennent plus soin de leur apparence que la moyenne. C'est dans ces domaines que l'on trouve les annonceurs traditionnels des médias gays. Mais, dans le cadre d'une stratégie « grand public adulte », le niveau de revenus, la rareté des charges familiales et l'ouverture d'esprit des gays en font une cible extrêmement intéressante pour de nombreux secteurs.

Notons au passage que nombre de programmes intégrant la communauté homosexuelle ne sont pas à proprement des stratégies de gay marketing, mais plutôt de *gay-friendly* marketing, comme l'appelle les Anglo-Saxons. Ce qui leur permet de toucher une audience plus large tout en induisant une dimension d'ouverture d'esprit intéressante dans le cadre d'une politique de modernisation. C'est ainsi qu'une compagnie d'assurances belge a développé un film basé sur un couple gay, ceci dans le cadre d'une campagne multipliant les sujets liés à diverses minorités et ayant pour slogan : « Nous assurons la vie comme elle est ». Même si cette compagnie a marqué un geste extrêmement apprécié par les homosexuels, son ambition était d'abord de démontrer qu'elle évoluait avec son époque.

Avant de parcourir quelques exemples de programmes totalement ciblés, il est donc utile d'insister sur le fait qu'il peut y avoir deux grands types de gay marketing : d'une part, celui qui développe des messages explicitement gays ou lesbiens ; d'autre part, celui qui intègre des messages codés, des valeurs ou simplement des clins d'yeux compris d'abord par les personnes homosexuelles. Et chacun des deux peut avoir pour cible soit la communauté homosexuelle, soit le grand public. Les médias seront peut-être différents, ainsi que la perception du message, mais le résultat sera similaire au niveau de l'image de l'entreprise. Plus le produit ou le service proposé renforcera les liens entre les membres de la communauté gay, plus il est logique de viser la cible des gays en tant que telle.

Les bars, restaurants et clubs

Premiers lieux de vie de la communauté, ils sont les annonceurs les plus logiques et les plus importants. C'est la publicité locale qui permet à la plupart des médias gays de survivre. Ils constituent un excellent relais pour des campagnes de publicité organisées par les marques d'alcools ou de tabacs. Leur rôle d'annonceur se dédouble d'une fonction de média et d'intermédiaire pour des secteurs comme les boissons, les tabacs, la musique, les produits alimentaires, Internet, la téléphonie mobile… De nombreux bars et restaurants qui affichent leurs affinités soit dans leurs noms (« le gai luron », « le gai moulin »), soit dans l'intitulé des plats servis au menu (« la salade folle »), soit en accrochant le drapeau arc-en-ciel (*freedom flag*), signe international de reconnaissance de la communauté homosexuelle, soit en exposant les autocollants des guides touristiques gays.

L'alcool est un produit de partage. Sa consommation est privilégiée par des personnes sortant beaucoup, à la recherche de lieux de rencontre avec des membres de la communauté. Les alcools visant des cibles jeunes sont naturellement très intéressés par la population homosexuelle. Ainsi, il est bien connu que le lancement de la vodka Absolut aux États-Unis s'est fait à partir de la cible gay. N'ayant aucune part de marché, création *ex-nihilo* du marketing, Absolut n'avait rien à perdre : elle a misé dès le départ sur un marketing de segmentation pour parvenir à se créer un noyau de fidèles. Une étude de 1992 a démontré l'extraordinaire performance de cette stratégie : après onze années de présence publicitaire dans la presse gay américaine (notamment dans *The Advocate*), la marque est présente dans 49 % des foyers homosexuels américains ! Devant son fulgurant succès, autant dû à la pertinence de son ciblage initial qu'au brio de sa campagne publicitaire, d'une rare intelligence et créativité, d'autres concurrents ont analysé les ingrédients de sa réussite marketing avant de développer d'authentiques stratégies de gay marketing : citons le gin Tanqueray, la tequila Sauza, Marie Brizard a même lancé la gamme Rainbow Spirit, en référence au drapeau arc-en-ciel des gays.

Boisson festive s'il en est, la bière permet, à meilleur compte, de « tenir plus longtemps » lors des longues soirées de discussion dans les bars. Certaines marques se sont intéressées assez vite à ce marché de consommateurs qui aiment sortir et se retrouver en groupe. Les gays ne sont pas indifférents à l'image « virile » de la bière. Anheuser Bush, Mexico Pacifico, Miller Brewing sont annonceurs de longue date auprès de cette communauté. Une autre bière, la Wilde's, a même été lancée spécifiquement pour le marché gay. En France, Kronenbourg a sponsorisé la *Gay Pride* dès 1997, pour ses bières et pour son nouveau produit, le cidre X-cider.

Les gays étant en moyenne plus éduqués que les autres Américains et voyageant plus, ils sont beaucoup plus consommateurs de vins, étrangers ou non, et de bières étrangères (46 % des gays contre 21 % de la population américaine globale). 59 % des lecteurs du magazine gay *The Advocate* consomment du vin, contre 15 % des adultes américains, selon le *Wine Market Council.* 24 % des gays boivent du champagne contre seulement 4,4 % des Américains adultes, en moyenne. La collective *Food and Wine from France* fait d'ailleurs de la publicité dans un autre magazine gay – *OUT* – de même que le producteur de vins italiens Bolla. En France, la collective des vins de Bordeaux est un annonceur régulier sur Radio FG.

Les arts, spectacles et produits culturels

Les gays sont réputés plus cultivés que la moyenne. Ils vont deux fois plus souvent au théâtre, en particulier les lecteurs de journaux homosexuels. Le quart du contenu éditorial des journaux américains gays est consacré aux arts et les titres français font aussi la part belle à la culture. Aux États-Unis, les gays assistent cinq fois plus à des concerts et quatre fois plus à des spectacles de danse. Il paraît tout à fait pertinent pour une entreprise qui veut construire une relation avec la communauté gay de sponsoriser des événements artistiques qui lui permettront de se faire remarquer et d'entrer petit à petit dans son « champ de choix ».

La Fnac est un annonceur tout à fait régulier sur Radio FG. Citons le succès commercial auprès de la communauté gay de certains disques CD classiques comme *Classics Out* (Tower Records) ou Sensuel Classics, Too (Teldec/Atlantis Records) qui proposent des morceaux de compositeurs homosexuels tels que Tchaïkovski, Schubert, Bernstein, Ravel, Poulenc...

Le tourisme : la particularité des « voyagistes gays »

Les homosexuels voyagent plus que les hétérosexuels et notamment à l'étranger (selon Mulryan/Nash, 61 % des gays américains ont effectué un voyage à l'étranger dans les 12 mois précédent l'enquête, pour un total de 7 millions de séjours touristiques à l'étranger et 28 millions de séjours touristiques sur le territoire américain). En France, 68 % des gays interrogés par BSP ont déclaré avoir voyagé à l'étranger dans les douze mois. En revanche, ils souhaitent voyager dans des endroits où leur présence est acceptée (90 % préfèrent séjourner dans des villes connues comme tolérantes).

Il existe tout naturellement des destinations privilégiées de la communauté gay : en premier lieu les grandes métropoles abritant des communautés ou des lieux de villégiature traditionnels comme San Francisco, Key West en Floride, ou Sidney en Australie, 2e capitale homosexuelle après San Francisco avec plus de 400 000 personnes, soit 10 % des *Sydneysiders*. Tous les ans est organisé à Sydney le Mardi gras gay et lesbien, le plus grand carnaval du monde après celui de Rio ! En Europe, Ibiza est très recherchée et l'île grecque de Mykonos est souvent appelée « le paradis des gays ». Chaque été ils sont des milliers à venir y faire la fête, tout y est toléré : se promener main dans la main, s'embrasser en public…

Il est donc logique que les tour-opérateurs s'intéressent à la communauté des homosexuels puisque la majorité d'entre eux préfère les voyages gays organisés. Il existe une revue internationale mensuelle du voyage gay et lesbien dont le titre est *Our World* qui possède également son site Internet. De très nombreux sites gays traitent également des voyages. En Angleterre, Silversea propose des croisières gays (12,5 % des gays et 8,5 % des lesbiennes ont effectué une croisière dans les trois années précédentes selon *Our World*). Aux États-Unis, le Club Med loue déjà avec succès ses villages et même son voilier Club Med One au tour-opérateur Atlantis pour des semaines exclusivement gays. Shades s'est spécialisé dans les formules tout compris pour les Iles Baléares. Torrenohues s'affirme spécialiste de l'Algarve[1]. En France, citons par exemple Virgin Vacations ou l'agence Bambou spécialisée sur l'Australie et le Mardi gras de Sydney…

En France toujours, à l'initiative du tour-opérateur anglais Alternative Hollygays (aujourd'hui Eurogays), la première semaine de ski gay organisée aux Arcs 2000 dans le cadre du Club Aquarius avait fait sensation en janvier 1997. Il s'agissait de transposer en Europe l'initiative de la saison de ski gay dans la célèbre station d'Aspen au Colorado (*annual Aspen ski pilgrimage*). La campagne dans les principaux titres de la presse gay en Europe, relayée par des dépliants dans les bars à forte clientèle homosexuelle avait permis d'afficher complet[2] à une période

1. Sud du Portugal.
2. 350 places.

d'habitude creuse, malgré un coût relativement élevé de 686 Euros. Devant la forte demande, l'organisateur avait même dû refuser 250 personnes. Avec une vingtaine de nationalités différentes représentées, une moyenne d'âge de trente-six ans et une surreprésentation des cadres, médecins et professions libérales, cette initiative s'est révélée très rentable pour l'ancienne filiale du Club Med. Depuis, plusieurs événements, tant en hiver qu'en été, ont été organisés à destination d'un public spécifiquement gay.

Les transporteurs aériens américains, comme United Airlines ou Continental Airlines, ont parfaitement identifié le nombre élevé de voyages effectués par les homosexuels (127 millions de trajets professionnels, 28 millions de voyages d'agrément aux États-Unis et 7 millions de voyages d'agrément hors des États-Unis). Ils sont devenus de grands annonceurs des médias gays. La réduction « Découverte à deux SNCF » accordée à tous les couples est apparue comme un signe précurseur de la reconnaissance par les grandes entreprises publiques françaises de la transformation de notre société. Non sans avoir suscité quelques polémiques, bien entendu.

Les services financiers et assurances

Banques et assurances manifestent un intérêt évident pour les personnes disposant de revenus élevés… Une carte de crédit a été spécifiquement créée et positionnée pour les gays américains : la *rainbow card*, lancée avec une campagne publicitaire dont le porte-parole était Martina Navratilova, l'une des rares personnalités sportives à avoir affiché son homosexualité. American Express valorise son produit « Compte joint » en montrant la signature de deux hommes ou de deux femmes. Selon une étude publiée par gay.com en janvier 2002, 46 % des homosexuels français seraient prêts à changer de banque pour une autre *gay friendly* et 76 % pourraient souscrire à un fond éthique gay. Il y a donc un réel potentiel de recrutement pour les institutions financières qui sont prêtes à dépasser leur traditionnel conservatisme.

Cependant, il est bien difficile de légitimement « courtiser » la communauté homosexuelle sans satisfaire à ses exigences d'égalité de traitement avec les couples mariés et concubins. C'est devenu un argument pour certaines compagnies nord-américaines. Hartford accorde les mêmes tarifs et avantages qu'aux couples hétérosexuels pour les assurances auto ; Blue Cross en fait autant en Ontario. De peur de perdre une clientèle motivable, bien d'autres entreprises se sentent de plus en plus obligées de suivre, au risque d'être « boycottés » pour cause de discrimination. Une arme redoutable des différents lobbies américains !

La santé/beauté

Les produits pharmaceutiques sont devenus le deuxième annonceur en valeur après les bars et les clubs. Une majorité d'homosexuels se montre plus soucieuse de son corps et pratique intensivement le sport, *body-building* inclus. Ils sont également souvent consommateurs de compléments alimentaires. Ainsi la société new-yorkaise Community Concept a lancé un parfum nommé « Q », initiale de *queer* ou *queen*.

Dans un registre plus angoissant, le sida qui frappe fortement la communauté gay a poussé les laboratoires leaders en ce domaine (Smith Glaxo Kline, Wellcome, MSD) à fortement augmenter leur publicité dans les magazines et les vecteurs de communication gays. La publicité sur ces questions dramatiques est aussi une façon de faire vivre la communauté et de ne pas seulement se contenter d'engranger les profits de la vente de médicaments. Les marques de préservatifs sont, bien entendu, très présentes dans les médias gays.

L'automobile et la moto

Aux États-Unis, 15 % des gays et lesbiennes ont un véhicule dit de loisirs (de type 4x4) contre 7,5 % de la population. Leur style de vie plus extraverti les conduit assez naturellement à se doter de ce genre de voiture. Le fait de ne pas avoir d'enfant les rend également plus sensibles à des marques européennes qui misent beaucoup sur le design et proposent des véhicules plus compacts. Les roadsters et cabriolets deux places ont beaucoup de succès auprès d'eux (Mercedes SLK, Audi TT ou BMW Z3, par exemple).

En France, compte tenu de la présence de médias gays et d'une communauté gay dynamique presque uniquement sur Paris (où avoir une automobile n'est pas une sinécure), il n'est pas certain que cette cible soit très intéressante pour les constructeurs automobiles classiques. En revanche, une voiture concept comme la Smart exerce une attractivité certaine auprès des gays.

Dans le monde du deux-roues, il est incontestable qu'une fraction significative des gays représente des acheteurs tout à fait intéressants : la virilité affichée par la maîtrise d'une grosse cylindrée ne manque pas d'attraits, tant pour les gays que pour les lesbiennes. Une marque culte comme Harley Davidson possède une part significative de ses afficionados chez les gays… notamment les seniors, qui ont les hauts revenus nécessaires à l'achat de ces petits « joujous ».

Le high-tech

Les homosexuels américains ont été parmi les utilisateurs précoces d'Internet. La communauté gay dispose de très nombreux sites qui renforcent les liens des gays à l'échelle internationale. Plus besoin d'habiter dans un quartier gay pour être informé des événements qui touchent la communauté. Il est parfaitement logique que des fournisseurs d'accès comme America On Line ou Infonie cherchent à créer un lien particulier avec la communauté homosexuelle qui est reconnue comme une clientèle leader d'opinion sur les nouvelles technologies.

On ne peut que souligner la pertinence particulière de l'utilisation d'Internet comme support de communication pour entrer en relation publicitaire avec les gays (voir plus loin).

Communiquer auprès des homosexuels

Faire un geste positif en faveur d'un caractère essentiel de la personne. Un individu n'est jamais unidimensionnel dans sa définition… Et par définition. Pourquoi choisir de s'adresser à un consommateur en tant qu'homosexuel plutôt que d'essayer de le convaincre par des spots TV généralistes ? Par de l'affichage 4x3 ? Par des annonces dans le quotidien national auquel il est abonné ? Relier son action commerciale à un élément qui définit la personne dans sa spécificité, c'est vouloir créer une connivence avec elle. Une personne homosexuelle qui lit un média homosexuel, qui participe à une fête gay ou prend un verre dans un bar gay vit un moment fort de sa vie, de son « temps choisi ». Elle est donc dans des dispositions psychologiques propices. Un message reçu dans un contexte agréable doit pouvoir plus aisément susciter un achat ultérieur par association à un contexte réellement apprécié. C'est un signe donné à cette personne qui lui laisse entendre : « Je t'accepte, je te reconnais, je sais que les homosexuels ont du pouvoir, voilà pourquoi je passe une annonce dans la presse homosexuelle. » Dans l'émission déjà mentionnée, Zone Interdite, de M6[1], plusieurs gays affichaient une grande reconnaissance à l'égard de la marque Yves Saint Laurent pour tout ce qu'elle fait en faveur de la cause homosexuelle. L'un des interviewés était allé jusqu'à se faire tatouer un YSL sur la peau ! Bien sûr, c'est le pouvoir d'achat des gays qui intéresse l'annonceur mais c'est tout de même la reconnaissance d'un pouvoir. Les homosexuels se ressentent comme une minorité opprimée (encore plus les femmes que les hommes). Ils sont donc exceptionnellement sensibles à tout ce qui ressemble à un soutien. Il n'existe pas de signe plus fort de la part d'une entreprise qu'un soutien commercial au travers de sa publicité ou de ses actions de sponsoring. Les homosexuels sont particulièrement sensibles et réceptifs à la publicité : neuf gays américains sur dix déclarent préférer acheter les produits dont ils ont vu les annonces dans les médias gays ; huit sur dix achètent principalement en fonction de ce qu'ils voient dans les médias gays, d'après la société d'études Overlooked Opinions.

Il est parfaitement logique que les annonceurs français soient encore terriblement « frileux » à l'égard du gay marketing. Pourtant, il paraît absolument évident qu'une communauté qui a longtemps été cantonnée dans un ghetto « honteux » réagit très positivement aux signes de reconnaissance émis à son égard !

> « Français encore un effort… si les droits de l'Homme ne vous inspirent plus, pensez qu'il y a aussi de l'argent à faire. »[2]

1. Novembre 1998.
2. *Gai Pied*, 1996.

Communiquer avec les gays à travers les médias grands publics : un délicat exercice d'équilibre

Dans leur majorité, les Français déclarent volontiers ne pas être choqués que l'on donne les mêmes droits aux homosexuels. En revanche, accorder des avantages spécifiques aux homosexuels, ce qui est logique dans le cadre de toute action marketing ciblée, peut devenir source de critiques. La SNCF en a fait l'expérience pour avoir accordé une remise de 30 % pour les provinciaux se rendant à la Gay Pride, soit plus que pour d'autres manifestations, comme par exemple, Le salon de l'agriculture. Le « ticket rose » émis par la RATP pour la même manifestation a essuyé pas mal de critiques acerbes.

Paradoxe ? Même si la tolérance envers l'homosexualité est vigoureuse, elle semble atteindre un pic en France, voire régresser, comme aux États-Unis. Ainsi une annonce dans *Télérama*, au lectorat pourtant réputé libéral, qui montrait un couple d'hommes en spécifiant « Ils s'aiment. Cette nuit, ils ont fait l'amour. » a suscité des réactions incroyablement négatives. C'est toute la difficulté de l'exercice qui consiste à utiliser les médias de « Monsieur Tout-le-monde » pour parler aux gay*s* : on va probablement satisfaire les membres de la communauté mais risquer au passage de choquer ou irriter une portion non négligeable des autres consommateurs.

Il y a quelques années, la campagne Guiness avait fait sensation dans le milieu de la publicité britannique en étant la première à monter un couple gay, alors que l'homosexualité est supposée plus tolérée en Grande-Bretagne que dans d'autres pays d'Europe.

L'effet sur le long terme pour les homosexuels est très certainement positif car ils ont tendance à apprécier ce type de « prises de risque » de la part des grands annonceurs. Par exemple, Ikea États-Unis a réalisé un spot où l'on voyait un couple homosexuel choisissant ses meubles dans un magasin. Ce spot, bien qu'ancien, est toujours dans les mémoires de la communauté. Il a également reçu de nombreuses récompenses publicitaires internationales qui ont voulu saluer le courage stratégique et créatif de l'entreprise. Une autre campagne de Nike a été saluée par les gays : elle mettait en scène un marathonien séropositif Rick Munoz qui, après trois ans de découragement, s'est remis à courir pour contrecarrer la maladie.

Il est clair qu'il vaut mieux essayer de dire les choses avec tact, « sans les dire », si on veut utiliser les médias grand public. Dans une page publicitaire diffusée un épisode de la série *Ellen*, Volkswagen a passé un film montrant un conducteur et le passager d'une nouvelle VW dans une intimité manifeste… chacun pouvant « décoder » comme il entendait ce spot. Il ne faut sombrer ni dans une démagogie directement épinglée par les homosexuels ni dans un militantisme qui heurterait les non homosexuels. Dans un spot pour la Twingo, Renault a fait référence aux artistes Gilbert & George, dont l'engagement est connu des homosexuels et des amateurs d'art contemporain, mais très peu du grand public. De même, quand Maaf assurances montre deux hommes qui vont à la pêche, les homosexuels y ont reconnu un couple partant en vacances, alors que les autres spectateurs n'y ont vu que des copains.

Entre les interprétations des uns et des autres, le chemin est étroit. On peut rapidement être sous le tir croisé d'un certain nombre de mouvements conservateurs qui n'acceptent toujours pas les gays. Un article dans *Libération* du 23 décembre 1998 consacré à la consommation des gays en matière automobile, intitulé « Les constructeurs aiment les gays, mais se cachent », est assez illustratif des craintes exprimées par les marketeurs face aux risques qu'ils encourent à trop reconnaître les consommateurs gays. Cet article démontre que certains nouveaux modèles de roadsters et de cabriolets à deux places, tels que la BMW Z3, la Fiat Barchetta et la Mazda MX5 ont une forte clientèle gay. Un responsable marketing de l'une de ces marques indique : « Ils ne leur étaient pas spécialement destinés au départ, mais il s'avère que ces autos rencontrent un succès énorme chez les homosexuels ». Le publicitaire de l'un de ces modèles, interviewé par le quotidien, répond :

> « Imaginez une marque comme BMW qui a une image très sportive, voire canaille, mais vachement hétéro. Une communication directe sur les gays et c'est terminé, ils se retrouvent catalogués « voiture de pédés » vite fait. Il ne faut surtout pas compter sur une marque pour avoir une position politique ou morale. »

Un peu plus loin un responsable de la direction marketing de Fiat surenchérit :

> « Le problème vient surtout des concessionnaires. Ce n'est pas qu'ils soient rétrogrades, mais presque. On peut assez difficilement monter une vitrine

> chez eux avec la Barchetta entourée des drapeaux arc-en-ciel de la Gay Pride. Du coup, on se contente d'accueillir ces nouveaux clients le mieux possible. »

Quatre ans plus tard, à part des annonces et quelques spots TV, très peu de choses ont évolué. Le XXIe siècle commence même sous le signe de la frilosité et du retour en arrière.

Ce que l'on appelle le « renouveau conservateur » aux États-Unis se traduit par un activisme de masse visant à contrecarrer le lobbying homosexuel en faveur de leurs droits. Des campagnes de publicité dans la presse tentent de faire revenir les homosexuels dans « le droit chemin ». Michel Roux, le président de Carillon Inc., distributeur exclusif de la marque Absolut Vodka, a été pendant très longtemps le premier annonceur du magazine gay leader, *The Advocate*. Il a souvent aussi subi des pressions pour cette seule raison :

> « Nous avons eu des tas de gens nous écrivant qu'ils n'achèteraient jamais notre marque parce que, selon eux, nous encourageons l'homosexualité. »

Walt Disney subit une campagne de boycott de la part de l'Église baptiste du sud (15 millions de fidèles) pour sa politique d'égalité des droits en faveur des homosexuels. On lui reproche aussi d'avoir mené des actions commerciales en direction des gays et posséder encore la chaîne ABC qui diffusait la série *Ellen*. La montée de mouvements homophobes est clairement perçue dans de nombreux pays lorsque la proportion de gays est jugée trop « envahissante ». Ainsi à Sydney, une étude parlementaire a indiqué que les homosexuels étaient agressés physiquement en moyenne cinq fois plus que les hétérosexuels : en huit ans, 33 meurtres ont été commis sur des gays, avec pour seul motif la haine de leur différence. Cela a conduit la police de Sydney à créer une unité spéciale : les *GLLO*[1], forte de cent cinquante personnes, en charge des relations avec la communauté homosexuelle. Preuve de la bonne intégration de cette unité avec le milieu gay, lors des parades du Mardi Gras, des dizaines de policiers participent en défilant sous une bannière « Aidez la police à lutter contre la violence anti-homo : parlez ! »

1. *Gay and Lesbian Liaison Officers.*

Utiliser les médias gays : une façon efficace de construire une politique à long terme

Parrainer certains événements gays ou passer des annonces comportant des couples gays dans les médias de « Monsieur Tout-le-monde » peut être interprété comme une prise de position. Par contre, utiliser les médias spécifiques aux gays pour passer des annonces ne risque pas de provoquer des réactions hostiles de la part des consommateurs non gays… Par principe, ils ne s'y intéressent pas !

Les homosexuels présentent la caractéristique de constituer une cible facile à toucher, très sélectivement par leurs médias spécifiques. Il existe une véritable vie communautaire, volontariste qui plus est, avec ses médias, ses fêtes ou ses lieux de rencontres où un annonceur peut communiquer de façon très efficace.

➤ La presse

Il existe aux États-Unis plus de 150 magazines homosexuels dont le lectorat est estimé à 735 000 personnes. Face à l'atomisation des consommations médiatiques, les entreprises ont pris conscience de l'intérêt à se montrer dans la presse gay.

> Le marché publicitaire de la presse gay représente plus de 100 millions de dollars en 2001, avec désormais de très grands annonceurs comme IBM, United Airlines, American Express ou Levi's. Ce dernier annonceur est à l'origine d'une campagne très remarquée dans le magazine *OUT*. Pour promouvoir sa gamme Khakis de la marque Dockers, il a investi douze pages de publicité en choisissant d'honorer dix personnalités américaines connues pour leur créativité ainsi que pour leur homosexualité affichée : des célébrités comme Bruce Hayes, Guinevere Turner, Wilson Cruz ou Eve Fowler. Mark Malinowski, responsable de la campagne senior marketing, spécialiste de Levi's, a déclaré à propos de cette initiative sans précédent :
>
> « Lorsqu'il s'agit de cibler une catégorie spécifique de la population, il est important de le faire de manière intelligente et respectueuse. Nous ne souhaitions pas utiliser simplement les homosexuels pour faire la promotion de nos pantalons. Nous voulions leur offrir quelque chose en retour. C'est pourquoi nous avons réalisé cette campagne rendant hommage à des personnalités clés de la communauté homosexuelle. »

La marque Dockers a ainsi investi en l'espace de quelques mois près de 100 000 Euros de publicité sur les médias gays pour lancer sa gamme Khakis.

Le lectorat gay est sensible à la publicité et le fait d'être annonceur dans un journal homosexuel est perçu comme un soutien par ses consommateurs que l'on sait assez fidèles aux marques qui les utilisent comme supports de communication.

Il faut noter que les homosexuels impliqués dans la vie de la communauté et consommateurs de médias gays sont assez jeunes. Ils ont une vie sociale active, et sans doute plus que les autres homosexuels ou que les jeunes non homosexuels. Le lectorat gay constitue une cible « jeune » à ne pas négliger. Le principal journal gay américain, *The Advocate*, a une circulation de 175 000 exemplaires. Son principal concurrent est *Out*. D'autres magazines ont une grande présence dans certaines régions (*Q* à San Francisco, *Frontiers* en Californie, *Southern Voice* et *Houston Voice* au Texas, ainsi que Lavender magazine).

En France, le lancement de *Gai Pied* en 1979 fut d'abord un grand succès (jusqu'à 30 000 exemplaires vendus), puis il a connu des difficultés et a fini par disparaître en 1992. Depuis lors, il y a une multiplication des titres, ce qui les rend assez fragiles.

Aujourd'hui, le leader de la presse gay est *Têtu*, mensuel tiré à plus de 80 000 exemplaires et au contenu très axé sur la culture. Le magazine a été créé en 1996 par deux des fondateurs d'Act Up, Didier Lestrade et Pascal Loubet, financé par Pierre Bergé notamment, avec Christophe Girard (ex-directeur général de Yves Saint-Laurent) comme directeur du journal.

Têtu n'est pas le seul magazine gay en France. Citons aussi *Illico*, centré sur les spectacles et les loisirs et distribué gratuitement à 40 000 exemplaires dans les établissements gays, *Idol* (groupe Illico), destiné aux 18-30 ans ; *Ex Æquo* (15 000 exemplaires), un magazine de *news* gay, *3 Keller*, la revue du centre gay et lesbien de Paris, etc.

➤ Internet

Internet est, à l'évidence, un très bon choix média pour entrer en relation privilégiée avec les gays : « discret » pour les marques qui craignent des réactions homophobes de la part des autres consommateurs ; parfaitement ciblé et quasiment sans déperdition. Le magazine de la publicité aux États-Unis, *Advertising Age*, a été le premier à identifier l'importance de ce support « facile » pour toucher les gays. Certains sites gays peuvent prétendre maintenant avoir des audiences largement supérieures aux leaders de la presse gay américaine. Ainsi planetout.com, récemment fusionné avec gay.com, annonce plus de 4 millions d'utilisateurs enregistrés, passant une moyenne de 40 minutes sur le site. Parmi les autres sites gays importants : kleptomaniac.com, gaywired.com... En France, les leaders sont citegay.fr (900 000 visiteurs uniques) et gay.fr. Les chiffres de progression spectaculaire du trafic sur Internet conduisent de plus en plus de gays à se tourner vers ce média privilégié de leur communauté. On compte environ 5 000 nouveaux utilisateurs chaque jour. Placer des bannières sur les sites Internet spécifiques est une manière discrète, efficace et peu coûteuse de toucher la communauté gay.

➤ La radio

À Paris, Radio FG a succédé à Fréquence Gay ; plus musicale, la station est centrée sur la musique techno. Ce positionnement lui assure un large public avec un inconvénient corollaire : son audience n'est pas composée exclusivement d'homosexuels et n'est pas pleinement homogène.

Aux États-Unis, plus de vingt stations de radio offrent des programmes spécialement destinés aux gays et lesbiennes, en général la nuit. À Chicago, la radio Les BiGay capitalise sur sa grande notoriété car elle émet de jour sur quatre états un *drive-time show*. PlanetOut radio, issue du rachat de GloRadio et reliée au site Internet leader PlanetOut, diffuse 35 heures de programmes hebdomadaires et construit un réseau de stations sur tout le territoire américain. Parmi les principaux annonceurs, on trouve Citibank, les brasseurs Anheuser Bush et Miller Brewing (pionnier de la publicité gay), la marque automobile Ford, les cafés Starbucks...

➤ La télévision

Depuis quelques temps, d'abord aux États-Unis et dans les pays du Nord de l'Europe, les programmes formatés pour gays et lesbiennes se sont multipliés. Les chaînes hertziennes, dont les homosexuels sont parmi les meilleurs clients, commencent aussi à proposer en France des émissions spécifiques. Plus ambitieux encore, on commence à parler de chaînes totalement dédiées sur le câble et le satellite : Pink Tv et Pride TV notamment. Bien que dans un rapport coût-audience peu favorable pour des communautés limitées, la télévision pourrait finir par s'imposer comme un média de référence dans les prochaines années. Restera à voir jusqu'à quel point les annonceurs seront prêts à investir sur des productions spécifiques.

➤ **L'événementiel**

En dehors de ses fêtes massives (Gay Pride, Gay Games), le milieu de la nuit gay est l'un des plus vivants. À Paris, on compte une centaine de restaurants membres du Sneg et un peu moins de bars et night-clubs. La fréquentation moyenne de ces établissements s'établit à 40 000 personnes chaque soir. Communiquer dans ces établissements est très pertinent pour toucher la communauté et ne paraît pas avoir d'influence négative sur la clientèle non gay. Certains établissements comme le Queen ont construit une notoriété qui dépasse de loin les seuls gays (pour préserver sa spécificité, le Queen a été obligé de réserver une soirée par semaine aux gays et lesbiennes exclusivement !).

• *La Gay Pride*

La Gay Pride, qui a lieu en juin, commémore les émeutes de Stonewall, bar homosexuel new-yorkais investi en 1969 par les forces de police bien décidées à « casser du pédé », est devenue un événement international. Ce mouvement de protestation axé sur les revendications en matière d'égalité des droits représente aussi une tribune pour les mouvements de lutte contre le sida, ce qui montre assez la volonté de dépasser le cadre gay. Être parrain de la Gay Pride c'est s'engager en faveur du mouvement homosexuel et de toutes ses revendications.

Pour fustiger l'intolérance de la société à leur égard et revendiquer le droit à une sexualité différente, les gays français ont organisé leur première marche parisienne en 1977 avec 400 participants. En 1995, la soirée de la Gay Pride de Paris se déroule à l'Aquaboulevard : des milliers de personnes n'ont pas pu entrer. Les organisateurs voient grand l'année suivante en louant Bercy : 12 000 places invendues.

L'année suivante, après Berlin, Amsterdam et Copenhague, ce fut le tour de Paris d'accueillir l'Europride. À cette occasion, une organisation plus sérieuse a permis un vrai succès de masse. Vingt-trois parrains avaient suivi, comme la SNCF, (réduction de 30 % aux provinciaux qui voulaient défiler), la RATP avec le ticket rose valable 3 jours, la Mairie de Paris… Avis faisait un pari sur l'avenir et la fidélité reconnue du public gay. Des annonceurs comme Kronenbourg (dont la cible traditionnelle est jeune), MCM, Fun Radio, Libération et Canal + étaient aussi impliqués dans l'événement. La Fnac, quant à elle, a assuré gratuitement la billetterie de l'opération. Au total, sur 1 000 000 d'Euros de budget, le parrainage en avait rapporté près du tiers.

En revanche, les organisateurs ne sont pas arrivés à convaincre Disneyland Paris de fermer le parc aux autres publics pour organiser une journée *gay only* comme cela se pratique régulièrement aux États-Unis.

La Gay Pride bénéficie de retombées médiatiques d'importance : la presse nationale et les *news* magazines, la TV, les radios couvrent l'événement avant et après. Il est donc possible pour une entreprise qui s'engagerait sur plusieurs années d'obtenir une bonne tribune vis-à-vis de la communauté homosexuelle et même vis-à-vis du grand public. Mais, attention, l'engagement sur les valeurs homosexuelles ne peut être en contradiction avec les valeurs des autres clientèles de l'entreprise.

Selon Michael Stuber, un des premiers spécialistes européens du gay marketing, les événements tels que les Gay Prides, qui mélangent de plus en plus d'homosexuels et d'hétérosexuels, jouent un rôle positif majeur dans l'intégration des communautés et l'évolution des mentalités. Il n'est donc pas étonnant qu'ils soient de plus en plus nombreux et populaires. Ainsi, d'après la European Pride Organizer's Association, le nombre de pays organisateurs a plus que doublé entre 1993 (10) et 2001 (22), tandis que le nombre d'événements a pratiquement quadruplé (de 19 à 68). Quant au nombre de participants et visiteurs, il est passé de 700 000 en 1995 à près de quatre millions de personnes en 2001.

Tableau 5.1 – Principales manifestations gay

Ville	Participants 2002	Participants 2001	Parrains principaux 2002
Paris	600 000	500 000	Piper-Heidsieck, Virgin Megastore, Durex, SNCF, radios diverses, M6, magazines divers
Marseille	10 000	12 000	
Lyon	7 000	2 500	Locaux
Montpellier	7 000	6 000	Locaux
Lille	6 000	5 500	
Strasbourg	3 000	N/a	NRJ
Toulouse	4 500	3 000	-
Bordeaux	2 500	5 500	Associatif
Caen	1 000	400	-
Angers	1 000	700	-
Nantes	800	2 000	Locaux
Rouen	700	250	-
Rennes	600	1 000	Locaux, Associatif
Reims	500	N/a	-
Biarritz	200	N/a	RTL2, Locaux
Europe			
Bruxelles	7 500	7 000	-
Cologne (Europride)	1 000 000	N/a	Ford, Coca-Cola, Beck's, West, Holiday Inn, Crowne Plaza, Best Western
Berlin	500 000	N/a	Heinecken, Coca-Cola, West, Smirnoff, Swissôtel
London	N/a	N/a	Piper Heidsieck, BT, Siemens, Ford
Monde			
San Francisco	1 000 000	N/a	United, Bud Light, Ramada, Mandarin Oriental, The Chronicle, Coca Cola, Magazines divers, Associations, Master Card…
New York	500 000	N/a	Marriott, US Airways, Bud Light
Vancouver	120 000	N /a	Air Canada, Labatt…

- *Les Gay Games : un événement intra-communautaire et international*

Il existe aussi des olympiades homosexuelles. Les premiers Gay Games ont été créés en 1982, les derniers se sont tenus à Sydney en novembre 2002. Les prochains auront lieu en 2006 à Montréal. À Amsterdam, en 1998, 12 149 concurrents en provenance de 72 pays ont participé aux épreuves dans 31 disciplines. Plus de 250 000 spectateurs ont assisté à l'événement. Mais, malgré un succès croissant, l'équilibre financier n'a jamais pu être atteint. Il faut dire que contrairement à la Gay Pride, les Gay Games sont surtout tournés vers la communauté homosexuelle. Dans leur contexte financier difficile, les parrainer permet évidemment de s'adresser directement et presque exclusivement à tous les homosexuels de la planète.

➤ Le mécénat caritatif

Le Sida cause toujours des ravages en France et ailleurs dans les rangs de la communauté et les associations qui s'occupent des malades et de leur famille ont besoin de soutien. Le fait que des médicaments plus puissants aient été trouvés ne résout ni tous les problèmes médicaux, ni toutes les conséquences sociales de ce fléau. Il paraît tout à fait responsable à certaines marques qui recherchent une « relation de sens » avec les gays de s'investir sur cette thématique. Le sujet est délicat, bien sûr, mais la communauté gay y est plus sensible que quiconque et sera très encline à respecter les initiatives sincères dans ce domaine.

CHAPITRE 6

Le marketing ethnique

Attention ! Avec ce chapitre nous entrons dans le « politiquement incorrect », tout particulièrement pour nous, Français. En particulier, depuis les événements récents intervenus dans la vie sociale et politique de notre pays : rappelons le fiasco du match de football France-Algérie du 6 octobre 2001 qui devait fêter la « réconciliation » entre les deux peuples et qui s'est transformé en contre-exemple de l'intégration réussie des enfants de l'immigration nord-africaine. Et bien sûr, le cataclysme du 2nd tour des élections présidentielles de 2002 avec la présence imprévue de Jean-Marie Le Pen, candidat connu de longue date pour ses thèses xénophobes et racistes.

Le pays qui a toujours prôné l'intégration (et donné des leçons au monde entier sur ce thème), qui a toujours lutté contre le communautarisme jugé incompatible avec les valeurs fondamentales de notre République, s'est réveillé un beau matin (enfin plutôt deux soirées, pour être précis) avec un paysage plus fragmenté que jamais, mettant en scène des groupes sociaux et des groupes « ethniques » (bien que ce terme soit rarement utilisé dans notre pays, voire banni…) exprimant des revendications identitaires fortes et générant, dans un climat global de montée de la violence et de l'insécurité, des réactions xénophobes, voire racistes d'une partie du corps social français. La France, une et solidaire, la France « pays de la tolérance, pays de l'égalité, pays de la fraternité »… vient de prendre conscience que tout n'est pas si simple et consensuel en ce début de XXIe siècle. Tout laisse prévoir que, malgré les efforts entrepris par les institutions de la République pour éviter la montée du communautarisme, il va augmenter dans les années à venir.

Notre propos n'est pas de porter un jugement discordant sur le bien-fondé de cette volonté nationale, on ne peut que l'approuver bien entendu, mais de constater une montée de forts sentiments de communautarisme reliés à des origines géographiques, à des appartenances et des pratiques religieuses, à une appartenance raciale, à des cultures aux origines éloignées…

La France « black, blanc, beur » devient de plus en plus une nation métissée sous la double influence d'une proportion de plus en plus significative d'immigrés et de Français d'origine étrangère (remontant parfois à plusieurs générations) et d'une montée inexorable de la *world culture* qui nous fait découvrir, apprécier, adopter des cultures, des pratiques, des musiques, des codes vestimentaires, des cuisines « différentes ». De plus en plus, on se rend compte à travers la montée des effectifs (notamment au sein et autour des grandes agglomérations) que l'imagerie historique véhiculée par la publicité dans la vaste majorité des spots TV (un couple blanc avec une ou deux têtes blondes) ne correspond plus qu'à une fraction, certes encore majoritaire (mais pour combien de temps ?) des familles de notre pays. Il est grand temps de réviser cet archétype du ménage de « Français moyens » pour l'adapter à notre société moderne et le rendre pertinent pour les « autres » consommateurs dont le pouvoir d'achat et le pouvoir d'influence sont chaque jour un peu plus importants. Il ne devrait plus faire de doute aujourd'hui, compte tenu de la concurrence féroce entre les différents acteurs économiques et la difficulté qu'ils expriment à gagner ou tout simplement garder leurs parts de marché, qu'aucune marque, aucun distributeur ne peut se passer de mener une analyse approfondie sur ses clientèles pour créer une « cartographie » la plus fine possible. Il est évident que les annonceurs deviennent de plus en plus attentifs à une segmentation fine de leurs actions marketing afin d'éviter de gaspiller de précieuses sommes ! Ils pourront ainsi identifier les potentiels représentés par les différents segments de consommateurs et constater d'eux-mêmes le poids de ceux qui ne correspondent pas à l'archétype conventionnel.

Même si cela n'est pas « politiquement correct », il est grand temps de s'intéresser en France au potentiel de consommation représenté par ceux qui ne sont pas « blancs » ou « Français de souche ».

Une illustration assez spectaculaire du chemin que nous sommes en train de parcourir vers une offre marketing de plus en plus « ethnisée » ou « communautarisée » dans notre pays est le lancement lors du ramadan de fin 2002 du Mecca-Cola.

Sur l'étiquette, dès le premier regard, les choses sont claires : « Ne buvez plus idiot, buvez engagé » écrit en arabe et en français. Sur une pastille verte (couleur de l'Islam) on peut lire « 10 % pour la Palestine ». Ce lancement n'est pas passé inaperçu, les bouteilles de Mecca-Cola s'arrachent dans les cités et deviennent la boisson incontournable de toute réunion familiale ou événement de la communauté musulmane. « Cela se vend comme des petits pains... Les week-ends, les clients, toujours des Maghrébins, achètent la boisson par lot de six » témoigne un commerçant[1].

Cette idée qui semble promise à un beau succès est l'idée d'un tunisien de 46 ans Tawfik Mathlouthi, fondateur et directeur de Radio Méditerranée qui a compris qu'il existait une belle opportunité marketing à positionner un produit « anti » hégémonie américaine auprès d'une communauté souffrant d'un certain rejet du reste de la société : « En ces temps particuliers d'islamophobie, il nous a semblé important d'avoir un signe fédérateur et unificateur. » Le nom Mecca est évidemment relié à La Mecque, ville sainte de l'Islam mais plus subtilement rappelle « le martyre de la tribu des Amérindiens, nommée Mecca, massacrée par les pionniers blancs et chrétiens, fondateurs des États-Unis d'Amérique. » Ceci pour bien rappeler que les États-Unis ont été fondés sur un « acte terroriste et que Messieurs Bush et consorts sont mal fondés de chanter chastement leur volonté de lutte contre le terrorisme »[2].

En tout cas, ce lancement a fait mouche puisque non seulement il semble avoir très vite atteint le statut d'incontournable boisson « symbole » pour les musulmans en France, mais en outre, a suscité une vague d'enthousiasme international au point que les commandes en provenance du monde entier affluent ainsi que les propositions de distributeurs locaux voulant référencer la marque.

En février 2003, la marque a « boosté » sa notoriété internationale en devenant le sponsor de la grande manifestation pacifiste de Londres. Début mars 2003, une autre marque concurrente a annoncé son arrivée sur le marché : le Muslim Up qui indique qu'une partie de ses bénéfices est destinée à « toutes les organisations qui luttent contre les injustices ».

1. *Le Figaro*, 19 janvier 2003.
2. *Ibid.*

Les États-Unis, pionniers de l'*ethnic marketing*

Cela ne surprendra personne, c'est évidemment en tournant nos regards vers les États-Unis que nous pourrons le mieux faire le point sur ce qu'il convient d'appeler « le marketing multiculturel » ou « *ethnic marketing* » adapté à une société multiculturelle d'une dimension démographique qui a facilité l'émergence de segmentations ethniques depuis très longtemps. C'est toujours ainsi aux États-Unis : dès qu'un segment de consommateurs est identifié, on reste abasourdi par la dimension des effectifs concernés ; un large nombre qui facilite, bien évidemment, le *return on investment*[1] des actions ciblées ! Il est absolument indispensable, comme souvent en marketing, d'étudier le cas américain pour en tirer des enseignements précieux qui nous permettront de progresser plus rapidement en Europe dans la mise en œuvre d'un marketing multiculturel efficace.

C. J. Walker

Le marketing ethnique est sans doute né aux États-Unis en 1900 avec une certaine Madame C. J. Walker, esthéticienne de métier et noire. Elle avait constaté que les femmes noires de l'époque, voulant mieux « s'intégrer » dans la société américaine à dominante blanche, avaient recours à toutes sortes de méthodes plus ou moins barbares pour défriser leurs cheveux, certaines n'hésitant pas à les repasser au fer chaud S'ensuivaient de nombreuses déceptions, accidents, brûlures, pertes de cheveux…

Elle eut l'idée de lancer un peigne chauffant capable de défriser les cheveux crépus des femmes de couleur en toute sécurité. Sans données socio-démographiques sophistiquées, sans plan marketing validé par des études consommateurs, sans équipes marketing expérimentées, elle fit preuve d'une incroyable intuition à tous les niveaux et réussit à mettre au point un très efficace marketing-mix (les célèbres 4 P : produit, prix, placement, promotion) pour lancer avec succès son produit auprès de la cible des *African Americans.*

Pour le produit, elle choisit un système très simple à comprendre, très simple d'usage et sans danger. Elle eut l'idée de montrer son visage sur les emballages des produits afin d'authentifier le fait qu'elle-même était noire. Le prix du produit fut calculé habilement de façon à être accessible pour une cible majoritairement assez pauvre, tout en étant suffisamment élevé

1. Retour sur investissement.

pour donner une impression de qualité, les femmes se révélèrent prêtes à faire un effort financier pour un produit dont elles ressentaient fortement le besoin. Elle fit distribuer son produit auprès des instituts de beauté et eut l'idée de créer une force de vente directe allant faire du démarchage en porte à porte pour toucher toutes les femmes qui n'avaient pas les moyens d'aller chez les esthéticiennes.

Sur le plan de la stratégie de communication, tous les moyens d'accès à la communauté noire américaine furent intelligemment utilisés, en particulier les quotidiens « noirs » tels que le *Pittsburgh Courrier* ou l'*Amsterdam News* au sein desquels elle fit paraître des encarts publicitaires. Elle sut habilement faire connaître son produit auprès des célébrités noires, ainsi la chanteuse Joséphine Baker fit-elle venir en Europe le peigne défriseur pour son usage personnel.

Dès qu'elle connut un certain succès, Madame Walker décida de soutenir financièrement les organisations de défense de la communauté noire américaine comme la NAACP (*National Association for the Advancement of Colored People*), l'association *Colored YMCA*, les orphelinats noirs, etc. Elle fit construire sa propre usine à Indianapolis qui permit à des centaines d'ouvriers noirs de trouver un travail en ces temps particulièrement difficiles pour leur communauté.

En 1919, lors de son décès, elle laissa une fortune de 1 million de dollars, somme considérable pour l'époque. Elle fut d'ailleurs, la première femme autodidacte millionnaire des États-Unis ! Avec son initiative, était née la première très grande réussite du marketing ethnique aux États-Unis.

Il est ici intéressant de relever que si le produit était destiné à une population ethniquement différente de la majorité blanche, il était néanmoins au service d'une volonté forcenée d'intégration : les femmes noires voulaient se « fondre » dans le code physique de la majorité blanche pour, pensaient-elles, être mieux acceptées par la société américaine.

Crisco

Un autre exemple émane du géant industriel Procter & Gamble qui dès 1913, s'est intéressé aux différentes cibles ethniques ou religieuses. Ainsi, pour sa marque de matière grasse d'origine végétale Crisco, il a lancé une vaste offensive à destination de la communauté juive. Une annonce proclamait : « La race hébraïque a attendu 4 000 ans… pour découvrir Crisco. » La société a diffusé un livre de recettes intitulé « Les recettes Crisco pour la mère de famille juive » en yiddish et anglais. Cette campagne est un des tout premiers exemples de marketing segmenté à l'initiative d'un des grands noms de l'industrie. Mais tout comme l'exemple précédent, l'objectif poursuivi par la marque était de permettre aux femmes juives de mieux maîtriser les recettes traditionnelles de la cuisine américaine pour être à même, grâce à ce produit parfaitement compatible avec les exigences de la religion juive, de faire les bons petits plats qu'une parfaite Américaine doit savoir réaliser. Avec Crisco, elles allaient pouvoir mieux se fondre dans l'uniformité américaine au lieu de cultiver leur différence culinaire !

Du melting-pot…

Une célèbre expression a labellisé le phénomène social vécu par les premières générations d'immigrants : le *melting pot.* Ce terme a été utilisé la première fois en 1964 par un chercheur-sociologue du nom de Gordon. Si on traduit le terme, cela signifie approximativement « composants mélangés, écrasés, cuits ensemble », une sorte de plat constitué de différents aliments d'origines diverses qui, telle une purée, se transforment en un tout avec un goût uniforme.

Jusqu'à une époque récente, l'aspiration majeure de tous les nouveaux arrivants sur le sol américain a consisté à se fondre dans la culture commune qui s'était créée pour accéder au plus vite à l'*American dream.* N'oublions pas que les États-Unis ont historiquement représenté (c'est encore le cas de nos jours) pour la plupart des immigrés la chance de fuir une situation de pauvreté, d'exclusion ou de guerre dans leur pays d'origine. Une fois installée sur le sol américain, l'immense majorité d'entre eux a eu pour obsession d'adopter aussi vite que possible le mode de vie de son pays d'accueil pour oublier sa situation dramatique et devenir citoyen américain à part entière.

Il est vrai que les États-Unis ont développé une culture du « tout est possible » remarquable, les exemples de *success stories* d'anciens immigrés pullulent dans ce pays sans doute plus que n'importe où ailleurs sur la planète. Les immigrés ont pendant des décennies tout fait pour être acceptés par la population « blanche » largement dominante. C'est pourquoi ils ne cherchaient pas à se différencier dans leurs pratiques culturelles, éducatives ou alimentaires. Le marketing ethnique était strictement limité à la création ou la mise en valeur de produits permettant de mieux s'intégrer encore dans les codes et valeurs de la majorité dominante, comme l'a démontré le succès du peigne défriseur de Madame Walker, idéal pour des noires voulant devenir « blanches ».

« Dans les premiers temps, quand de nombreux immigrants d'origine européenne vinrent ici en exil pour des raisons religieuses ou économiques, ils adoptèrent autant de coutumes américaines qu'ils purent et le plus rapidement possible : ce qu'ils mangeaient, leur manière de s'habiller et de parler, leur mode de vie et leurs manières de s'amuser. La conservation de leur culture d'origine, de leurs langues d'origine et de leurs traditions n'était pas une priorité pour ces immigrants car cela aurait interféré avec une adaptation réussie à l'environnement américain. »

Marye C. Tharp, auteur de *Marketing and consumer identity in multicultural America*, Sage Publications.

Mais, les choses ont changé inexorablement sous le poids grandissant des populations d'origine « non blanches anglo-saxonnes » dans la démographie américaine, comme le montrent ci dessous les recensements et les projections réalisés par le US Census Bureau[1].

Tableau 6.1 – Part des différentes « ethnies » dans la population totale des États-Unis

% de la population totale américaine	1960 Total : 180 M	1990 Total : 249 M	1998 Total : 270 M	2020 Total : 322 M	2050 Total : 393 M
African Americans	*10,5*	*12,3*	*12,8*	*14*	*15,4*
Latinos	*Non connu*	*9*	*11*	*16,3*	*24,5*
Asiatiques	*Non connu*	*3*	*3,9*	*6,1*	*8,7*

En 2002, on comptait 37,7 millions d'Hispaniques, 34 millions de noirs et 11,8 millions de *Asian-Pacifics*, soit un total de près de 84 millions ! Les croissances prévues des effectifs de ces différents groupes ethniques sont toutes très impressionnantes car les populations d'origine immigrée continuent pendant une période assez longue à avoir des pratiques natalistes très largement supérieures aux populations blanches anglo-saxonnes frappées, comme en Europe, d'une tendance à la sous-natalité. Selon les prévisions réalisées par le cabinet SRC à partir

1. Équivalent de l'Insee.

des données du recensement de 2000, les différentes ethnies devraient, entre 2002 et 2007 :

- progresser de 4,1 % et atteindre 237 millions, pour les blancs ;
- progresser de 16,7 % et atteindre 44 millions pour les Hispaniques ;
- progresser de 6,1 % et atteindre 36 millions pour les noirs ;
- progresser de 19,6 % et atteindre 14 millions pour les Asiatiques.

Tant et si bien qu'en 2005, les gens de couleur représenteront un américain sur trois, et qu'en 2050 ils devraient représenter un américain sur 2. Les Américains d'origine noire, hispanique et asiatique augmentent en moyenne sept fois plus vite que les blancs.

La population des Latinos qui est passée en à peine dix ans de 22,4 millions à 37,7 millions est celle qui devrait croître le plus spectaculairement dans les décennies prochaines compte tenu de la proximité géographique avec le continent sud-américain et de l'immense frontière de 3 000 kilomètres de long avec le Mexique (et le célèbre Rio Grande), impossible à rendre étanche au flot de « chicanos » qui veulent fuir leurs pays et accéder à l'opulence américaine. Cette zone tampon a même été rebaptisée « Amexica ». Ses habitants estiment que la frontière n'est pas vraiment une séparation mais au contraire un trait d'union entre l'Amérique du nord et l'Amérique latine : des deux côtés, on y parle indifféremment les deux langues, on y mange les mêmes plats et on y écoute la même musique. Du côté mexicain, le vrai objectif reste de passer aussi vite que possible du côté américain pour accéder aux « délices de l'*American dream* ». La vague latino s'étend désormais de la Floride à la Californie. Ainsi, dans ce dernier État, un habitant sur trois est d'origine hispanique ! Dans des villes comme Miami, on entend plus parler espagnol qu'anglais et les enseignes commerciales, les mentions sur les étiquettes des produits sont de plus en plus écrites dans les deux langues… voire en espagnol seulement.

Devant l'énormité du phénomène démographique, il est devenu impossible désormais aux annonceurs américains de continuer à représenter dans les campagnes publicitaires « l'Américain moyen » comme un blanc seulement ! À cet égard, les résultats du recensement de 2000 ont agi comme un formidable accélérateur du marketing multiculturel :

> « L'impact du recensement de 2000 est énorme. Les résultats ont plus influencé notre business que dix à quinze ans d'efforts de la part des agences

de pub hispano-américaines. Le marketing hispanique n'est pas une tendance, un phénomène de mode, mais une nécessité. »

Ritchie Lucas, président de Creatability, agence de publicité hispanique.

Tout aussi importante à prendre en compte est la transformation radicale des mentalités et aspirations des nouvelles générations d'immigrants. Désormais, s'intégrer dans la société américaine n'est plus synonyme d'abandon ou reniement de sa précédente culture, voire de sa langue d'origine.

Dès la fin des années soixante-dix, la notion d'homogénéité du *melting pot* a commencé à être décriée, la « soupe/purée » ainsi conçue avait vraiment un goût trop insipide.

« L'assimilation est un vrai mythe. Les gens ne se sont pas assimilés. Et ils n'ont pas l'intention de le faire. C'est comme mettre les gens dans un mixer et appuyer sur le bouton. Personne ne veut être transformé en bouillie ! »

Amy Hilliard-Jones spécialiste de *ethnic marketing*, 1996.

… au salad bowl *moderne*

L'ère du *melting pot* historique est révolue, une nouvelle expression résume de façon imagée cette attitude devenue dominante auprès des non-blancs anglo-saxons : le *salad bowl.* Dans ce bol de salade vont venir se mélanger les différents composants (tels des aliments : poivrons, tomates, laitue, olives, câpres, maïs, épices…) mais chaque élément va garder son goût, sa couleur d'origine, son apport gustatif à la recette du plat ainsi élaboré.

« Dans le *salad bowl*, les immigrants veulent toujours adopter un style de vie américain mais conservent leurs langages et leurs valeurs d'origine. Aujourd'hui, il n'est plus nécessaire pour les immigrants de se débarrasser de leur culture maternelle pour trouver un emploi, regarder la télévision, ou réussir à l'école… Ce qu'ils découvrent en tant que nouveaux venus aux États-Unis, ce sont des Américains qui réussissent, leur ressemblent et parlent leur langue. En somme, il existe une nouvelle façon de devenir un Américain qui réussit. En célébrant au lieu de masquer leur ethnicité, les immigrants peuvent toujours avoir accès aux promesses alléchantes de l'*American dream.* »

Marye C. Tharp.

Avec l'émergence de ces nouvelles mentalités, apparaissent également de nouveaux choix identitaires : certains individus choisissent de s'identifier symboliquement à des héritages ethniques dont ils ne savent quasiment rien (et que leurs parents ou grands-parents avaient totalement occulté) tant est grande de nos jours la recherche de racines. Ainsi, les anciens enfants d'immigrés (parfois après de multiples générations sur le sol américain) et les immigrés plus récents se retrouvent massivement autour de grandes fêtes symboliques qui prennent une dimension grandissante chaque année.

Les fêtes

• Le Cinco de Mayo, commémoration du 5 mai 1862, date de la victoire du Mexique occupé contre l'armée française, est devenu la grande fête des Latinos sur tout le territoire des États-Unis (pour l'anecdote, elle est plus célébrée aux États-Unis qu'elle ne l'est au Mexique même !) Les marques cherchant à s'attirer les faveurs des Hispaniques ne manqueraient pour rien au monde cette opportunité de communication ou de sponsorisation. Ainsi, l'US Postal a édité en 1998 un timbre commémoratif. La marque Coca-Cola s'est, quant à elle, associée à une marque de biscuits apéritifs et a proposé aux consommateurs d'organiser sa propre commémoration du 5 mai.

• La fête des Irlandais, St Patrick's Day est devenue si populaire aux États-Unis qu'elle s'étend désormais sur une période de plus en plus longue autour du 17 mars. Il est vrai que selon certaines recherches généalogiques, près de 40 millions d'Américains peuvent prétendre avoir une parcelle de sang irlandais qui coule dans leurs veines ! Les marques, toujours prêtes à s'acheter le goodwill des consommateurs, n'hésitent pas à miser massivement sur tout événement ethnique et festif susceptible de donner une raison valable pour consommer leurs produits ou services tout en se positionnant de façon favorable auprès des membres les plus sensibilisés ou militants des différentes communautés ethniques.

• La fête juive Hanukah, date commémorative d'une victoire d'un petit groupe de juifs contre l'armée grecque en 165 avant Jésus-Christ et de la réédification du temple de Jérusalem est devenue petit à petit une date importante pour la communauté juive nord-américaine. Aussi connue sous le nom de « Festival des lumières », la fête est célébrée pendant 8 jours et des bougies sont allumées chaque soir sur un candélabre appelé Menorah. Les industriels n'ont pas tardé à saisir cette opportunité pour s'attirer les faveurs (et les dollars) des juifs américains, ainsi Walt Disney a-t-il crée pas moins de cinq différents candélabres avec Mickey et trois avec Winnie l'ourson ! Les cafés Starbucks de leur côté ont commercialisé des mugs spéciaux pour cette occasion !

• La fête de la communauté noire Kwanzaa est célébrée, quant à elle, du lendemain du Jour de Noël jusqu'au Jour de l'An. Créée par le mouvement contestataire noir Black Pride pendant les années soixante, cette fête était supposée constituer une alternative « non marchande » aux débordements commerciaux de la période de Noël de la majorité blanche. Bien entendu, elle a vite été « récupérée » par les entreprises de toutes sortes qui ont trouvé là une formidable occasion de renforcer leur image et leur courant d'affaire avec les membres de la communauté noire !

Tableau 6.2 – L'attitude des différents groupes ethniques face aux efforts de marketing ethnique des entreprises

Proposition faite (à noter de 1 = en total désaccord à 5 = en total accord)	Anglo-Américains	Afro-américains	Hispaniques	Asiatiques
Préfère acheter à des entreprises qui font des choses bien pour ma communauté	3,68	3,86	3,94	2,83
Aime acheter à des entreprises qui sponsorisent les événements (sportifs/festivals) de mon ethnie	2,79	3,52	3,57	3,34
Recommande les marques des entreprises qui supportent ma communauté	2,56	3,49	3,15	3,41
Plus enclin à acheter aux entreprises qui supportent les entreprises appartenant à des membres de mon ethnie	2,15	2,94	2,77	2,84

Source : Lee, Tharp and La Ferle, 1999.

L'étude synthétisée dans le tableau 6.2 est éloquente : les membres des segments ethniques accueillent favorablement les efforts menés par certaines entreprises à l'égard de leurs communautés d'origine ou de couleur. Il n'est pas étonnant que les réponses des blancs anglo-saxons représentent les scores les plus faibles : ils n'ont que très peu le sentiment d'appartenir à une ethnie ou une communauté. Les blancs américains ne s'identifient pas aussi fortement à leurs origines ethniques que les noirs américains, les Hispaniques ou les Asiatiques ; ils ont toujours représenté la majorité dans une société culturellement, politiquement et économiquement à dominance blanche. L'ethnicité n'est pas, pour eux, un critère d'identité sociale fondamental.

Pourtant, même chez les blancs américains, on constate une montée de phénomènes identitaires intéressants. Certains individus disposant de multiples origines ethniques choisissent de s'identifier à des aspects de leur héritage plutôt qu'à d'autres. C'est particulièrement vrai pour des groupes perçus négativement par la majorité religieuse ou raciale du pays, tels que les Juifs, les Irlandais ou les Italiens. Au début du siècle dernier, lorsqu'une partie de ces peuples émigra en nombre important aux États-Unis, les blancs anglo-saxons ne les considéraient même pas comme des « blancs » ! Il n'est donc pas surprenant que la plupart d'entre eux limitèrent l'expression de leur ethnicité à la maison ou au lieu de culte de façon à ne pas exacerber les réactions de rejet ou de marginalisation à leur encontre.

Il est incontestable que nos contemporains ont une tendance de plus en plus marquée à rechercher et revendiquer leurs racines ou leur « différence » (c'est aussi valable pour les gays et lesbiennes, en particulier). Ce phénomène n'est pas propre aux États-Unis, il est universel, même si là-bas, comme toujours, il prend des proportions considérables. Il est vrai, aussi, que la société américaine est l'archétype d'une société trop uniformisée, trop aseptisée, trop standardisée, c'est le pays qui a poussé à son paroxysme le conformisme : pour être un « bon Américain », il faut consommer de la même manière, rire aux mêmes émissions de TV, pratiquer les mêmes activités de loisirs, manger les mêmes choses, s'habiller de la même manière… Tout cela a inexorablement eu tendance à exacerber la recherche de personnalisation de la part de nombreux individus souffrant de cette uniformisation, soit parce que leur niveau d'éducation leur permet d'aspirer à autre chose, soit parce qu'ils appartiennent à une « minorité ethnique » et qu'ils saisissent là l'occasion de se différencier par leur couleur de peau ou leur appartenance religieuse. Pour ceux qui souffrent d'un sentiment d'exclusion c'est aussi une manière de « se révolter » contre la culture dominante et de « marquer leur territoire ».

« Beaucoup de gens pensaient que nous allions nous couler dans la culture ambiante, abandonner notre culture et notre langue pour nous mettre à penser comme nos voisins anglo-saxons. Ils se voilaient la face. »

Norma Orci, dirigeante de Orci Advertising, agence de publicité spécialisée sur le marché latino.

En consommant différemment, en revendiquant une cuisine d'origine, en continuant de parler sa langue natale, en plébiscitant les médias ciblés sur leurs communautés ethniques, en affichant de façon ostentatoire les signes extérieurs de son ethnicité par des coiffures ou des codes vestimentaires marqués… les communautés ethniques prennent petit à petit une place de premier plan dans l'univers général du *business* et de la consommation.

« Les groupes ethniques traditionnels gardaient leurs traditions. Les groupes ethniques postmodernes continuent à garder leurs styles de vie. Ils ne sont pas si intéressés par leurs racines que par la manière dont ils se voient eux-mêmes. Ils ne se réfèrent pas tant à leurs ancêtres qu'au regard que leur portent leurs contemporains. Ils ne recherchent pas l'approbation de leurs parents mais plutôt la désapprobation d'une société qui ne leur offre pas les possibilités d'une intégration réussie. Ce n'est pas tant leurs différences qu'ils expriment mais plutôt leur refus. Ce n'est pas tant le contenu d'une culture qui les intéresse mais plutôt ses apparences. L'ethnicité est plus que jamais matière d'image et de style. »

Dominique Bouchet, professeur de marketing à l'université de Odense au Danemark, *Marketing in a multicultural world*, Sage Publications.

Le pragmatisme américain dans le *business* est bien connu, devant autant de faits concordant sur le poids des segments ethniques et sur le pouvoir d'achat annuel des noirs, latinos et asiatiques évalué en 2000 à la bagatelle de 1 000 milliards de dollars (la plupart des spécialistes des revenus s'accordent également pour dire que le pouvoir d'achat des minorités s'accroît désormais plus vite que celui des blancs). Aussi devant la montée en puissance des aspirations identitaires d'un nombre croissant de citoyens, les entreprises ont commencé à mettre en place des stratégies de marketing multiculturel. Comme le dit crûment ce responsable d'entreprise :

> « Comment pouvez vous ignorer le courant de revenus en provenance des consommateurs ethniques ? Vous ne pouvez pas. La couleur de l'argent est verte[1] et peu importe la couleur de peau des gens qui sont prêts à le dépenser. »
>
> Un dirigeant d'une compagnie de jouets, cité dans *Shopping for Identity*, Marilyn Halter, éditions Schocken.

Les stratégies de marketing ethnique

➤ Les types de stratégies les plus couramment employées

En étudiant le marché américain, on peut identifier trois grands types de stratégies utilisées par les entreprises voulant se positionner efficacement auprès des segments ethniques.

- *La stratégie d'intégration*

La première consiste à ne pas modifier radicalement sa stratégie marketing et communication et ne pas chercher à spécifier un produit ou un message pour toucher les cibles ethniques, mais se contenter d'inclure systématiquement des mannequins ou comédiens noirs, asiatiques et latinos aux côtés des blancs dans tous les actes de communication. C'est un peu l'imagerie célèbre des premières campagnes internationales de United Colors of Benetton. Le message sous-tendu est que ce produit ou service s'adresse à tout le monde quelle que soit la couleur de sa peau. On peut sourire face au simplisme de cet « artifice », néanmoins, la marque émet un message fort de respect et d'intégration à l'égard des cibles ethniques : « je vous considère comme un client important pour moi, au même titre que ma cible traditionnelle blanche ». Cette stratégie a aussi le mérite d'être encore relativement récente (une quinzaine d'années aux États-Unis) et de permettre une meilleure représentation des minorités à travers les publicités TV qu'elles ne le sont encore dans les programmes ou séries des grandes chaînes de TV nationales (les *networks*) tels qu'ABC, NBC, CBS, CNN…

1. Il s'agit du dollar.

• *La stratégie « micro-marketing »*

La stratégie popularisée et baptisée « micro-marketing » par Procter & Gamble. Elle consiste à modifier de façon tactique un certain nombre d'éléments du marketing-mix pour une gamme de produits ou services donnés que l'entreprise décide de présenter de façon plus attractive auprès de telle cible ethnique : différents types de promotions des ventes, choix spécifiques de réseaux de distribution, adaptation de publicités dans les différentes langues des minorités que l'on cherche à atteindre, utilisation de médias ethniques ciblés en complément des médias généralistes utilisés... Outre Procter & Gamble, nombreuses sont les marques à avoir recours à cette stratégie d'approche. C'est notamment le cas de nombreux groupes de cosmétiques tels que Avon ou Mary Kay qui sont tous deux allés jusqu'à créer des forces de ventes ethniques pour les différents segments.

• *La stratégie multiculturelle*

Une stratégie marketing multiculturelle et globale sur toutes lignes de produits ou services confondus est devenue la solution ultime adoptée par les plus grands groupes industriels américains. Dès le début des années quatre-vingt-dix, ont émergé de nombreux spécialistes marketing et publicitaires ethniques (on compte aujourd'hui près de 250 agences spécialisées sur le territoire américain, certaines étant d'une dimension très importante) auxquels les annonceurs ont eu recours pour les aider à implanter au sein des entreprises une solide expertise multiculturelle. Dans de nombreux départements marketing, on trouve désormais une division chargée de veiller à ce que la stratégie marketing générale de l'entreprise incorpore bien les différents segments ethniques. Ainsi chez le géant de la bière Anheuser-Busch toute la stratégie de ciblage est placée sous la responsabilité d'un *Vice President for Emerging Markets* alors que chez Levi's ou Procter & Gamble ce sont des *Vice Presidents for Ethnic Markets* qui élaborent en relation étroite avec le top management la stratégie marketing multiculturelle de l'entreprise.

➤ Des exemples de stratégies

Il ne peut être question de relater ici toutes les initiatives émanant des marques et distributeurs américains à destination des communautés ethniques, cela pourrait constituer un livre volumineux en tant que tel, alors mentionnons seulement quelques exemples significatifs du degré de maturité des entreprises américaines dans leurs démarches en direction des différentes communautés ethniques.

J.-C. Penney

La chaîne de grands magasins J.-C. Penney lança en 1992 sur une vingtaine de ses magasins une boutique ciblant les goûts des noirs intitulée Authentic African. On y trouvait des vêtements « ethniques », des objets de décoration, du petit mobilier et des accessoires multiples en provenance de différents pays africains dont les ancêtres des noirs actuels sont originaires. Devant le succès immédiat de cette boutique, la chaîne a non seulement décidé de l'étendre à l'ensemble de son réseau sur plusieurs centaines de magasins, mais aussi de l'inclure dans son catalogue de vente par correspondance. Devant ce succès plus que probant, l'enseigne a créé une gamme de cosmétiques spécialement élaborée pour les femmes de couleur : « Iman », là encore le succès fut impressionnant puisqu'aujourd'hui cette gamme, à elle seule, représente 20 % des ventes de son rayon cosmétique. Ce deuxième succès a sans doute beaucoup influencé la décision de l'enseigne de prendre la distribution exclusive de la marque « Zhen Collection » lancée en 1996 par une *American Asiatic*, Susan Yee à destination des femmes asiatiques. La créatrice de la marque présente sa marque ainsi :

> « Zhen a été créé par mes sœurs et moi-même après des années de frustration à la recherche de couleurs adaptées aux teintes des peaux asiatiques. La palette de couleurs Zhen est spécialement choisie pour s'accorder avec des teintes du jaune au mauve et a été développée pour combler un vide dans le monde des cosmétiques. »

Susan Yee citée dans *Shopping for Identity*, Marilyn Halter.

J.-C. Penney, comme la plupart des grands annonceurs américains, s'est entouré de spécialistes de marketing ethnique, en l'occurrence une agence publicitaire californienne Inter-Trend, qui a mis en place une stratégie de communication ciblée pour les différentes gammes ethniques.

Mentionnons aussi l'univers des jeux et jouets qui depuis une vingtaine d'années à intégrer des personnages ethniques dans les différentes gammes de produits ou figurines. Des groupes comme Mattel, Hasbro et Disney se sont tous adaptés face à un marché de plus en plus multiculturel.

Mattel

Le cas de Mattel et de son produit star « Barbie » est tout particulièrement intéressant. Dès le début des années quatre-vingt, on pouvait trouver dans la gamme Barbie quelques exemplaires de Barbie noires, asiatiques et latinos. Cependant, il s'agissait toujours à la base de Barbie blanches dont le plastique avait été plus ou moins coloré. Les campagnes publicitaires de l'époque ne faisaient aucune place à ces figurines minoritaires. Il a fallu attendre le début des années quatre-vingt-dix pour qu'une véritable stratégie cohérente soit mise en place (elle est intitulée « *go ethnic* » chez Mattel) et que des modèles tenant compte de la morphologie des différentes ethnies soient conçus, mis sur le marché et soutenus par des campagnes ciblées sur les chaînes TV et les magazines destinés aux communautés asiatiques, latinos et noires. Les résultats de cette offensive concertée ont été spectaculaires : en un an, les ventes de la gamme des Barbie noires (Shani, Asha, Nichelle, Jamal...) ont doublé et le succès s'est étendu petit à petit aux différentes gammes issues de cette stratégie.

En janvier 2003, la marque d'origine danoise, Lego, a, pour la première fois de son histoire, décliné une série de dix-huit petits personnages noirs à l'occasion de son accord de licence avec la célèbre NBA.

La montée des cuisines ethniques (notamment hispaniques et asiatiques) est à la fois une conséquence et un très bon symbole de ce que certains ont appelé « la latinisation de l'Amérique ». Un bon témoin de l'ampleur du phénomène : depuis un an, les ventes de Salsa (sauce piquante mexicaine à base de tomates et d'oignons) ont dépassé celles du... Ketchup ! Le danger a parfaitement été identifié par les géants du fast-food qui sentent là une menace de nature à fortement les déstabiliser.

Les géants du fast-food

- Depuis une vingtaine d'années, le leader McDonald's a multiplié les campagnes de marketing à destination des Latinos pour les fidéliser à son enseigne, suivi en cela par les autres ténors de ce marché à très haute valeur financière et symbolique. En 2001, McDonald's a investi 27 millions de dollars en publicités hispaniques.
- Burger King, de son côté, misait plus de 20 millions de dollars, autant que leur concurrent Tricon Global Restaurant, propriétaire des enseignes Kentucky Fried Chicken, Taco Bell et Pizza Hut.
- Wendy's lançait une vaste offensive sur toutes les chaînes TV hispaniques avec plusieurs films réalisés par une célèbre agence de pub ethnique, soutenue par un budget de 10 millions de dollars.

L'enjeu est de taille pour toutes ces grandes enseignes de fast-food : ne pas perdre l'énorme potentiel de consommation des Latinos et autant que possible « contrer » l'inexorable montée des cuisines ethniques dans les goûts américains.

L'alimentation

- Pour illustrer cette montée, citons aussi l'initiative du leader des baby-foods, Gerber, qui a créé une gamme de seize nouvelles variétés de petits pots Gerber Tropicals destinés à toutes les familles d'ethnies différentes avec par exemple, des produits à base de mangue ou de papaye.
- Gatorade a lancé une gamme de boissons « Xtremo sports » avec des goûts comme « tropical punch » et une autre boisson à base de mangue.
- Kraft a lancé en 2001 des nouveaux produits destinés plus spécifiquement aux attentes de latinos comme « Mayonesa con Limon » et « Gelatina par Leche ». Comme le déclare Linda Crowder, directrice du marketing multiculturel de Kraft : « Notre pays est en train de changer fondamentalement et pour se trouver là où le consommateur a envie d'aller, vous êtes obligé de changer avec lui ».
- Le géant de la glace Haagen-Dazs, pour sa part, vient d'introduire sur le marché une variété inspirée d'un célèbre dessert sud-américain : « Dulce de leche ».
- La cuisine hispanisante n'est pas la seule à avoir le vent en poupe aux États-Unis, citons l'incroyable succès d'un hypermarché de l'Asian food : « Uwajimaya » dans le centre ville de Seattle qui présente un assortiment inouï de produits alimentaires asiatiques sur plus de 50 000 mètres carrés. Une aile entière de ce magasin d'un genre nouveau est consacrée exclusivement aux pâtes !
- Selon la National Restaurant Association, le nombre de restaurants mexicains et chinois a augmenté de plus de 25 % pendant les années quatre-vingt-dix.

Tous les marchés, sans exception désormais, se sont adaptés aux techniques de marketing multiculturel. Les majors de Hollywood ne conçoivent plus un film sans son lot d'acteurs noirs, latinos et asiatiques dans les rôles principaux. Les musiques de ces mêmes films, mais aussi l'industrie du disque s'inspirent de la montée du « *latino sound* » qui déferle sur les États-Unis (et partout dans le monde). Les personnalités ethniques deviennent de plus en plus des porte-parole publicitaires, tant il est vrai que le *star system* et son pouvoir d'aspiration fonctionnent parfaitement, notamment sur les « minorités » qui y trouvent là des raisons de se sentir valorisées par la réussite de leurs « héros », sportifs, chateurs/chanteuses, comédiens…

Le domaine vestimentaire

• Dans une de ses campagnes pour la ligne Polo Sport, Ralph Lauren a utilisé Mike Tyson et Naomi Campbell. Une « révolution » pour la marque emblématique des Wasp[1] qui lui a permis d'émettre un signe fort à l'égard des noirs.

• La marque Tommy Hilfiger a commencé son travail de conquête des minorités ethniques en sponsorisant et habillant de nombreux groupes de rap.

Les institutions financières

Les institutions financières, banques et assurances, déploient des efforts considérables pour trouver le ton juste pour séduire les différentes aspirations de ces consommateurs. Le cas le plus spectaculaire est, sans doute, la stratégie mise en place début 2002 par la troisième banque américaine, la Bank of America qui a quadruplé son budget de communication ethnique, en le portant à 40 M de dollars, soit 20 % de son budget total et qui a mis en place une offensive tous azimuts à destination des Hispaniques, des noirs et asiatiques avec des plate-formes stratégiques différentes pour coller au plus près à leurs besoins.

• Pour les Hispaniques, cinq films différents et de nombreuses annonces presse ont été conçus pour témoigner de l'aide possible que la banque peut leur apporter pour réussir dans la vie avec un slogan qui clame « Nous croyons en vous ».

• Pour les Asiatiques, la promesse principale est centrée sur l'aide que la banque peut leur apporter pour créer leurs propres entreprises (on le sait, les Asiatiques sont particulièrement industrieux et entrepreneurs). Le slogan « notre banque » est décliné dans de nombreuses annonces presse et films tournés en Chine, Corée, Vietnam qui mettent en valeur le parcours suivi par ces immigrants.

• Pour les *African Americans*, la stratégie insiste sur l'aide que la banque peut leur apporter pour « accomplir leur destinée financière » avec différents conseils simples comme « démarrez dès aujourd'hui ».

Il est intéressant de noter que pour éviter de commettre des erreurs dans ce vaste plan d'attaque des segments ethniques, la Bank of America a choisi de travailler chaque cible avec une agence spécialisée. Ainsi, pour les Hispaniques, elle travaille avec Lopez Negrete Communication, basée à Houston ;

1. *White anglo-saxon protestants.*

pour les Asiatiques, elle collabore avec Kang & Lee Advertising de New-York et pour les noirs, elle a choisi Uniworld de New-york.

➤ La publicité

Devant l'explosion des marchés ethniques, tous les grands annonceurs se sont mis à déployer des moyens publicitaires sans cesse plus importants pour s'attacher les faveurs des différents segments, comme l'illustre le tableau 6.3 pour le seul marché des Latinos.

Tableau 6.3 – Les dix premiers annonceurs sur le marché hispanique aux États-Unis (en 2001)

1 Procter & Gamble	55 M$
2 Ford Motor	51 M$
3 AT & T	42 M$
4 MCI Worldcom	41 M$
5 Sear, Roebuck & Co	38 M$
6 Americatel	30 M$
7 Miller Brewing Co	30 M$
8 General Motors	29 M$
9 McDonald's Corp	27 M$
10 Philip Morris	25 M$

Bien entendu, face à ce besoin croissant de segmentation des actions marketing, le marché des conseils et des médias n'a cessé de se développer sur les vingt dernières années. Le marché des agences de publicités ethniques est en véritable explosion, on en compte environ plus de 200 en 2002. Pour le seul marché hispanique, on en recensait 42 avec un taux de croissance par rapport à 2001 de 17,3 %, très largement supérieur à celui des agences généralistes. Sur le plan des médias, les chiffres sont tout aussi éloquents : rien que sur la cible des latinos, on comptait 75 chaînes de télévision, dont deux réseaux nationaux, Telemundo et Univision qui émettent en espagnol 24 heures sur 24, 400 stations de radio, sans oublier plus de 300 magazines et quotidiens ! Dans les grandes villes hispaniques comme Los Angeles, Miami ou même New York, invariablement, le média le plus puissant y est chaque fois en espagnol.

À Los Angeles, dont près de la moitié de la population est hispanique, les journaux télévisés de la chaîne KMex channel 34 dépassent en audience celles des trois grands réseaux nationaux.

Les raisons d'une « réussite »

Avant de tourner nos regards vers ce côté-ci de l'Atlantique, essayons de comprendre les raisons d'une intégration des minorités de moins en moins conflictuelle aux États-Unis, depuis une vingtaine d'années. Si l'assimilation semble se passer aussi bien, c'est que depuis l'origine, les fondateurs des États-Unis ont tout fait pour éviter d'importer dans leur nouveau pays les luttes ethniques ou religieuses qui faisaient rage dans les pays de provenance des immigrants. Pour parvenir à cet objectif, ils ont construit la société américaine autour d'une obsession collective : « faire fortune » ou tout du moins gagner le maximum d'argent pour se construire des conditions de vie sensiblement améliorées.

Ainsi, ont-ils pu éviter de tomber dans les « démons d'antan » : controverses d'ordre religieux ou luttes raciales massives.

On cite volontiers à ce propos la phrase de l'auteur anglais Samuel Johnson :

> « Les hommes ne sont jamais aussi inoffensifs que lorsqu'ils sont occupés à gagner de l'argent. »

Il est bon aussi de se rappeler que tous les habitants des États-Unis d'aujourd'hui sont issus de millions d'immigrants anciens ou récents qui ont rejoint ce continent pour fuir des conditions de vie qui leur déplaisaient dans leurs pays originels. Comme le dit Dinesh D'Sousa auteur d'un remarquable article sur ce sujet dans le *Financial Times* :

> « La logique de base, c'est que lorsqu'on épargne pour embellir sa cuisine, que l'on fait des projets pour le week-end ou pour les vacances, lorsqu'on a le regard fixé sur son portefeuille, on ne perd pas de temps à se disputer pour des questions de religion ou d'ethnie, ou parce que ses ancêtres ont été lésés par ceux d'une autre personne. »

Il est utile aussi de rappeler que les États-Unis plus que n'importe quel autre pays, sans doute, sont construits sur une culture pragmatique : ce n'est pas tant le niveau social de votre famille ou les diplômes que vous avez obtenus qui comptent que votre capacité à créer, construire, imaginer… Ce qui est important, ce n'est pas ce que vous êtes, mais bien plutôt que ce que vous êtes capable de « faire ».

Rappelons-nous ce que disait Martin Luther King :

> « Les Américains jugent les gens non pas sur la couleur de leur peau, mais sur la nature de leur personnalité. »

Sans tomber dans un optimisme béat qui décrirait l'Amérique comme un pays « parfait » pour les minorités ethniques, force est de constater qu'ici plus qu'ailleurs, il est courant de voir des enfants de l'immigration ayant remarquablement réussi dans tous les domaines, politique, économique, scientifique, artistique.

Bien entendu, la situation américaine est très différente du contexte français. Nous ne pouvons pas imaginer un développement similaire du marketing ethnique de ce côté ci de l'Atlantique pour de multiples raisons : l'origine des ethnies est radicalement différente, la taille des segments concernés est bien inférieure numériquement, la culture sociale française a toujours nié l'existence en son sein de « minorités », la volonté politique d'intégration est un leitmotiv depuis la naissance de la République… Néanmoins, ce qui se passe aux États-Unis préfigure sans doute ce que seront dans les prochaines décennies les stratégies marketing des entreprises, obligées de sophistiquer leur approche des différentes cibles de consommateurs pour sécuriser ou développer leurs parts de marché dans un contexte de concurrence de plus en plus exacerbée. Il est temps maintenant de regarder comment se présente la situation en France.

Le marketing ethnique en France

Quel est le poids des segments ethniques dans la société française ?

Combien sont-ils, les enfants de l'immigration ancienne ou récente sur notre territoire ? Question légitime avant d'aller plus loin et bien difficile réponse ! Il est quasiment impossible de le savoir de manière certaine et officielle. Ce n'est pas « politiquement correct » : la République française ne reconnaît officiellement que des Français à part entière, sans distinction de race, d'origine ou de choix confessionnel. Il n'existe aujourd'hui aucun bilan complet de l'intégration des immigrés dans notre société : ce n'est pas un hasard… Il n'y a aucune statistique suivie sur ce sujet jugé à très haut risque !

> « Il y a un tabou dans ce pays qui consiste à dire : si vous créez des catégories en fonction de l'origine ethnique, vous stigmatisez le sentiment d'appartenance à une communauté et vous aurez des revendications de type quotas positifs. »
>
> Philippe Bataille, président du conseil d'orientation du Groupe d'études sur les discriminations (GELD).

Ce n'est qu'en 1992, qu'une chercheuse de l'Ined[1], Michèle Tribalat, a publié une enquête sur l'immigration dans laquelle, elle mentionne de nouveaux critères et en particulier celui « d'appartenance ethnique » fondé sur la langue maternelle et celui de « l'origine ethnique » défini par le lieu de naissance des parents. Enfin, elle ajoute une catégorie de « Français de souche ». Que n'avait-elle pas fait là… La polémique fut instantanée, notamment auprès des autres démographes s'insurgeant sur la dérive « raciste » de cette étude ! Hervé Le Bras, autre chercheur de l'Ined écrira quelques années plus tard que « la démographie est en passe de devenir en France un moyen d'expression du racisme. »

Conséquence de tout cet émoi médiatique et politique, depuis 10 ans il n'y a quasiment aucune étude permettant d'obtenir des données objectives et officielles sur l'intégration des enfants d'immigrés. La France préfère avancer dans le brouillard, étrange comportement d'une démocratie qui veut continuer à nier l'existence de différents groupes ethniques sur son sol par crainte d'être taxée de racisme ! Dans les statistiques officielles, on continue de se borner à distinguer les Français et les étrangers vivant en France.

➤ Quelques définitions

Alors, comment évaluer le poids des différents segments ethniques dans notre pays ? Par approximation, par extrapolation, en se référant aux chiffres fiables et partiels communiqués régulièrement par l'Ined ou l'Insee ou par d'autres organismes d'études ayant mesuré tel ou tel aspect de cette thématique.

1. Institut National d'Etudes Démographiques.

Mais d'abord, entendons-nous sur les termes utilisés par les organismes officiels français :

- **les étrangers** : est considéré comme étranger tout individu qui a une autre nationalité que celle du pays où il réside. Tous les étrangers ne sont pas des immigrés : on peut être par exemple un Portugais né en France, ayant gardé la nationalité portugaise de ses parents ;
- **les immigrés** : un immigré, du point de vue de la France, est une personne née étrangère à l'étranger et ayant migré vers la France. Après son arrivée en France, un immigré peut devenir Français par acquisition ou garder sa nationalité ;
- **les naturalisés** : les étrangers peuvent demander leur naturalisation après 5 années de résidence en France. L'acquisition de la nationalité peut également s'obtenir suite à un mariage avec un Français. Enfin, depuis l'entrée en vigueur de la Loi Guigou de 1998, les enfants nés en France de parents étrangers deviennent Français à leur majorité, sauf s'ils ne le souhaitent pas. En 2000, avec ce dispositif, plus de 150 000 personnes ont ainsi acquis la nationalité française, composées pour près de la moitié de Maghrébins d'origine[1] ainsi que de Turcs et de Portugais ;
- **les demandeurs d'asile** : les demandeurs d'asile sont des étrangers arrivés, régulièrement ou non, sur le sol européen, et qui demandent la protection d'un État ; leur statut est régi par la convention de Genève de 1951. Les demandeurs d'asile sont en situation régulière pendant toute la durée de l'examen de leur dossier ;
- **les clandestins** : ces personnes ne disposent pas de titre de séjour valide en France. Elles ont cependant pu entrer légalement dans notre pays, par exemple avec un visa de touriste, ou comme demandeur d'asile, ou à l'occasion d'une procédure de regroupement familial qui a échoué.

La notion de population étrangère est fondée sur le seul critère juridique de la nationalité : toute personne résidant en France ayant déclaré au recensement une nationalité autre que la nationalité française est considérée comme étrangère.

1. Dans l'ordre : Marocains, Algériens et Tunisiens.

➤ Quelques données démographiques

La France comptait 3,650 millions d'étrangers au 31 décembre 1997. Les 4,2 millions d'immigrés fournissent le gros de cette population : si 1,4 million est devenu français par acquisition, 2,9 millions sont demeurés étrangers. 2,4 millions d'individus nés en France et dont un parent au moins est immigré ont un accès privilégié à la nationalité française. 750 000 d'entre eux, n'ont cependant pas fait ce choix.

• *Les difficultés d'obtention de chiffres précis*

L'absence de registre de population, comme en possèdent la majorité des pays de l'Union européenne, ne permet pas d'apporter une réponse assurée.

Mais le débat passionnel qui existe autour de la question de l'immigration déforme souvent la réalité et aboutit à des chiffres parfois fantaisistes.

Deux raisons expliquent l'impossibilité de donner des chiffres certains :

- d'une part, la différence entre le concept juridique d'étranger et celle de population d'origine étrangère recouvre des réalités et des effectifs très différents,
- d'autre part, des erreurs de dénombrement peuvent survenir et fausser les évolutions d'un recensement d'une année à l'autre.

Ainsi, à défaut de registre de population et de comptabilisation précise des titres de séjour, le recensement général de la population demeure le seul véritable instrument de comptage de la population.

Depuis 1975, la proportion d'étrangers dans la population de la France serait restée stable. Au cours des 20 dernières années, cette proportion se situe dans une fourchette de 3,4 à 3,6 millions, représentant de 6,5 % environ de la population globale.

Ce ralentissement important de l'immigration est lié à la baisse de l'emploi dans l'industrie et le bâtiment, ainsi qu'aux mesures gouvernementales prises à partir de 1973 pour limiter l'entrée de nouveaux travailleurs étrangers.

Pourtant, l'opinion publique ne cesse de véhiculer l'image d'une immigration en constant accroissement car dans un contexte de crise économique, elle est devenue plus gênante !

En outre, l'idée que se font les Français de la présence étrangère est faite de confusions et d'amalgames notamment, entre les notions d'étranger, d'immigré, de population étrangère qui englobe les enfants de la 2e voire de la 3e génération pour la plupart des Français.

On constate des modifications qualitatives dans la population étrangère :

- l'origine géographique des étrangers se transforme : l'Europe, principal continent d'origine jusqu'en 1982 cède sa place à l'Afrique. L'augmentation concerne surtout les nationalités de l'Afrique noire, tandis que les effectifs de Maghrébins restent stationnaires. Enfin, la situation politique de certains pays a entraîné la venue en France, souvent en qualité de demandeurs d'asile ou de réfugiés, de communautés autrefois minoritaires (197 700 Turcs et 113 000 originaires du Sud-Est asiatique) ;
- la structure par âge montre que la proportion des jeunes est légèrement plus élevée dans la population étrangère que dans la population totale (les 0-14 ans en représentent respectivement 21,1 % et 19 %) et la répartition par sexe montre que la part des femmes avoisine les 48 % ;
- le pourcentage des actifs dans la population étrangère totale augmente à nouveau : il est maintenant de 45 %.

Tableau 6.4 – Classement par ordre décroissant de la population d'origine étrangère en France

Portugais	649 714	(18,1 %)
Algériens	614 207	(17,1 %)
Marocains	572 652	(15,9 %)
Italiens	252 759	(7 %)
Africains	239 947	(6,7 %)
Espagnols	216 047	(6 %)
Tunisiens	206 336	(5,7 %)
Turcs	197 712	(5,5 %)
Ressortissants du sud-est asiatique	112 915	(3,1 %)

Source : Guy Lemoigne, André Lebon, *L'Immigration en France*, PUF, Que sais-je ?, 2002.

Tableau 6.5 – Les immigrés selon le pays de naissance détaillé, le sexe et la nationalité

Pays de naissance	Ensemble	Hommes	Femmes
Ensemble	**4 308 527**	**2 167 936**	**2 140 591**
Europe	**1 934 758**	**902 619**	**1 032 139**
Portugal	570 243	292 867	277 376
Italie	380 798	186 863	193 935
Espagne	316 544	143 275	173 629
Allemagne	125 227	48 127	77 100
Belgique	93 395	39 070	54 325
Afrique	**1 692 110**	**929 173**	**762 937**
Algérie	575 740	323 092	252 648
Maroc	521 059	283 940	237 119
Tunisie	201 700	116 232	85 468
Sénégal	53 859	31 321	22 538
Mali	35 978	23 161	12 817
Asie	**550 166**	**278 538**	**271 628**
Turquie	175 987	93 383	82 604
Viêt-Nam	72 318	34 275	38 043
Cambodge	50 526	25 629	24 897
Laos	36 708	18 572	18 136
Chine	30 418	14 161	16 257
Amérique	**127 344**	**55 745**	**71 599**
États-Unis d'Amérique	29 381	12 946	16 453
Haïti	19159	8 550	10 609
Brésil	14 913	6 050	8 863
Canada	12 056	5 577	6 479
Colombie	10 983	4 844	6 139

Source : Recensement 1999, Insee.

Doit-on prendre ces chiffres comme totalement fiables ? Hélas, on peut en douter. Dans un très documenté article du 12 janvier 2003 du *Figaro* « Démographie : le brouillard statistique », Jérôme Dupâquier, historien démographe et membre de l'Institut, tente de montrer les multiples incohérences et zones d'ombres qui entourent les statistiques officielles de l'Insee.

> « Pour mesurer l'impact réel de l'immigration, il faut aller chercher, dans un tableau très discret de la publication officielle, la population des ménages dont "la personne de référence" est immigrée. Au recensement de 1990, elle atteignait 7 628 000, au recensement de 1999, 7 728 000... en y ajoutant les isolés (189 000), on trouve un total de 7 918 000 personnes issues de l'immigration, soit 13,5 % de la population vivant en métropole. Nous voici loin des chiffres officiels et de la langue de bois ! »

Combien y a-t-il de Musulmans en France ? Autre question bien difficile à élucider, puisque l'Insee ne pose pas la question lors de ses recensements. De nombreux chiffres circulent selon les auteurs de recherches ou livres consacrés à cette communauté importante sur notre sol. Auteurs d'un livre intitulé *La République et l'Islam*, Jeanne-Hélène Kaltenbach et Michèle Tribalat donnent un chiffre approximatif aux alentours de 4 à 5 millions tout en reconnaissant que « aucune source n'existe en France pour dénombrer les musulmans et étudier leurs pratiques religieuses ».[1]

- ***Les communautés ethniques en France : environ 12 à 14 millions de personnes représentant plus de 20 % de la population***

En l'absence volontaire de la part des pouvoirs publics français de statistiques sur les personnes issues de familles d'immigrants et ayant acquis la nationalité française en naissant sur notre territoire, nous en sommes réduits à faire une estimation des personnes appartenant à des « ethnies » et « communautés » différentes en croisant des informations et sources très disparates. Ainsi, on peut estimer qu'il y aurait sur notre territoire environ 5 à 6 millions de personnes en provenance des pays d'Afrique du nord (immigrés, étrangers et « beurs » nés en France). Au moins 3,5 millions de personnes dont la couleur de peau est noire (Africains et Antillais, Dom-Tom), d'autres sources indiquent 6,5 millions

1. *Le Figaro*, 12 janvier 2003.

de noirs, dont 2 millions de « Dom-Tomiens », sans doute un peu plus d'un million d'origine asiatique, auxquels il convient d'ajouter 2 millions d'origine européenne (Italiens, Portugais, Espagnols...) soit un total estimé entre 12 et 14 millions d'individus sur une population totale de 60 millions, ce qui nous amène à un pourcentage approximatif de 20 à 23 % de la population, soit une personne sur cinq environ ! Un score loin d'être négligeable et en croissance régulière du fait, là aussi, de pratiques natalistes connues pour être plus « dynamiques » que celui des populations de « Français de souche », en tout cas, au moins pendant les dix premières années d'implantation sur le territoire national. Un phénomène pas très éloigné de celui que l'on constate un peu partout autour de nous et aux États-Unis. Mais, bien sûr, il est impossible de démontrer la véracité de ce constat « sur le terrain » (maternités), car une telle information serait susceptible d'être exploitée par des partis politiques xénophobes qui en profiteraient pour alerter les foules sur « les dangers » d'un tel phénomène. Néanmoins, on constate que les prénoms statistiquement émergents dans notre société sont à fortes consonances étrangères (voir les sites Internet qui réalisent chaque année le palmarès des prénoms « à la mode »).

Existe-t-il un communautarisme ethnique en France ?

➤ La politique française d'intégration

La politique française d'intégration a-t-elle réussi à assimiler les millions de personnes qui ont rejoint le territoire national tout au long de son histoire ? Oui et non, il est incontestable que les Européens (Portugais, Italiens, Espagnols, Polonais), premiers effectifs historiques d'immigrés sont, après des débuts difficiles, globalement bien intégrés dans la société française et bien acceptés par la communauté des « Français de souche ». Ils participent pleinement désormais à tous les aspects de la vie sociale, économique et même politique. Le fait qu'ils soient « blancs » et que leurs religions soient massivement identiques à celles pratiquées majoritairement dans notre pays est un facteur qui a grandement facilité l'assimilation. Pour autant, cela ne signifie pas qu'eux-mêmes aient totalement renié leurs origines ou abandonné la pratique de leur langue. On constate que généralement, la pratique de la langue maternelle continue sur les premières générations puis a tendance à s'estomper ensuite au profit du français. Une étude, inédite par son ampleur, a permis d'interroger 380 000 adultes vivant en métropole, les plus âgés étant nés avant la guerre de 1914. L'étude portait sur la transmission des langues familiales par l'Insee à l'occasion du recensement 1999. Les résultats sont très éloquents : dans sa petite enfance, un adulte sur quatre a entendu ses parents lui parler une autre langue que le français ; 5,5 millions de personnes ont été bercées au son d'une langue étrangère et le même nombre d'une langue régionale... Ce ne sont pas moins de 11 millions de Français qui ont baigné dans une atmosphère « multiculturelle » pendant leur enfance au moins ! Ce phénomène est néanmoins en recul de façon constante, génération après génération, Plus d'une personne sur trois née avant 1930 déclare que ses parents parlaient une autre langue que le français. La proportion descend à une personne sur cinq pour les générations nées après 1970. L'usage du français n'a cessé de progresser depuis l'arrêté ministériel du 7 juin 1880 : « Le français sera seul en usage dans l'école ». Aujourd'hui, si 26 % des adultes ont été élevés en utilisant aussi une autre langue, ils ne sont plus que 9 % à l'avoir léguée à leurs propres enfants. « La moitié seulement des parents élevés exclusivement dans une langue étrangère l'a utilisée de façon habituelle pour élever ses enfants » souligne l'Insee.

Intégration globalement réussie, donc, pour les migrants historiques en provenance de l'Europe, cela devient déjà beaucoup moins évident pour les migrants récents en provenance d'Asie ou des pays d'Europe de l'Est et encore moins évident pour les anciens ressortissants des pays d'Afrique noire et du Maghreb et leurs enfants nés sur le sol français. C'est évidemment là que le « bât blesse ».

➤ La montée du communautarisme

Toute la problématique de la montée du communautarisme, très mal vécue par la société française, provient essentiellement des ethnies d'origine maghrébine ou noire qui se concentrent dans les banlieues des grandes agglomérations. Comment expliquer, sans tomber dans des poncifs aux relents racistes, la difficulté d'intégration de ces populations au sein de notre société ?

Écoutons un chercheur de l'Ined, Patrick Simon[1] :

1. Cité dans *Le Nouvel Observateur* au sein du dossier « Où vont les beurs ? » en 2002.

« La société française a attendu d'eux qu'ils s'intègrent, c'est ce qu'ils ont fait. Mais elle n'a pas été fidèle à ses engagements ; la contre-partie de cette intégration, c'était la promotion sociale et l'égalité de traitement. Le pacte a été rompu. On leur fait tout le temps sentir leur différence : quand ils cherchent un emploi, un logement, dans la vie sociale tout court. L'intégration a été difficile pour les immigrés italiens et polonais. Pour les Maghrébins, c'est encore plus dur. On leur rappelle constamment leurs origines. Même s'ils ont la nationalité française, beaucoup ne les considèrent pas comme des Français. Prenez les vigiles des supermarchés : parce qu'ils ont eu affaire un jour ou l'autre à des voleurs maghrébins, ils trient aujourd'hui les jeunes un par un à l'entrée. Ils viennent consommer et ils ressortent humiliés. Il ne faut pas s'étonner s'ils choisissent de montrer leur différence. »

Le ministère de la Ville a fait réaliser par L'Ifop en juin 2001 un sondage auprès de jeunes de 15 à 25 ans, nés en France de parents algériens, tunisiens, marocains ou africains. Cette enquête visait à mesurer leur degré d'intégration. Les chiffres ont le mérite d'être très clairs : 61 % d'entre eux ont le sentiment d'appartenir à une « minorité », 43 % auraient envie d'aller s'installer dans le pays d'origine de leurs parents, contre 56 % qui ne le souhaitent pas. Lorsqu'on leur demande de se définir, 47 % d'entre eux se définissent comme des Français d'origine maghrébine ou africaine et seulement 6 % d'entre eux comme des Français tout court ! 58 % se sentent aussi proches du mode de vie de leurs parents que de celui des Français non issus de l'immigration, alors que 14 % seulement s'identifient à la culture et aux modes de vie des Français de souche, score inférieur à ceux qui s'identifient à ceux de leurs parents pour 25 %. Plus grave encore : 36 % d'entre eux estiment que leur situation d'enfants de l'immigration s'est dégradée depuis dix ans, contre seulement 29 % qui estiment que cette situation s'est améliorée. 31 % estiment que la société française manque de considération à leur égard. Leurs préoccupations principales sont : le racisme pour 26 %, la violence pour 25 %, le chômage pour 23 % et les inégalités pour 20 %. Pour 69 % de ces jeunes, le racisme augmente. Les valeurs auxquelles ils sont les plus attachés sont intéressantes à remarquer : sur une échelle de 1 à 10, la « famille » arrive en premier avec 9,4, la « dignité » obtient un score de 8,8, la « religion » 8,4, les deux derniers sont « France » 7 et en queue de liste, l'« intégration » qui n'obtient qu'un score somme toute assez faible de 5,9.

Pas très étonnant, donc, d'assister à une montée du communautarisme chez ces jeunes et leurs familles :

« Le modèle français d'intégration, ignorant des origines, tel qu'on nous le présente en permanence a-t-il jamais fonctionné ? De plus en plus, les gens raisonnent à partir de leur appartenance ethnique. C'est assez logique : lorsqu'on ne parvient pas à trouver sa place, on cherche des lieux de repli, où l'on sera reconnu au lieu d'être stigmatisé. »

Christian Delorme, membre du Haut Conseil à l'Intégration,
Le Monde, 4 décembre 2001.

Nous voici donc face à une situation de plus en plus claire d'installation de comportements communautaires et ethniques qui déplaisent fortement aux institutions de la République française, mais que notre nation, dans les attitudes de ses concitoyens et de ses entreprises au quotidien, a, sans doute, largement favorisé.

« Une chose est sûre : les rares enquêtes chiffrées dont on dispose mettent en lumière une réalité complexe qui remet en cause "l'intégration à la française", c'est-à-dire la capacité de la société à dissoudre dans le bain républicain toutes les spécificités culturelles des nouveaux arrivants et de leurs descendants, bref à les rendre invisibles. Être assimilé culturellement ne signifie pas forcément être intégré et inversement. »

Christophe Labbé et Olivia Recasens, « Les fiascos de l'intégration »,
Le Point, avril 2002.

Il est frappant de constater que contrairement à de nombreuses autres démocraties (y compris européennes) la sous-représentation des anciens immigrés dans les différents échelons de la vie publique et politique est problématique. Par exemple, lors des dernières élections législatives du dimanche 9 juin 2002, sur un total de 8 424 candidats, on ne comptait que 123 Français d'origine maghrébine ou africaine à avoir osé franchir le pas, selon un recensement du Forum citoyen des cultures musulmanes.

« Ils comptent un peu pour du beurre. Mais c'est bien sûr le plan symbolique. Il ne faut pas oublier qu'on revient de nulle part : lors des législatives de 1997, les partis traditionnels n'en avaient présenté aucun ! » commente Rachid Nekkaz, porte-parole du Forum.

La nomination par Jean-Pierre Raffarin de Tokia Saïfi comme Secrétaire d'État au Développement durable est certes un acte positif (et d'ailleurs, massivement applaudi par la communauté maghrébine[1]). Néanmoins, il cache une préoccupation majeure : l'absence d'anciens immigrés ou de leurs enfants au sein des organes de représentation de la nation française.

Mais toutes les communautés ne « gênent » pas forcément de la même manière : il est bien connu que le quartier du 13e arrondissement à Paris abrite une forte communauté asiatique (on parle de 30 000 habitants dans le « triangle d'or » de Choisy, sans être tout à fait capable d'en comptabiliser le chiffre exact). C'est le fief des Teochew, les Chinois du sud-est. Travailleurs, discrets, efficaces et très organisés, ils ont crée au sein de Paris un véritable Chinatown où l'on recense plus de 1 700 commerces différents avec en son centre, l'empire commercial crée par les frères Tang. Avec leurs cinq supermarchés et leur activité de grossiste, Tang Frères importent et distribuent plus de 1 000 références d'épicerie asiatique... pour le plus grand bonheur des Asiatiques de Paris et de tous les autres Parisiens qui, fascinés par cet exotisme trouvent ce quartier « formidable » ! À l'occasion des fêtes du Nouvel An Chinois, les Parisiens viennent désormais massivement assister aux festivités de plus en plus populaires qui se déroulent dans le 13e arrondissement. Et personne n'est choqué de voir dans tous les commerces du quartier les prix et les noms des produits indiqués uniquement en mandarin... une situation qui serait peut-être jugée moins positivement s'il s'agissait de magasins maghrébins.

De même, la « communauté juive » est aussi globalement parfaitement intégrée au sein de la société française, au point que certains seront choqués que l'on utilise le vocable de « communauté » à son propos. Néanmoins, à l'occasion d'une enquête sociologique menée en 2002 par le Fonds Social Juif Unifié (FSJU), son nombre a été évalué à 575 000 personnes. Les auteurs de cette étude constatent une montée très nette des comportements communautaires de leurs coreligionnaires : ainsi, près d'un tiers des Juifs vit maintenant dans une communauté resserrée autour de la synagogue, ils n'étaient que 20 % lors d'une étude similaire menée en 1988. « Ils estiment que la vie communautaire est un rempart contre l'assimilation » précise le rapport d'étude, 30 % des chefs de ménages juifs se déclarent plus pratiquants que par le passé (et 51 % aussi religieux qu'avant). Les « traditionalistes »

1. Comme en témoigne l'expression « Les beurs en ont rêvé, la droite l'a fait ».

juifs, ainsi que les orthodoxes plébiscitent l'école juive qui accueille maintenant 25 % des élèves, contre 18 % en 1988. « Aujourd'hui, 85 % des personnes interrogées ont une image positive de l'école juive et 70 % y enverraient leurs enfants si elle était gratuite et près de chez eux ». Il est bien évident que les agressions qui se sont multipliées depuis quelque temps à l'encontre des Juifs de notre pays, du fait de la radicalisation du conflit au Moyen-Orient, ont agi comme un formidable rassembleur pour la communauté : « les Juifs de France ont été communautarisés par les récents événements antisémites » estime le président du CRIF, Roger Cukierman. D'ailleurs, il est spectaculaire de constater la progression des réponses hostiles à la question suivante : « si l'un de vos enfants, le moment venu, manifestait l'intention d'épouser un (e) non-Juif(ve), quelle serait votre réaction ? » 26 % des ménages interviewés avec des enfants d'âge scolaire répondent « j'essaierais de l'en dissuader » (idem au score de 1988), mais surtout 35 % répondent « je m'y opposerais de toutes mes forces » (contre 26 % en 1988). Preuve d'une certaine radicalisation des comportements pro-communautaires.

Pour autant, la communauté juive reste numériquement restreinte ; ce qui en facilite l'intégration. « Nous sommes la dernière communauté de France, après les Asiatiques et les Laotiens. (...) Nous sommes dans un rapport de 1 à 10 comparés aux Musulmans. Ce qui veut dire que notre poids politique est insignifiant[1] » estime le professeur Raphaël Draï qui exerce à la faculté de droit et de sciences politiques d'Aix en Provence.

Le phénomène d'intégration est en route, même les observateurs étrangers l'ont constaté : « En contraste frappant avec les théories officielles, la France devient une société multiculturelle » écrit Thomas Sancton, correspondant du magazine *Time* qui a consacré pendant l'été 2000 une Une de son magazine à « la communautarisation de la France ».

Cette tendance inquiète fortement les politiques français qui n'ont pas de mots assez virulents pour en dénoncer les méfaits, sous le titre « Le communautarisme, voilà l'ennemi », Robert Grossmann, président de la communauté urbaine, maire délégué de Strasbourg et vice-

1. *Le Figaro*, 18 novembre 2002.

président du conseil régional d'Alsace, s'est exprimé ainsi dans une tribune libre du *Figaro Magazine*, le 15 juin 2002 :

> « Le communautarisme substitue à la citoyenneté de funestes allégeances. Il est susceptible de rapatrier l'état de guerre sur le sol national. Il est aussi capable de déclencher des violences extrêmes entre Français. Le communautarisme nie le droit des personnes, bafoue la République et privilégie le terrorisme sur le débat démocratique. Voici venu le règne des tribus, qui met en péril la paix civile et la citoyenneté républicaine. Nous risquons de ne pas être loin de cette ruine, nous y sommes, même, peut-être déjà... »

Notre propos n'est en aucun cas politique et nous ne porterons aucun jugement sur le bien-fondé de la politique d'intégration voulue par les pouvoirs publics français.

Alors, puisqu'à l'évidence, de plus en plus de personnes expriment un fort sentiment d'appartenance à une communauté religieuse ou ethnique dans notre pays, intéressons-nous maintenant aux dimensions économiques de ces segments et à la manière pertinente avec laquelle on peut imaginer les approcher de ce côté-ci de l'Atlantique.

Où en est le marketing ethnique français ?

Bien entendu, compte tenu du contexte politique précédent, inutile de dire que nous ne bénéficions pas de la même richesse de statistiques et d'informations que sur le marché américain. La conviction de l'importance de ces segments de population en tant que tels sur le plan économique est loin d'être reconnue, ni même perçue, voire « acceptable » dans la mentalité française :

> « Les industriels hésitent car cette segmentation par l'ethnie ressemble à une ségrégation et peut être interprétée comme l'exclusion de la majorité »
>
> Robert Rochefort, directeur du Credoc.

➤ Les prémices d'une offre spécifique

• *Le phénomène "jeunes de banlieue"*

Depuis quelques années, nous sommes aidés dans cette prise de conscience des annonceurs par l'importance et l'influence grandissante du phénomène « jeunes de banlieues », en particulier, pour certains marchés du *sportswear* et des chaussures de basket et tennis. Ces codes vestimentaires adoptés massivement par les « beurs et blacks » puis petit à petit, adoptés par les autres jeunes, ont donné lieu à une sur-médiatisation qui a alerté l'ensemble des entreprises sur l'émergence d'un nouveau marché ethnique et a servi de révélateur au fait qu'ils disposaient, eux aussi, d'un pouvoir d'achat non négligeable !

> « Le crocodile n'est plus ce qu'il était. Jadis écusson du bourgeois bon ton, amateur de golf ou de tennis, le reptile de Lacoste s'affiche désormais sur des poitrines un peu plus turbulentes. De façon inattendue, les jeunes des quartiers périphériques se sont mis à porter casquettes, survêtements et polos arborant l'animal. Non contents de s'être équipés en Nike, Adidas et autres Reebok, ces hommes-sandwiches *modern style* se sont appropriés des marques dont ils n'étaient pas, a priori, la clientèle attitrée. Voire souhaitée. Aujourd'hui, la banlieue se "sape" Ralph Lauren, Versace, Eden Park, sans aucun scrupule et logos bien en vue. »
>
> Stéphane Horel dans l'article intitulé « Pour se "saper", les jeunes de banlieue raffolent des marques », *Le Monde*, 8 septembre 1999.

Dans le même article, plusieurs jeunes de banlieue interrogés justifient leur passion pour les marques : « Si tu portes pas de marques, ça veut dire que t'as pas d'argent, alors t'as aucune chance d'attirer les filles. T'es un pauvre type. Dans la cité, celui qui ne porte pas de marques, on le calcule pas[1], on l'esquive, c'est qu'il est pas normal » déclare Steven, 14 ans. On se trouve bien ici face à un comportement de groupe très homogène avec ses codes, ses langages, ses valeurs, une même aspiration à posséder les marques, symbole de réussite sociale.

> « Posséder un objet de valeur est "classant" pour les jeunes qui n'ont pas d'argent. En possédant un objet que les autres ne peuvent pas avoir, le jeune signifie aux autres sa valeur. Il y acquiert son prestige, sa reconnaissance. »
>
> Gérard Neyrand, sociologue spécialiste de la jeunesse et des adolescents.

Ce que ce phénomène surprenant a permis aussi de mettre en valeur, c'est l'existence d'un incontestable pouvoir d'achat au sein des communautés « blacks et beurs », car l'immense majorité de ces produits sont

1. On l'ignore.

achetés et non dérobés comme la rumeur un peu facile le laisserait entendre : « Ce sont des passionnés, ils connaissent tous les modèles, les références et les coloris. L'autre jour, l'un d'entre eux a acheté dix casquettes à 295 francs. Une de chaque couleur. » indique Olivier, vendeur chez Lacoste du centre commercial de Cergy (Val d'Oise).

Les marques mondiales de sportswear ont compris depuis très longtemps l'importance des jeunes appartenant aux minorités dans les codes vestimentaires de la jeunesse. On ne compte plus les initiatives des Nike, Reebok, Ralph Lauren et autres Tommy Hilfiger pour véhiculer une image multiculturelle partout dans le monde. Ces marques ont tout naturellement exporté à travers leurs filiales françaises leur savoir-faire marketing pour approcher les jeunes appartenant aux minorités ethniques dans notre pays.

- D'autres grands du secteur connaissent aussi les bonnes méthodes. Ainsi Helly Hansen, la marque norvégienne de sportswear, a-t-elle conquis les faveurs des blacks et des beurs en sponsorisant et habillant de son « look nautique » des groupes comme Manau ou NTM. Cette stratégie menée à l'échelle mondiale lui a permis de faire progresser de manière spectaculaire ses ventes et d'éviter ainsi de se trouver limitée aux seuls amateurs traditionnels de vêtements nautiques. En France elle a mis en place une offensive concertée de *street marketing* en donnant des vêtements aux jeunes leaders d'opinion de ces communautés en les repérant lors de soirées hip hop ou en visitant les cités. Cette technique est utilisée régulièrement par d'autres marques comme Fila ou Adidas.
- Nike de son côté, a installé ses Nike Camps, des terrains de foot synthétiques, dans des zones de banlieue réputées difficiles.

On s'aperçoit, ici, que le marketing ethnique va dans un certain nombre de cas se confondre avec le marketing générationnel et utiliser des techniques et méthodes mises au point pour approcher et séduire les cibles des adolescents et juniors. C'est, en tout cas, la reconnaissance par les marques et entreprises du poids grandissant des jeunes « ethniques » dans la consommation.

- *Des offres spécifiques dans tous les types de secteurs*

On assiste dans tous les domaines à l'apparition d'offres spécifiques pour les minorités ethniques. En voici quelques exemples :

Les cosmétiques

• Naomi Sims

> « Expliquez-moi pourquoi les femmes africaines et antillaises devraient être condamnées à acheter leurs cosmétiques dans les petites boutiques de certains quartiers ghettos ? » explose Régine Ferrère, gérante de la filiale française de Naomi Sims, société américaine spécialisée dans les produits de beauté pour les peaux noires et métisses, *L'Usine Nouvelle*, 18 janvier 2001.

Il est vrai que longtemps, personne ne s'était intéressé à ce marché en France, alors que la population antillaise et d'origine africaine est présente depuis des générations dans notre pays.

> « En Europe, nous apparaissons encore comme des laissés-pour-compte, c'est un paradoxe car nous sommes de grandes consommatrices de maquillage » explique le médecin d'origine ivoirienne Mme K Sy Bizet.

Naomi Sims est parvenu difficilement à convaincre un certain nombre de distributeurs du potentiel de ses clientes cibles et se trouve désormais distribuée aux Galeries Lafayette, chez Nocibé et en pharmacie avec des gammes de produits spécifiques adaptés à la couleur de peau des noires.

> « Les Africains et Antillais soignent particulièrement leur apparence : ce sont d'excellents clients, mais il ne faut pas les décevoir, car une réputation est vite faite au sein de la communauté. » selon Régine Férrère.

• Fashion Fair

Une marque américaine, Fashion Fair, a également été implantée sur le marché français, avec une gamme large de 150 produits spécifiquement pensés pour les peaux noires et métissés. Il faut savoir que l'on ne répertorie pas moins de 35 teintes de peaux différentes contre trois maximum pour les carnations claires, ce qui nécessite un panel de couleurs de maquillage large. Par ailleurs, chez la femme noire, les peaux grasses sont largement majoritaires et les marques de l'âge se traduisent moins par des rides que par des décolorations de la peau, d'où la nécessité de produits spécifiques très performants. Fashion Fair est surtout distribuée dans les parfumeries de libre-service (comme Sephora), dans les grands magasins et dans un certain nombre de pharmacies et centres de santé-beauté. La marque a procédé à une étude de marché approfondie avant de s'introduire sur le marché hexagonal. Il s'est avéré que le pouvoir d'achat des femmes visées était très intéressant :

« Il faut savoir que le budget beauté de la femme noire (soin de la peau, des cheveux, du maquillage) est de l'ordre de 250 euros, soit très au-dessus de la moyenne. »

Christine Avian-Richard, directrice de la société en France,
Points de Vente, 10 septembre 1998.

• Iman

Plus récemment, la marque du top model Iman a commencé d'être distribuée en France.

• L'Oréal

Le groupe L'Oréal semble avoir fortement pris conscience de l'enjeu stratégique mondial représenté par les clientèles de couleur. Il a racheté l'américain Carson, leader mondial des cosmétiques destinés aux gens de couleur et vient de créer « L'institut L'Oréal de recherche ethnique sur le cheveu et la peau » dirigée par une biologiste noire américaine Victoria Holloway.

La marque Goldys, filiale de L'Oréal spécialisée dans les produits de défrisage, cible tout naturellement la clientèle des Africaines et Antillaises en passant leurs annonces publicitaires dans les journaux s'adressant à la communauté noire.

• DOP

Fin 2001, la marque de shampooings DOP s'est lancée, grande première dans l'univers de la distribution de masse en France, à la conquête des « Cheveux très secs ou frisés » avec son shampooing au karité. Sur le packaging, dans les affiches publicitaires et les annonces presse, la marque a mis en scène plusieurs personnages noirs, de type hispanique et arabe.

• Body shop

L'enseigne Body Shop qui prône le commerce équitable a, elle aussi, saisi le potentiel de ces segments et vient de lancer en 2002 une nouvelle gamme de cosmétiques « Source d'Afrique » dans laquelle on trouve en particulier des tatouages corporels, pratique ancestrale dans certains pays africains.

L'alimentation

Dans l'alimentation, on constate les débuts timides de la prise en compte des produits casher chez un certain nombre de distributeurs ou fabricants. Ainsi, les Galeries Lafayette ont-elles chez Lafayette Gourmet un rayon de vins « pashravés » (c'est-à-dire conformes au rite hébraïque), de son côté, la marque de Champagne Nicolas Feuillate a lancé un champagne casher : Cuvée Mevushal. Du côté Musulman, première minorité religieuse en

France avec environ 4,5 millions de pratiquants, on rencontre une multitude d'entreprises transformatrices et intermédiaires de viande halal (approuvée par un Imam). Certaines d'entre elles aspirent maintenant à être distribuées dans les rayons des hypermarchés et supermarchés, ce qui paraît assez logique.

Mentionnons une initiative récente d'outre Manche : Mother Nature Baby Foods a introduit sur le marché britannique une gamme de petits pots spécifiques pour les bébés musulmans. Au menu : agneau aux légumes, poulet et lentilles, salades de fruits et gâteau de semoule. En France, la marque Bledina a, elle aussi, compris l'importance de ce marché, elle propose désormais des petits pots « Tajine ».

La culture

La reconnaissance de l'importance économique des communautés est de plus en plus palpable, citons par exemple l'implantation toute récente au dernier trimestre 2002 d'un Virgin Megastore au sein du quartier de Barbès dans une zone de chalandise estimée à 400 000 personnes en majorité black ou beur. L'enseigne a choisi de cibler la population immigrée en consacrant une large part de ses rayons aux musiques du monde et aux styles musicaux favoris des populations métissées du quartier.

- *Le cas particulier de l'ethnic food*

> « Aussi incroyable que cela puisse paraître, Paris n'est plus le chef-lieu de la cuisine française, car sur les 30 000 maisons de bouche répertoriées sur son territoire, plus de 16 000 sont d'expression étrangère. Un phénomène qui ne cesse de s'amplifier… Les temps ont bien changé et les cuisines étrangères, pour insolites, lointaines, rustiques ou luxueuses qu'elles soient, ont intégré, pour la plupart, notre alimentation quotidienne. Le réflexe est passé dans nos mœurs. »
>
> *Marianne*, 4 octobre 1999.

Eh oui, la France, pays si fier de sa tradition culinaire, s'est ouverte de façon spectaculaire aux cuisines du monde, les explications sont multiples, mais bien entendu, l'une des raisons, à l'évidence, est la présence importante au sein de notre communauté nationale d'anciens ressortissants de pays à forte culture culinaire et d'immigrés récents venus en important leurs goûts et leurs recettes.

Selon une enquête réalisée en 2000 par la société Présence Marketing, plus de 75 % des foyers hexagonaux auraient acheté au moins une fois dans l'année un produit exotique, par comparaison, ils n'étaient que 40 % en 99 ! Chaque jour en France plus de sept millions de repas à base d'aliments « ethniques » sont consommés, le marché a été estimé en 2001 à un peu plus de 500 millions d'euros annuels dont 150 millions commercialisés en distribution alimentaire (GMS et autres), la progression annuelle de la cuisine « ethnique » est considérable avec plus de 20 % en moyenne. Les motivations d'achat ont été recensées à l'occasion du salon Ethnic Food Show 2001 : 48 % des consommateurs choisissent ce type de cuisine pour le goût, 28 % pour changer d'habitude et 18 % pour découvrir de nouvelles saveurs.

Manger ethnique est socialement « valorisant », c'est à la fois un achat pour soi, mais aussi un achat pour les autres, on cherche à étonner ses invités ou initier ses amis. On va même jusqu'à faire découvrir à ses invités des vins chiliens, espagnols, argentins, d'Afrique du sud, plutôt que de partager l'habituelle bouteille de Bordeaux ou de Beaujolais.

Tableau 6.6 – Le poids des cuisines ethniques en France

Pénétration des cuisines exotiques dans les foyers	%
Chinoise	48 %
Maghrébine	39 %
Vietnamienne	29 %
Créole	25 %
Grecque	20 %
Tex-Mex	19 %
Indienne	16 %
Japonaise	11 %
Libanaise	7 %
Cubaine	4 %
Cajun (Louisiane)	2 %

Source : Ethnic Food Show 2001.

Il faut reconnaître aussi que c'est une bien commode (et économique) façon de « voyager » et que nous avons de plus en plus envie de goûter aux plats « exotiques » ou « différents » pour notre plus grand plaisir. Il ne fait aucun doute que par cette pratique de plus en plus populaire et démocratique, la « *world* cuisine » ou la « *fusion food* » progresse fortement dans notre société. Si vous n'allez pas à l'étranger chercher l'aventure, c'est elle qui viendra directement à vous, pas besoin de se lancer dans un safari, il vous suffit de vous rendre dans quelques-uns des nouveaux endroits à la mode de Paris ou des villes de province, tels que l'Impala Lounge, dans le VIIIe arrondissement à Paris ou encore Le Zango qui vous proposera des assiettes « Zatatzès » assortiment de spécialités du monde entier ou les « assiettes des explorateurs » qui proposent des plats typiques des pays lointains. Des chaînes de restaurant Tex-Mex se développent avec grand succès comme El Rancho ou Indiana. On recense désormais en France 16 000 restaurants asiatiques, 3 000 italiens, 900 tex-mex et 300 africains. Les « sushis bars » japonais sont devenus terriblement « tendance » depuis quelques années. La cuisine japonaise bénéficie d'un double attrait :

- c'est une cuisine asiatique encore mal connue : on fait un peu acte de « découvreur » en la consommant et en la faisant partager aux autres ;
- elle bénéficie d'une image favorable pour la « santé » du fait qu'elle est à base de poissons crus sans graisse ou friture. Preuve de l'attrait phénoménal qu'exercent les restaurants « non-français » sur la clientèle parisienne, un restaurant qui ouvre sur deux dans Paris, propose de la cuisine venue d'ailleurs[1] ;
- les marques d'arts de la table se sont adaptées à ce mouvement, qu'elles soient à destination de la restauration ou des particuliers, elles s'inspirent pour leurs nouvelles gammes des courants culinaires à la mode. Aussi trouve-t-on chez Revol une collection « Fusion » avec des assiettes carrées aux formes orientales ou la collection « Zen » chez Yves Deshoulières ou encore la gamme « Salomé » chez Geneviève Lethu.

« Plutôt jeune, assez aisé et vivant en milieu urbain. Tel est le profil type de l'amateur de produits exotiques. Mais ce portrait type ne doit pas masquer l'intérêt croissant d'autres catégories de consommateurs pour les goûts venus d'ailleurs, ainsi, loin d'être de simples curiosités culinaires, ces aliments entrent progressivement dans le quotidien des Français »

1. « Food from Britain » 2002.

selon le magazine *Rayon Boissons* qui a consacré un dossier complet à ce marché en juillet 2001 sous le titre « L'ethnique sort du ghetto ».

La grande distribution alimentaire a vite saisi l'importance de cette aspiration forte de sa clientèle, on ne compte plus les tracts distribués dans les boîtes à lettres des zones de chalandise qui titrent : « 10 jours qui comptent pour les globe-trotters » (Auchan), « Matières à voyager » (Carrefour), « Couleurs et parfums lointains » (Carrefour) ou encore « Arts de la table et saveurs du monde » (Cora). Le Nouvel An Chinois devient, petit à petit, un rendez-vous incontournable dans le calendrier d'animation des grandes enseignes, on voit même les débuts timides d'autres événements ethniques comme le Diwali (festival indien), certaines enseignes comme Flo Prestige ont lancé La Semaine Indienne ou Le Bon Marché, sa « Semaine Japonaise de La Grande Épicerie ».

Les grands groupes de l'alimentaire ont tous plus ou moins élargi leurs gammes à des spécialités ethniques, citons pour l'exemple, Uncle Ben's « Riz à l'indienne », Sodebo avec ses « Pizzeriades du monde ». Ou encore les marques de produits pour apéritif et repas Tex-Mex telles que Casa Fiesta ou Old El Paso devenues incontournables. Au petit-déjeuner vous pouvez décider de prendre des céréales « World Temptations » de Kellogg's déclinées en variétés aux noms tentateurs « Festival de fruits des Caraïbes », « Délice de Méditerranée ». Le rayon frais de tous les hypermarchés et supermarchés regorge maintenant de recettes venues d'ailleurs. En France, cette catégorie de produits a été lancée en son temps par Marks & Spencer. En région parisienne il n'était pas rare que des clients fassent des dizaines de kilomètres pour s'approvisionner dans cette enseigne, seule à proposer des mets ethniques introuvables ailleurs (en particulier pour les plats et sauces d'origine indienne, tels que les *chutneys, chicken tikka, chicken korma* ou autres *naan breads*). Beaucoup de foyers amateurs de cuisine ethnique se sont trouvés « orphelins » lors de la fermeture de l'enseigne sur notre territoire en 2001.

Les grandes enseignes mesurant le potentiel certain de ces nouvelles pratiques alimentaires, n'ont pas tardé à lancer leurs propres gammes de références ethniques sous des marques comme « Destination Saveurs », « Cuisine Évasion », « Saveurs d'ailleurs », etc., la part de marché représentée par ces gammes de MDD (marques de distributeurs) est tout à fait remarquable avec plus de 25 % en moyenne ! Réussite due, en bonne partie à l'absence de marques connues fortes sur ces catégories en l'état actuel de développement de ce marché somme toute assez récent du panorama alimentaire de notre pays. Selon une étude menée en octobre 2001 par la société Food From Britain (France) on ne comptait pas moins de 666 références différentes d'aliments ethniques dans les rayons frais, surgelés et secs des grandes enseignes alimentaires présentes sur le territoire national à cette époque.

Comme le dit Antoine Bonnel, créateur de l'Ethnic Food Show :

> « Les produits ethniques et les spécialités étrangères sont devenus un marché à part entière, avec ses propres logiques, ses propres marques de distributeur et un positionnement axé sur la différenciation, la valeur ajoutée et la fidélisation de la clientèle ».

➤ Les débuts timides du « métissage » dans la publicité française

Une étude du Conseil Supérieur de l'Audiovisuel (CSA) a été réalisée en octobre 1999 sur la représentation des minorités ethniques « visibles » (Noirs, Maghrébins, Arabes et Asiatiques) à la télévision. Pendant une semaine, la présence des minorités a été observée dans les programmes des chaînes hertziennes françaises. Il en est ressorti que leur présence est bonne dans 81 % des 84 fictions projetées pendant la période : (mais l'écrasante majorité de ces fictions viennent en droite ligne… des États-Unis !). Dans les reportages diffusés pendant la même période, on constate que 39 % d'entre eux ont présenté des minorités (essentiellement des noirs à 78 %). On tombe à 18 % lorsqu'on recense le nombre de personnes interrogées au micro. D'une manière générale, les minorités visibles se voient très rarement confier des rôles de premier plan sur les plateaux de télévision : elles ne représentent que 6 % des professionnels de la TV, 6 % des spectateurs présents et 11 % des participants. Quant aux présentateurs des journaux télévisés, ils ne sont jamais d'origine non européenne, une seule exception à la règle : Rachid Arhab qui présentait le journal de 13 heures sur France 2 et Ecomatin sur France 5. En ce qui concerne les campagnes publicitaires diffusées pendant la même période, il apparaît que la publicité est le genre télévisuel qui faisait le moins appel à des gens appartenant à des minorités visibles, puisque sur les 4 356 spots étudiés seuls 18 % d'entre eux avaient un ou plusieurs personnages « de couleur ». Encore faut-il préciser que plus de la moitié des spots en question étaient en provenance de productions étrangères (et notamment d'annonceurs multi-nationaux américains). Ce qui nuance encore plus ces chiffres déjà bien faibles !

Ceci dit, des progrès considérables dans la représentation des minorités ethniques ont été réalisés en quelques années. Un article du *Monde* du 9 octobre 2002 titrait « La France multiethnique devient plus visible à la télévision », les exemples de présentateurs « non-blancs » ont un peu augmenté. Ainsi, la journaliste présentatrice des journaux télévisés de LCI, Christine Kelly, est souvent citée en exemple par les opérateurs de télévision qui souhaitent démontrer l'attention nouvelle accordée aux « minorités visibles ». LCI recense selon son directeur Jean-Claude Dassier « 7 % de non-Européens dans son effectif, sur 140 salariés en contrat à durée indéterminée », de leur côté les émissions de télé-réalité (Loft Story, Star Academy...) s'efforcent d'inclure dans leurs panels de nombreux jeunes blacks ou beurs car, comme le dit Etienne Mougeotte « TF1 s'efforce de n'exclure personne ; ces publics sont amateurs de télévision ». Le président de France 5, Jean-Pierre Cottet, s'insurge contre les idées reçues : « Auparavant circulait une thèse idiote selon laquelle on ne pouvait pas mettre de noirs ou de beurs à l'antenne », il se dit au contraire aujourd'hui « intimement persuadé que les animateurs noirs et beurs ont un champ d'audience colossal devant eux ».

L'organisation de la Coupe du Monde en France, puis la victoire finale des « bleus », le 12 juillet 1998, ont été perçues massivement comme la victoire de la France « black, blanc, beur ». Cela a certainement agi comme le déclencheur le plus efficace d'une large prise de conscience de la place désormais incontournable prise par les « minorités visibles » dans une France devenue multiculturelle. Les murs des villes, les spots TV, les annonces presse ont vedettisé à tout bout de champ les joueurs de l'équipe de France qui sont devenus dès lors des « stars de la pub » incontournables[1]. Grâce au football, le marketing ethnique, en tout cas l'un de ses aspects, est rentré par la grande porte sur les écrans de TV français. Impossible désormais d'échapper aux publicités vantant les mérites de tel ou tel produit ou service en ayant recours à Zidane (France Telecom, Volvic...), Dessailly (SFR), Anelka et Wiltord (Danette), etc.

1. C'est d'ailleurs un reproche qui leur sera fait ultérieurement lors de la cuisante épopée asiatique de la Coupe 2002.

« Heureusement qu'il y a aujourd'hui des Zidane, des Bouras, des Benazzi pour montrer que malgré la discrimination, il y a moyen de trouver une place honorable. Ces vedettes peuvent avoir un rôle d'entraînement, ce sont des porteurs d'espérance. En outre, comme ils portent haut les couleurs de la France, tous les Français en sont fiers et leur réussite casse des réflexes racistes. »

Chistian Delorme du Haut-Conseil à l'Intégration.

En France, comme aux États-Unis, les vedettes appartenant aux ethnies minoritaires permettent à la fois d'émettre des signaux forts aux membres des différentes communautés ethniques (« Je vous reconnais puisque j'utilise l'un de vos membres pour promouvoir ma marque ») et d'émettre un message d'intégration et de normalité pour tous les consommateurs (« En utilisant ce personnage, je montre que quelle que soit la couleur de sa peau, je considère tous mes clients de manière égale ») ce qui dans un pays obsédé par la notion d'intégration est éminemment positif.

Les sportifs, en particulier les footballeurs, ont ouvert la voie à une utilisation timide mais en progression constante, de comédiens ou mannequins issus des ethnies minoritaires. Sans négliger le symbole fort de l'élection de Miss France 2000, avec la très belle franco-rwandaise Sonia Rolland ! Une marque comme l'Oréal va utiliser tel ou tel célèbre mannequin ethnique (Naomi Campbell, par exemple) pour vanter ses différents produits dans le cadre de sa campagne massive « Parce que je le vaux bien ».

Cœur de lion

Plus étonnante et novatrice pour le marché français est la campagne lancée par la marque de camembert du Groupe Bongrain, Cœur de Lion en avril 2002 signée « Vous avez le caractère, nous avons le fromage ». Elle présente dans ses onze spots différents des blacks, des beurs et même des gays dans des scénarios très « décoiffants » et créatifs. Pour la première fois, un gros annonceur de l'alimentaire, secteur peu réputé pour sa créativité publicitaire, ose mettre en scène des minorités ethniques et même sexuelles. « Cette diversité correspond à une volonté stratégique : montrer que Cœur de Lion est une marque universelle, actuelle et moderne. Le camembert est un produit populaire, il s'agissait de montrer la France telle qu'elle est aujourd'hui… Si on montre cette diversité, c'est que les consommateurs sont prêts à la voir. Pour un annonceur, il n'y a aucun intérêt à obliger les gens à entendre ce qu'ils ne veulent pas entendre » déclarent les responsables de cette campagne à l'agence de publicité FCB : Nathalie Daniels et Cécile Tauleigne.

Yop

Signalons aussi le travail mené par la marque Yop du groupe Yoplait qui depuis quelques années maintenant a situé l'essentiel de ses films dans l'univers black et beur de la banlieue à contre-courant de l'univers assez aseptisé de la majeure partie des spots publicitaires. En 1994, elle est allée jusqu'à oser faire dire à l'un de ses protagonistes menacé de se faire racketter pour son Yop : « J'ai craché dans mon Yop ». Un principe de réalité qui semble avoir fait mouche. Les jeunes de tous milieux ont adoré cette transgression et les ventes de ce produit trentenaire ont recommencé à progresser :

> « Nous nous sommes aperçus que notre vision des ados était usée. Et qu'elle résultait plus d'une approche nostalgique de notre propre époque que de la réalité. Le vrai et la proximité sont irremplaçables. Il est important de raconter des histoires vécues » déclare Jean-Sébastien Garnier, chef de groupe de la marque chez Yoplait dans *Marketing Magazine* de septembre 2001.

Tati

Tati, le célèbre distributeur du Boulevard Barbès ressentait depuis quelques années une certaine perte d'attractivité et d'identité concrétisée par une baisse de chiffre d'affaires. Il vient d'entreprendre fin 2002 une vaste campagne publicitaire mettant en scène des photos de ses « vrais clients » (des noirs, des beurs, des asiatiques et des blancs) sous le thème fédérateur « Tati est à nous ». Les concepteurs de cette campagne indiquent que « publicitairement, notre idée est de transcrire cela par le caractère « black, blanc, beur » désormais admis par tous depuis 1998 et la victoire des bleus… »[1]

Pour autant, il faut reconnaître que ces quelques annonceurs plus lucides, pragmatiques ou plus courageux que les autres ne sont encore qu'une « minorité » à franchir le pas et se lancer dans une démarche de marketing ethnique. Le magazine *L'Entreprise* a consacré en novembre 1995 un article très précurseur intitulé « La percée du marketing ethnique », on pouvait y lire ce passage qui reste aujourd'hui, huit ans après, toujours d'actualité :

1. *CB news*, 21 octobre 2002.

« Les ténors des produits de grande consommation français admettent ne pas s'être penchés sur le phénomène ethnique ou communautaire. "Il n'existe pas en France de minorité assez majoritaire" considère un responsable marketing de Procter & Gamble. Le faible développement du marketing ethnique en France s'explique en réalité par des raisons culturelles et historiques. C'est la bonne vieille tradition jacobine de l'intégration dans la nation : tout le monde doit être égal et semblable. Les pays anglo-saxons, à l'inverse, préfèrent laisser une place aux communautés et à leurs particularismes. »

➤ L'émergence de médias ciblés sur les différentes communautés

L'enjeu marketing pour les médias ethniques est loin d'être négligeable. En effet, des études concordantes en provenance des Etats-Unis, où leur place dans le paysage audiovisuel et médiatique est évidemment beaucoup plus importante qu'ailleurs, démontrent l'efficacité grandissante des campagnes publicitaires qui utilisent ces médias. Les annonceurs diffusant leurs messages via ces supports se trouvent « récompensés » par les membres des communautés qui apprécient de voir des communications dédiées sur leurs médias de prédilection. Une enquête conduite en mai 2002 par News California Media auprès d'un échantillon de 2000 individus représentatifs des différentes minorités de la côte Ouest a obtenu la répartition suivante à la question : « Prêtez-vous plus d'attention aux publicités presse, TV, radio qui passent dans les médias généralistes ou dans les médias ethniques ? »

- Dans les médias ethniques : 40 %
- Dans les médias généralistes : 33 %
- Autant dans les uns que les autres : 19 %
- NSP : 8 %

Face aux grands médias nationaux, (chaînes TV hertziennes ou grandes stations radios périphériques) dont la part consacrée aux minorités est souvent limitée aux faits divers (ce qui ne contribue pas spécialement à en donner une « bonne image » vis-à-vis du reste de la société), les médias « ethniques » ont généralement deux fonctions : en premier lieu, ils permettent de transmettre de l'information sur le pays d'accueil parfois très détaillée sur des thématiques administratives, législatives, fiscales qui ne sont pas particulièrement traitées par les autres médias. En second lieu, ils permettent d'entretenir des liens avec le pays d'origine de la communauté : actualité du pays, chanson et musique, débats avec le public, culture... Ces médias semblent correspondre à une très forte attente des minorités puisque leur émergence est importante des deux côtés de l'Atlantique avec une prime nette aux États-Unis, bien sûr !

> « De 1985 à 1995, les médias afro-américains ont augmenté de 72 %, les médias hispaniques de 160 % et les médias Asio-Américains de 173 %. »
>
> Esther Novak de Vanguard Communications.

• *La télévision*

En Europe, on constate aussi le succès grandissant de la télévision par satellite permettant de recevoir les chaînes du pays d'origine. En 1995, une enquête réalisée par Eutelsat indiquait que 21 % des ménages d'origine arabe en France avaient investi dans l'achat d'une parabole satellitaire, alors qu'à peine 4 % de la population générale en possédaient. Ces stations TV comblent un « vide » incontestable, mais elles ne peuvent être aussi proches du public que des stations « ethniques » implantées dans le pays d'origine, mieux à même de partager les sensibilités des minorités qui y vivent. C'est pourquoi le 1er octobre 2002 restera certainement une date importante pour la reconnaissance du marketing ethnique dans notre pays, ce jour-là, en effet, est née la première chaîne de TV maghrébine de France : « Beur TV, la chaîne Méditerranée »

• Beur TV est accessible gratuitement en France, Europe, au Maghreb et au Moyen-Orient, via Eutelsat, Canalsat, TPS et Noos. Elle veut s'adresser aux six millions de personnes composants la communauté maghrébine française et aux 68 millions d'habitants des trois pays du Maghreb. « Beur TV, c'est offrir une visibilité et une lisibilité du monde Arabo-Berbéro-Musulman en France et répondre à une demande pressante de cette communauté. Elle permettra de fédérer les Maghrébins de France et aidera les jeunes à trouver leurs repères culturels » déclare la réalisatrice Yamina Benguigui, présidente de l'Association de soutien à Beur TV au *Nouvel Observateur*. Des personnalités comme Rachid Arab, Gilles Kepel, Dominique Cantien, la chanteuse Yamina sont de l'aventure. 5 millions d'euros ont été trouvés pour financer la chaîne qui se veut généraliste, indépendante, privée, laïque et francophone avec 20 % de programme en arabe et berbère.

Son fondateur est Nacer Kettane, déjà bien connu du monde des médias pour avoir participé à la création en 1981 de la radio associative Radio Beur. En 1992, il a quitté le monde associatif pour lancer la radio Beur FM, radio commerciale dont les revenus publicitaires lui ont permis de développer petit à petit sa station devenue l'incontestable leader sur cette communauté. Forte de ses onze émetteurs répartis sur tout le territoire national, elle revendique aujourd'hui. 500 000 auditeurs réguliers et 1 million d'auditeurs occasionnels en France et 4 millions au-delà de nos frontières, dans le Maghreb lui-même.

• Mentionnons aussi l'existence depuis janvier 2000 d'une petite station de TV émettant sur le satellite : BRTV, « Berbère Radio Télévision ». Pour l'instant, elle émet 4 heures par jour depuis un petit studio de la rue du Cherche-Midi à Paris et connaît un vrai succès auprès des membres de cette communauté ; elle compterait quelques milliers d'abonnés en France et plus de 4 millions de téléspectateurs en Algérie. Longtemps étouffée, pour ne pas dire réprimée, la culture berbère se voit enfin représentée, le phénomène de « bouche à oreille » a beaucoup joué en sa faveur comme le disent des Algériens interrogés par *Le Monde* en mars 2001 : « C'est une télévision pour nous, elle redonne une valeur à ce que nous sommes… Quand la télé est née, on se téléphonait de région à région, c'était irrépressible. »

• Début septembre 2002 a eu lieu le lancement « en grandes pompes » et avec forces stars internationales invitées, de Khalifa TV, la première chaîne privée algérienne, qui porte le nom de son créateur, Rafik Khalika. Cette station, accessible sur TPS, se veut « une nouvelle fenêtre ouverte sur les cultures françaises et algériennes ».

• Pour la communauté juive, une seule chaîne de TV existe pour l'instant : TFJ. Un autre projet de TV ethnique est sur les « starting blocks » et verra peut-être le jour prochainement : « Noria TV » elle aussi positionnée sur la cible des téléspectateurs beurs et maghrébins.

• *La radio*

Dans le domaine des radios, on assiste à une montée en puissance progressive des stations ethniques, certaines profitant d'une vogue musicale (comme Radio Latina) qui permet de toucher des auditeurs n'appartenant pas à la minorité ethnique. Bien entendu, toutes les communautés ont leurs radios communautaires car les frais de production d'une radio FM sont relativement modestes par comparaison à des magazines ou des stations TV. Elles oscillent entre le statut associatif et le statut purement commercial que toutes ne parviennent pas forcément à choisir compte tenu de la relative modeste contribution des annonceurs. Et puis, bien sûr, la pénurie de fréquences FM ne facilite pas leur développement. C'est ainsi, par exemple, que les 4 radios juives

Radio Shalom, RCJ, Radio J et Judaïques FM se partagent depuis l'ouverture de la bande FM en 1981 la même fréquence et disposent chacune de 4 heures d'antenne ! Comme elles ont toutes des sensibilités politiques et religieuses assez éloignées, elles n'arrivent pas à s'entendre sur un rapprochement.

Les principales radios à destination des communautés ethniques (exemple de celles émettant à Paris)

- Beur FM, Radio France Maghreb, Radio Orient, Méditerranée FM, Radio Raï et Only Raï pour la communauté maghrébine.
- Radio Pékin et Ngyan TV Radio pour la communauté asiatique.
- Africa N° 1, Média tropical/Antilles, Africa 1/Afrique et Espace FM pour les communautés africaine et antillaise.
- Radio J, RCJ Radio communauté, Judaïques FM et Radio Shalom pour la communauté juive.
- Radio Latina pour la communauté hispanique.
- Radio Alfa pour la communauté portugaise.
- AYP FM pour la communauté arménienne.
- Deutschlandfunk et Sudwestfunk pour la communauté allemande.
- Radio suisse romande pour la communauté suisse.
- Société radio Canada pour la communauté canadienne.

- *La presse*

Les supports de presse commencent, eux aussi, à se développer pour accompagner la lente « communautarisation » des minorités présentes sur notre sol. Beaucoup se résument à des « feuilles de chou » plus ou moins ressemblantes à des journaux gratuits truffés de publicités et d'offres promotionnelles émanant de boutiques et petits magasins des quartiers « ethniques ». Il suffit de se promener dans certains quartiers de Paris pour découvrir tous ces supports de presse qui « pullulent » de publicités toutes plus criardes que les autres. Peu d'entre eux arrivent à dépasser ce stade assez peu valorisant et de ce fait, attirent encore moins les marques nationales qui n'apprécient guère ce contexte de lecture. Néanmoins, pour chaque communauté on commence à trouver des supports presse d'une certaine qualité avec des audiences qui commencent à être assez significatives. Citons *Amina* et *Jeune Afrique Magazine*.

Enfin, mentionnons évidemment la foison de sites Internet associatifs, amateurs et même assez « professionnels » qui viennent entourer les différentes ethnies ou communautés religieuses présentes sur notre sol et leur permettent de tisser des liens (place privilégiée des forums de discussion ou des chats), de se tenir informés de l'actualité de la communauté en France (fêtes, concerts, manifestations culturelles, pétitions diverses…) et puis, bien sûr, d'avoir des nouvelles du pays !

On le voit, le paysage des médias ethniques est en pleine croissance, même si pour l'instant les annonceurs restent assez timides à leur égard. Nul ne peut plus douter, en revanche, de leur avenir prometteur lorsque les mentalités marketing auront évolué et accepteront l'idée que tous les Français ne sont pas forcément issus de plusieurs générations sur le sol métropolitain, blancs de peau et catholiques !

CONCLUSION

7 décisions à prendre tout de suite

Achetez un billet d'avion pour les États-Unis

Nous avons pleinement conscience que ce livre n'a pu que « survoler » un sujet particulièrement ambitieux. Nous avons voulu partager avec le lecteur un certain nombre de faits et de réflexions qui nous paraissent faire du sens à une époque d'intensification de la concurrence entre les acteurs économiques. Si nous avons pu instiller chez vous un doute voire susciter un enthousiasme, alors nous avons atteint notre objectif. Il vous faut maintenant poursuivre cette réflexion pour solidifier votre connaissance de tel ou tel segment présenté dans ce livre et pour cela, aucun doute : vous devez tourner vos regards vers l'autre côté de l'Atlantique ! Quoique nous pensions des excès américains dans de nombreux domaines (*sic* !), restons objectifs et lucides, en matière de marketing et de finesse d'approche des différents segments de consommateurs, les États-Unis ont plusieurs longueurs d'avance sur le « vieux continent ». Les raisons en sont bien connues :

- Les entreprises américaines ont la chance de disposer d'un marché intérieur de très grande dimension, si bien que n'importe quel segment de ce marché représente à lui tout seul un effectif qui se compte par millions ou dizaines de millions de consommateurs. Il est, dès lors, plus facile de justifier une segmentation du mix-marketing, puisque le retour sur investissement apparaît assez aisé à atteindre.

- Les États-Unis disposent d'une abondance de médias télévisuels et radios sans commune mesure avec ce que nous connaissons en France. Ces supports, nationaux, régionaux, locaux, voire de quartier, spécialisés sur telle ou telle communauté de consommateurs, permettent d'accéder aux différentes cibles dans des conditions économiques remarquablement efficaces avec tous les avantages bien connus de l'audiovisuel pour la démonstration publicitaire... Nous sommes bien loin de la pauvreté du choix des médias à notre disposition en France !
- Après de nombreuses années de pratique et d'analyse des métiers de communication en France, nous pouvons affirmer que la culture marketing américaine est fondamentalement différente de la nôtre. Les annonceurs américains et leurs agences de publicité sont profondément « pragmatiques », ils vont toujours à l'essentiel, la publicité ne sert au final qu'à une seule chose : vendre. À partir de là, ils recherchent toujours *« where the money is ! »* Sans a priori, sans dogmatisme, sans grandes déclarations tonitruantes, ils adaptent leurs offres et leurs campagnes de communication aux consommateurs qui expriment des besoins autres ou qui ont des comportements différents. Aux États-Unis, pas de sujets « tabous » ou de réactions d'hostilité à telle ou telle cible (les gays, les seniors, les noirs...), bien au contraire, il est logique, normal, évident de segmenter son plan marketing. Tous les grands annonceurs américains, sans aucune exception, ont mis en place des stratégies marketing segmentées par cibles ethniques, communautaires et générationnelles. La campagne de publicité unique, le sempiternel spot de 30" TV destiné à être diffusé juste avant et après le journal télévisé du soir pour toucher « tout le monde », n'existe plus depuis belle lurette aux États-Unis ! Car « tout le monde » n'existe pas plus que « la ménagère de moins de 50 ans » ! La solution de facilité qui consiste à « arroser » la masse des consommateurs avec un même message en espérant que chacun s'y retrouvera, pratiqué par l'immense majorité des annonceurs français et leurs agences, fait sourire les spécialistes marketings américains qui ont abandonné depuis très longtemps cette pratique bien moins efficace que l'approche dédiée cible par cible.

- La concurrence entre les acteurs économiques opérant sur le marché nord américain est si intense que les marques sont « forcées » de se différencier les unes des autres et contraintes de n'écarter aucune cible potentielle de consommation. La pression marketing exercée sur les consommateurs américains est en moyenne de cinq à huit fois supérieure à celle exercée sur le consommateur français, l'Amérique est, évidemment, l'archétype de la « société de consommation » poussée parfois à outrance. Pourtant, elle préfigure ce qui est en train de se dérouler de ce côté-ci de l'Atlantique, sous la pression conjuguée de la concurrence et des distributeurs de plus en plus puissants et exigeants, les acteurs économiques sont condamnés quel que soit leur marché, à trouver de nouveaux gisements de consommation. Nous allons, donc, inexorablement vers une segmentation de plus en plus fine des cibles visées par les entreprises. Inutile de dire à quel point les exemples américains vont permettre à chacun de glaner des idées précieuses pour les adapter aux spécificités européennes !

Alors, précipitez-vous aux États-Unis, allez observer les techniques employées par les marques de votre secteur d'activité, visitez les grands centres commerciaux (les *malls*), regardez les publicités diffusées sur les nombreuses chaînes de TV accessibles depuis votre chambre d'hôtel, participez aux nombreux salons professionnels ou congrès qui pullulent dans ce pays. Et… lisez ! Quelle infinie richesse d'information et de réflexion directement accessible d'un seul « clic » sur la plus grande librairie marketing du monde, amazon.com ! Quel que soit le segment qui vous intéresse, vous pouvez être certain de trouver une bonne dizaine d'ouvrages marketings consacrés à ce marché ou sujet spécifique. Bien sûr, il vous faudra faire la part des choses entre ce qui n'est valable qu'aux États-Unis et ce qui est universel. Bien sûr, le degré de maturité des médias et des acteurs économiques sur ces thématiques (en particulier pour le gay marketing et le marketing ethnique) n'est pas identique des deux côtés de l'Atlantique, pour autant, ces livres vous permettront de gagner du temps et de structurer votre propre réflexion marketing.

Entamez votre révolution culturelle marketing

Ne vous leurrez pas, c'est à une véritable « révolution culturelle marketing » que vous devez vous atteler si vous avez été convaincu par les propos de ce livre. La tâche qui est devant vous est à la fois passionnante et fort complexe, car vous allez devoir remettre en cause de nombreuses habitudes et *credo* bien établis dans votre entreprise ! Inutile de vous attaquer à ce vaste chantier tout(e) seul(e), mieux vaut créer autour de votre équipe marketing ce que nous appelons des *task forces*, c'est-à-dire des groupes de travail d'un maximum de dix personnes, composés de représentants des différents départements de l'entreprise, tels que la recherche et le développement, les études, le commercial, la production et, bien sûr, le marketing. Vous allez assigner une mission spécifique à chacun de ces groupes : l'un d'entre eux va, par exemple, se concentrer sur le segment des gays et remettre à plat complètement votre mix-marketing pour vérifier dans quelle mesure il est adapté aux besoins, attentes, spécificités de la communauté homosexuelle. (Pour mener ce travail, n'hésitez pas à faire intervenir un consultant extérieur spécialiste de la cible concernée, il vous fera gagner en temps et efficacité). À partir de cet audit le plus objectif possible des + et - de votre marque ou entreprise vis-à-vis de la cible gay, vous allez étudier l'offre de vos concurrents pour vérifier s'ils sont mieux positionnés que vous et pourrez ensuite imaginer un certain nombre de transformations dans votre mix pour tirer parti de cette cible en forte émergence. Ce travail devra être conduit de manière identique sur les autres segments de cible que vous jugerez pertinents d'étudier pour votre marque. En faisant conduire cette réflexion par des groupes de travail représentant les différents départements de l'entreprise, vous éviterez le risque de « marginalisation » de cette démarche somme toute assez révolutionnaire.

Mettez-vous dans la peau et la tête de vos clients potentiels

Au risque « d'enfoncer une porte ouverte », nous ne répéterons jamais assez l'importance que tout responsable marketing doit consacrer à l'étude et à l'écoute du consommateur. Ceci est encore plus vrai lorsque l'on part à la découverte de nouveaux segments largement méconnus par l'entreprise et même par la communauté marketing en France. Inutile de dire à quel point il est crucial pour n'importe quelle entreprise d'approfondir sa connaissance des cibles nouvelles décrites dans ce livre. Qu'il s'agisse, en particulier, des seniors, des gays ou des communautés ethniques, il est certain qu'encore aujourd'hui de grandes zones d'ombre perdurent sur ces segments très peu « marketés » en France. Avant de démarrer une démarche marketing sur l'une ou l'autre de ces nouvelles cibles, il est indispensable de se forger une connaissance et de se créer une authentique « culture » des caractéristiques, besoins et attentes de celles ci. Une telle approche ne s'improvise pas, il est nécessaire d'y consacrer du temps et des efforts pour identifier les clefs du succès avec chacun de ces segments. Contrairement aux États-Unis, ceci ne sera pas facilité par la présence de spécialistes marketings. En dehors des juniors et des seniors dont les experts sont reconnus, on se trouve globalement face à un *no man's land* marketing pour ce qui concerne les gays et surtout le marché du marketing ethnique. La démarche de tout responsable marketing intéressé devra passer nécessairement par une approche systématique du segment visé :

- Recherche des spécialistes marketings, consultants, agence de communication, sociétés d'études disposant d'une connaissance approfondie du segment de consommateurs visés.
- Constitution d'une bibliothèque des ouvrages marketings américains sur ce segment et des études sociologiques et démographiques françaises.
- Abonnement systématique aux magazines et revues destinés à ce segment de marché (par exemple pour le marché des seniors : *Notre Temps, Pleine Vie, Vivre Plus* ; pour le marché des gays : *Têtu*).
- Consultation régulière des principaux sites Internet communautaires dédiés à la cible concernée (par exemple, pour le marché des seniors : seniorplanet.fr et notretemps.com ; pour le marché des gays : citegay.fr et gay.fr).
- Participation aux événements et manifestations importants pour cette cible afin de vous « plonger » dans l'univers des consommateurs que vous visez (par exemple, la Gay Pride pour la cible homosexuelle, le Train des seniors pour les seniors, le Jour de l'An chinois, la fête de fin du Ramadan… pour les communautés ethniques).
- Organisation indispensable de *focus groups* qualitatifs réunissant une dizaine de consommateurs de la cible destinés à approfondir votre compréhension de leurs besoins spécifiques et les rapports qu'ils

entretiennent avec votre marque et les marques de votre univers concurrentiel. Certaines sociétés d'études se sont spécialisées sur ces marchés, comme *Age Research* pour tout ce qui concerne les cibles générationnelles, notamment les seniors.

Inscrivez cela au budget marketing… en restant raisonnable

Pour être certain de ne pas céder à la « pression du quotidien » et finalement risquer de passer à côté d'une vraie opportunité de marché, n'hésitez pas à inscrire au budget marketing une ou plusieurs lignes budgétaires consacrées aux nouvelles cibles que vous avez identifiées comme potentiellement intéressantes pour votre entreprise. C'est une sage précaution, car passé l'enthousiasme de la découverte d'une nouvelle cible, la « pensée unique » du marketing risque de vite reprendre ses droits et on ne manquera pas de vous encourager à concentrer vos moyens sur la sempiternelle « ménagère de moins de 50 ans » ! À la première petite stagnation de vos ventes ou période économique tendue (et comme chacun sait, cela arrive de plus en plus souvent), les réflexes habituels reprendront le dessus et toutes les innovations ou idées un tant soit peu originales risquent d'être vite oubliées pour revenir aux bonnes recettes classiques (une promotion sur les prix ou une vague TV en *prime time*). Si vous avez pris la peine de justifier et défendre une allocation budgétaire « nouveaux segments de consommateurs » inscrite au plan marketing annuel, vous aurez une chance supplémentaire que cette somme puisse servir à mener les investigations nécessaires, voire les actions tests sur cette (ou ces) nouvelle(s) cible(s). Mais, attention, ne soyez pas trop ambitieux ou gourmand en budget, ce serait le meilleur moyen de rendre cette somme trop « visible » et de ce fait, candidate à la première coupe budgétaire qui ne manquera pas d'intervenir en milieu d'année ! Un pourcentage « raisonnable » (de l'ordre de 10 % du budget annuel, par exemple) vous permettra sans doute de mener le premier test de marketing sur la cible que vous aurez choisie.

Si vos concurrents ont de l'avance, contrez-les !

Il est indispensable d'analyser l'état d'avancement de vos différents concurrents sur ces cibles nouvelles, c'est une information stratégique de premier ordre. Plus que jamais, en effet, il est important de suivre attentivement les mouvements opérés par ses concurrents car chaque nouvel acheteur gagné est en général gagné sur la concurrence, nous sommes rarement dans des marchés en forte expansion avec des gains de nouveaux consommateurs importants. On n'a pas si souvent la possibilité de créer une nouvelle catégorie de produits ou services qui permette de s'échapper « par le haut » à la dure loi de la compétition entre acteurs du secteur. De ce fait, il devient crucial d'observer attentivement les mouvements des concurrents afin de les contrer aussi rapidement que possible et éviter de se faire distancer. Nul doute que les segments de marché décrits dans ce livre intéressent les entreprises de tous les secteurs, les potentiels de consommation identifiés précédemment sont suffisamment probants pour susciter de nombreuses initiatives des marques qui se rendent bien compte que leurs stratégies classiques d'approche marketing ont atteint une certaine limite et qu'il est urgent d'élargir leurs cibles de consommation traditionnelles. Si après avoir mené votre enquête concurrentielle, vous vous rendez compte que vos concurrents sont déjà actifs sur ces segments, réagissez vite afin de ne pas leur laisser un avantage durable à l'égard de ces nouveaux acheteurs potentiels. Si au contraire, vous semblez être les premiers à vous intéresser à ces nouveaux gisements, ne tardez pas à agir, il a été de maintes fois démontré qu'être le premier acteur à investir un nouveau marché permettait d'en retirer un avantage définitif.[1]

Si on vous prend pour un fou, c'est bon signe!

Il y a fort à parier que certaines de vos idées vont se heurter à de l'étonnement (« Tiens, mais pourquoi se met-il à nous parler des seniors ? »),

1. Il s'agit de la célèbre loi du « 1er entrant » décrit par Al Ries et Jack Trout, auteurs des *22 Lois du marketing*, éditions Dunod, 1994.

à de l'agacement (« Mais qu'est-ce qu'il a avec sa théorie sur le marketing ethnique ? »), voire à de la franche hostilité (« Non, mais quelle mouche l'a piqué de vouloir s'intéresser aux homosexuels… C'est bizarre, non ? »). Ah, il n'est pas confortable d'aller à « contre courant » de la pensée unique du marketing ! Vous rencontrerez au début sûrement plus d'hostilité ou d'incompréhension que de personnes enthousiastes souscrivant à votre désir d'innovation. Ne vous en inquiétez pas… C'est un très bon signe, ça signifie que vous avez identifié une vraie idée de ciblage, que vous êtes en train de faire acte d'innovation pour votre entreprise. C'est bien connu, les innovations enclenchent toujours de la résistance, rappelez-vous le célèbre slogan « Ca ne marchera jamais ! » utilisé par Renault dans une de ses campagnes récentes destinée à valoriser la capacité d'innovation constante de la marque depuis ses origines. En vous inscrivant volontairement dans une démarche innovatrice, vous allez aussi permettre à votre marque ou votre entreprise de découvrir de nouveaux potentiels de consommation peu sollicités jusqu'alors, ou mal sollicités par des actions marketings généralistes. Vous vous rendrez compte très rapidement que les consommateurs des segments dont nous parlons, lorsqu'ils sont destinataires d'un mix-marketing spécifiquement optimisé, ont tendance à recevoir très favorablement ces sollicitations qui démontrent que telle ou telle entreprise « a compris que nous existions et avions des besoins différents ». Nous avons, à de multiples occasions, démontré cela sur la cible des seniors qui se sentent souvent exclus en voyant les campagnes publicitaires auxquelles ils ne comprennent souvent rien et qui même, dans certains cas, les choquent (rien d'étonnant à cela d'ailleurs, elles ont été conçues « par des jeunes pour des jeunes »). Lorsqu'une marque se donne la peine de s'adresser à eux avec un contenu de message qui les intéresse et une forme de communication adaptée, ils ont tendance à la plébisciter, preuve s'il en est qu'ils ne sont pas plus publiphobes que d'autres. Alors, imaginons un instant le retour sur investissement que peuvent avoir des marques qui, par leurs actions ciblées, démontrent qu'elles s'intéressent et reconnaissent la cible des gays ou les cibles communautaires ethniques dont la « susceptibilité et sensibilité » sont extrêmes !

Devenez l'expert des cibles oubliées… C'est une position stratégique

Oui, vous avez bien lu : en choisissant de vous spécialiser sur ces cibles qui, aujourd'hui, restent largement oubliées et marginales pour les responsables marketings, vous prenez une position qui va s'avérer rapidement hautement stratégique. En effet, alors que tout le monde continue de « tourner en rond » en réitérant inlassablement les mêmes vieilles recettes et en concentrant son tir sur la même cible sur-saturée de sollicitations, vous allez, vous, prendre « les chemins de traverse » largement ignorés de tous vos concurrents. Ce faisant, vous allez acquérir une connaissance que bien peu de responsables marketings ont en France, vous allez ainsi identifier les clefs du succès propres à ces segments largement méconnus qui pèsent pourtant numériquement et économiquement très lourd. Et, quel plaisir de partir à la découverte de marchés peu « marketés » et donc peu concurrentiels ! Avec des moyens marketings relativement modestes vous allez avoir l'occasion de montrer des retours sur investissements inhabituels de nos jours, gageons que cela sera satisfaisant non seulement pour votre entreprise mais aussi pour vous !

Pour conclure, permettez-nous de citer une phrase d'un certain Napoléon (très en vogue depuis quelque temps) :

> « Dans les révolutions, il y a deux sortes de gens : ceux qui les font et ceux qui en profitent. »

Permettez-nous de suggérer que pour une fois, vous serez à la fois celui (ou celle) qui fait la révolution marketing au sein de votre entreprise et celui (ou celle) qui en sera le principal bénéficiaire !

044487 - (I) - (2) - OSB - 100° - FAB - CDD

Imprimerie Nouvelle
45800 Saint-Jean-de-Braye
N° d'Imprimeur : 404963J
Dépôt légal : mai 2003

Imprimé en France